COLEÇÃO ESTUDOS COPPEAD

COPPEAD UFRJ

O DESAFIO DOS MERCADOS EXTERNOS

TEORIA E PRÁTICA NA INTERNACIONALIZAÇÃO DA FIRMA

Volume I

Carlos A. Hemais
Organizador

MAUAD

Direitos desta edição reservados à
MAUAD Editora Ltda.
Av. Treze de Maio, 13, Grupo 507 a 509 — Centro
CEP: 20031-007 — Rio de Janeiro — RJ
Tel.: (21) 2533.7422 — Fax: (21) 2220.4451
www.mauad.com.br

Projeto Gráfico:
Núcleo de Arte/Mauad Editora

CIP-BRASIL. CATALOGAÇÃO-NA-FONTE
SINDICATO NACIONAL DOS EDITORES DE LIVROS, RJ.

D484

O desafio dos mercados externos: teoria e prática na internacionalização da firma / Carlos A. Hemais (org.). - Rio de Janeiro: Mauad, 2004.
(Estudos COPPEAD)

Inclui bibliografia
ISBN 85-7478-157-6

1. Empresas multinacionais - Administração. 2. Comércio internacional. 3. Concorrência. 4. Globalização. I. Hemais, Carlos Alberto. II. Título: Teoria e prática na internacionalização da firma. III. Série.

CDD 658.049
CDU 65:334.726

À Angela da Rocha,

pela força, nos momentos difíceis;
pelos exemplos, a toda hora;
pela amizade, sempre.

Agradecimentos

A organização de um livro é uma tarefa que envolve muitos detalhes, como a leitura prévia dos textos, a seleção daqueles que irão compor o volume, a padronização de linguagem, a formatação dos mesmos, a discussão com a editora, entre tantos outros. É uma tarefa solitária de muitas reflexões e, ao mesmo tempo, coletiva, de discutir o que se pretende atingir, o encadeamento dos capítulos, as contribuições que se espera fazer. E após vivenciar esse intrincado processo,' gostaria de externar minha gratidão a algumas pessoas que participaram direta e intensamente da realização deste projeto.

Em primeiro lugar, agradeço à Angela da Rocha, tanto pelo convite para a organização do livro quanto pela possibilidade de estar sempre disponível para trocar idéias, dar sugestões e, acima de tudo, disponibilizar material especialmente redigido para essa finalidade.

Por sua inestimável ajuda em todo o processo burocrático, desde a preocupação com a coerência dos capítulos até as negociações com revisores, formatadores e editora, gostaria de agradecer penhoradamente à Regina Helena Meira de Castro, que se tornou instrumental para que a iniciativa chegasse a um bom termo.

Por fim, gostaria de ressaltar a imprescindível e constante colaboração recebida de Barbara Hemais, tanto em suas discussões dos capítulos quanto em seus silêncios ao meu lado, passando-me sua energia sempre positiva e restauradora.

Carlos A. Hemais

ÍNDICE

PREFÁCIO

Este livro faz parte da série da Coleção Estudos COPPEAD, publicada pela Mauad Editora, e é mais um volume da coleção dedicado ao processo de internacionalização de empresas, fenômeno relativamente novo no Brasil, porém que já se mostra como parte integrante da estratégia de diversas empresas.

O livro está dividido em duas partes. A primeira parte, *Contribuições Teóricas*, apresenta três capítulos, que são resultantes de estudos desenvolvidos principalmente no Núcleo de Pesquisa em Internacionalização de Empresas (NuPIn) do COPPEAD/UFRJ. E a segunda parte, *Casos Brasileiros de Internacionalização*, retrata em seis capítulos o cotidiano de empresas individuais, em seu processo de atingir novos mercados, tanto através de exportação quanto através de investimentos.

Ao longo dos últimos 40 anos, diversas teorias surgiram tentando explicar um fenômeno que passou a chamar a atenção dos pesquisadores pois começava a entrar em uma fase de expansão sem precedentes: o processo de internacionalização das firmas. O Capítulo 1 apresenta, de forma sintética, as principais teorias explicando negócios internacionais, mostrando a evolução ocorrida nesses últimos anos, desde que Hymer, em seu trabalho seminal, lançou as bases de uma área de estudos autônoma, independente da economia industrial, que hoje se pode chamar Estudos de Internacionalização de Empresas.

Um dos principais conceitos defendidos pela Escola de Uppsala (importante marco nas pesquisas sobre internacionalização), o construto da distância psíquica, ou distância psicológica, é revisitado no Capítulo 2, com uma visão contemporânea, englobando as modificações ocorridas no mundo nos últimos 30 anos, inclusive o inexorável processo de globalização.

A Escola de Uppsala desenvolveu sua linha de raciocínio baseada em um enfoque organizacional, explicando o processo de internacionalização de empresas de produtos através de estágios graduais de participação no mercado externo, e escolha seletiva de mercados, baseada na semelhança de ambiente entre o país sede da empresa e o novo mercado a ser conquistado. O Capítulo 3 apresenta um exercício teórico, tentando estender o paradigma desenvolvido por Uppsala e como ele se aplica a empresas do setor de serviços.

A segunda parte do livro expõe estudos de casos de empresas brasileiras que passam ou passaram pelo processo de internacionalização, bem como dois casos de multinacionais de grande porte se instalando no mercado nacional.

Os Capítulos 4 e 5 relatam o processo de internacionalização de empresas brasileiras do setor de serviços (firmas de propaganda e firmas de engenharia), que adotam formas distintas de expandir suas fronteiras de atuação, diferentemente das empresas manufatureiras. Esses capítulos transformam em prática a teoria apresentada na primeira parte deste livro.

O Capítulo 6 nos fala do processo de exportação têxtil brasileiro, referente a um produto específico, no qual o país tem vantagem diferencial: a moda de praia. E o Capítulo 7 nos revela um estudo pioneiro sobre um novo fenômeno que vem ocorrendo recentemente: empresas que já nascem globais. Esses estudos de casos examinam empresas de alta tecnologia que logo após seu surgimento já passaram a atender a diversos mercados estrangeiros, simultaneamente. Esta é a vertente brasileira de um fenômeno que tem merecido a atenção crescente dos pesquisadores da área.

Os dois últimos capítulos apresentam o processo inverso, de multinacionais ocupando espaço no mercado brasileiro. O Capítulo 8 mostra o processo de internacionalização do varejo no país, relatando a entrada de uma cadeia norte-americana de lojas de departamentos, no mercado brasileiro. E o Capítulo 9 é um estudo temporal de uma empresa multinacional, em sua trajetória de instalação no Brasil, ao longo de algumas décadas.

Os diversos artigos deste livro fornecem um amplo retrato de como se está organizando a empresa brasileira face ao desafio da internacionalização e são uma referência para os estudiosos do fenômeno tão peculiar que vem a ser o *Brazilian way of internationalization*.

Nesta oportunidade, o organizador do presente livro agradece a todos os autores que disponibilizaram seus textos para publicação e contribuíram para enriquecer a literatura brasileira existente sobre o assunto.

Carlos A. Hemais
Núcleo de Estudos em Internacionalização
de Empresas do COPPEAD/UFRJ

PARTE 1

CONTRIBUIÇÕES TEÓRICAS

Capítulo 1

TEORIAS, PARADIGMA E TENDÊNCIAS EM NEGÓCIOS INTERNACIONAIS: DE HYMER AO EMPREENDEDORISMO

Carlos A. Hemais
Adriana Hilal

Introdução

Após cerca de 40 anos de pesquisas, a partir do importante trabalho de Hymer, de 1960, Negócios Internacionais passou a ter uma personalidade própria dentro do grupo de assuntos estudados pelas Ciências da Administração. Nesse período, algumas teorias se consolidaram e hoje representam a base desse ramo de estudos. O presente artigo apresenta as principais teorias sobre o assunto e enfoca o que considera ser uma promissora área de estudos em negócios internacionais: o papel do empreendedor.

Teorias de internacionalização da firma

De uma forma geral, as teorias sobre o processo de internacionalização da firma podem ser divididas em duas grandes áreas, representando enfoques bem diversos: o econômico e o organizacional.

Teorias que privilegiam os aspectos econômicos examinam tendências macroeconômicas nacionais e internacionais e baseiam seu nível de análise em teorias do comércio, localização, balanço de pagamentos e nos efeitos da taxa de câmbio. Também são consideradas as interações entre empresas no nível industrial, bem como aspectos microeconômicos, privilegiando o estudo do crescimento internacional de firmas individuais, baseando-se na teoria econômica da firma. Cantwell (1991) enfatiza que, talvez, a distinção mais importante entre as teorias de internacionalização e as teorias da firma é que as últimas se interessam pela existência da firma ou da multinacional propriamente dita, enquanto as primeiras privilegiam abordagens macroeconômica e estudos sobre competitividade da indústria internacional e se preocupam com uma gama mais ampla de questões, focalizando a interação entre o crescimento da firma e a localização da produção. De acordo com essa tipologia, assim podem ser classificadas a teoria do poder de mercado, a teoria do ciclo do produto, a teoria de internalização e o paradigma eclético. Dentro desse enfoque, o *homem econômico* tem acesso perfeito às informações e escolherá uma solução racional.

Teorias que privilegiam o enfoque organizacional colocam o *homem comportamental* no lugar do homem econômico. Nesse tipo de abordagem estão incluídos o Modelo de Internacionalização de Uppsala, com enfoque em processos e, posteriormente, em *networks*, e as diversas vertentes seguidas pela Escola Nórdica de Internacionalização da Firma.

Como será explicado adiante, o enfoque econômico é útil para estabelecer como se desenvolvem as unidades produtivas durante as etapas posteriores de internacionalização da firma, mas ignora os aspectos do processo de internacionalização. O enfoque organizacional lida com esse aspecto mas, assim como o enfoque econômico, não considera a possibilidade de que os indivíduos façam escolhas estratégicas. Andersson (2000) argumenta que, embora os dois enfoques sejam significativos para conhecer o comportamento das firmas internacionais, eles não proporcionam todas as respostas. Dado que a internacionalização é um fenômeno complexo, muitas perspectivas se fazem necessárias para tentar compreendê-la.

A seguir, são apresentadas algumas das principais teorias de internacionalização da firma que mais influenciaram os numerosos estudos publicados nos últimos anos sobre o assunto.

Teoria do poder de mercado

Baseado na teoria da firma e da organização industrial, Stephen Hymer (1960) sugere que a firma é um agente para o poder de mercado e conluio. Baseado nessa proposição, o autor identifica duas razões principais para as empresas controlarem outras empresas em um país estrangeiro: remoção da competição, através de conluios ou através de fusões, e o uso de uma vantagem única da empresa: fácil acesso aos fatores de produção, controle de formas de produção mais eficientes, melhor sistema de distribuição ou posse de um produto diferenciado. Em um artigo posterior, o autor inclui um novo fator que leva a firma a produzir no exterior, qual seja, a internalização das imperfeições de mercado (Hymer, 1968).

Investimento direto no estrangeiro não pode ser classificado como um caso de *portfolio* de investimentos, quando a firma tenta maximizar seus lucros investindo em países que oferecem maiores taxas de juros. Hymer fornece evidências de que a firma toma emprestado recursos no exterior para financiar seus investimentos internacionais. Ao fazer isso, se essa firma está procurando um local que oferece a maior taxa de juros, estará perdendo recursos ao tomar emprestado dinheiro exatamente no mesmo local. Para Hymer (1960), a teoria de *portfolio* de investimentos não proporcionava respostas claras para a questão das direções do fluxo de capital. A base dessa teoria era a taxa de juros, uma vez que os investidores maximizariam os seus lucros onde os retornos fossem maiores. Portanto, desconsiderando o risco, a incerteza e outras barreiras, o capital se movimentaria de países com taxas de juros menores para países com taxas de juros maiores, até o ponto em que as taxas de juros fossem iguais em todo lugar. Entretanto, no momento em que são introduzidos o risco, a incerteza e as barreiras, fica impossível prever, através dessa abordagem, que direções o fluxo de capital irá tomar. Portanto, as imperfeições do mercado, que representam um problema para a teoria do *portfolio* de investimento, são os fatores que tornam relevante o estudo da teoria do poder de mercado. Hymer pressupõe que os investimentos diretos das firmas são motivados pelas atividades domésticas das mesmas e não simplesmente pela taxa de juros. Se o investimento fosse motivado por taxas de juros maiores, os capitais deveriam fluir para alguns países e para todas as indústrias, e não, como de fato acontece, para algumas indústrias em todos os países.

Para explicar a teoria do poder de mercado, deve-se esclarecer o papel do controle. Os investidores procuram o controle por três motivos: (1) para garantir a segurança do investimento e o bom uso dos ativos; (2) para eliminar a concorrência entre a firma estrangeira e as firmas em outros países; e (3) para se apropriar do retorno ou de certas vantagens diferenciais. Os dois últimos se aplicam às operações internacionais. Assim sendo, a principal motivação para o investimento direto não seriam as taxas de juros mais altas, mas os lucros que derivam do controle do empreendimento no estrangeiro.

Hymer também observa que há uma tendência para que o investimento direto ocorra regularmente em um mesmo grupo de indústrias. A mesma tendência é observada em diferentes partes do mundo. Dessa forma, não parece uma interpretação adequada pensar que o *portfolio* de investimentos apresentaria a mesma tendência regular. Uma vez que a teoria de *portfolio* de investimento não é suficiente para explicar os movimentos de capital associados com a operação internacional das firmas, faz-se necessário descobrir como as firmas se beneficiariam em controlar outras firmas em diferentes partes do mundo. Hymer, então, propõe que o que faz a firma se expor internacionalmente é a possessão de uma vantagem monopolística e a necessidade de acabar com conflitos, através de conluios e fusões, obtendo-se, assim, maior retorno do investimento feito.

De acordo com Horaguchi & Toyne (1990), Hymer desejava explicar o objetivo principal das multinacionais, bem como seu crescimento no mercado. As grandes corporações são consideradas como amplos mercados internos, atravessando fronteiras de indústrias e de países. Como existem imperfeições no mercado, é mais vantajoso coordenar as atividades de produção dentro da firma do que através da mediação dos mercados (Hemais, 1992). As firmas podem, então, internalizar o mercado através de investimento direto no estrangeiro, ou externalizar o mercado através de licenciamento. Se há uma escolha entre investimento direto e licenciamento, a firma preferirá a primeira opção, porque, dessa forma, pode evitar o problema do monopólio seqüencial (i.e., quando uma firma vende suas vantagens a outras firmas que possuem poderes monopolísticos nos seus mercados), a complexidade de conseguir acordos entre licenciador e licenciado – incluindo a supervisão do preço e do *output* – e a perda de lucratividade, assim como da vantagem competitiva (Hemais, 1992).

Como a firma possui uma vantagem diferencial, deve ser interessante usar essa vantagem em outros países. Se existem imperfeições no mercado, a firma escolherá a ação mais apropriada para o caso. Quando um mercado tem uma estrutura de monopólio ou oligopólio, a internalização do mercado será a ação preferida. O controle é necessário a fim de remover a competição e se apropriar integralmente dos retornos advindos do uso de um ativo específico. Se, entretanto, a firma encontra um mercado com competição perfeita, o licenciamento será a ação mais provável.

As razões para se dar preferência a investimento direto desaparecem quando existem muitos compradores para a vantagem. Assim, no caso em que existam muitas firmas, o que tenderia a configurar concorrência perfeita no mercado, a alternativa de licenciamento seria a preferida. Algumas empresas começam licenciando, depois adquirem participação minoritária e, finalmente, adquirem o controle. De fato, para Hymer, não há escolha fácil nem modelo preconcebido.

Hymer (1960) esclarece que há uma diferença entre a forma que tomam as operações internacionais e o relacionamento efetivo entre as partes. Por exemplo, se uma firma é forçada por um governo a ampliar sua participação acionária local em uma subsidiária, pode, de fato, compensar a mudança na forma implementando um modelo de processo decisório mais centralizado. O autor salienta que, embora os aspectos mais importantes das operações internacionais sejam o fluxo de capital, o fluxo da tecnologia e o fluxo de mão-de-obra qualificada, seu estudo se concentra apenas no primeiro aspecto, em virtude da tradição histórica e da existência de dados e trabalhos empíricos sobre o assunto.

Deve ser esclarecido que existem custos de se internacionalizar, ou barreiras às operações internacionais, como Hymer chamava. Entre essas barreiras estão os altos custos fixos necessários para se estabelecer – é o custo de adquirir informação sobre o novo país (economia, língua, legislação, política, etc.). Outros tipos de custos apresentam um caráter mais permanente: discriminação contra empresas estrangeiras praticada pelos governos, consumidores e fornecedores, bem como os riscos inerentes à flutuação das taxas de câmbio. Por causa desses custos que as firmas estrangeiras devem pagar, elas iniciam sua participação no novo mercado de forma fraca, quando comparadas com empresas locais. Por essa razão, a vantagem diferencial que a firma possui deve ser bastante forte para superar todos esses problemas.

Buckley (1990) afirma que tanto as teorias baseadas na internalização quanto as baseadas no poder do mercado não devem ser vistas como mutuamente exclusivas mas como complementares, de modo a fornecer uma explicação mais completa do crescimento das multinacionais.

Teoria do ciclo do produto

Raymond Vernon (1966, 1979) é o nome principal dessa abordagem teórica sobre comércio internacional e investimentos. Um trabalho anterior no assunto é atribuído a Hirsch (1965), que, de uma forma menos elaborada, apresentou as características do ciclo de produtos, ao explicar as perdas sofridas pela indústria eletrônica norte-americana, face à competição do Japão e de Hong Kong no início da década de 1960.

O objetivo prioritário de Vernon era explicar os investimentos diretos norte-americanos em países estrangeiros, na década de 1960, e como um padrão de exportação, importação e produção no exterior poderia se modificar durante o ciclo de vida de um produto. Basicamente, a teoria afirma que as inovações são estimuladas pela demanda no mercado doméstico e que os produtos (ou tecnologias) passam, durante seus ciclos de vida, por três fases: introdução, crescimento e maturação. De acordo com a fase do produto (ou tecnologia), uma estratégia diferente deverá ser enfatizada pela firma. Geralmente, a primeira fase é vivida em países mais avançados industrialmente e é caracterizada pela tecnologia mutante, desenvolvimento de mercado, vantagens advindas da nova tecnologia, grande quantidade de recursos destinados a pesquisa & desenvolvimento (P&D), grande demanda no mercado doméstico e altas barreiras de entrada. A segunda fase é marcada, em geral, pela demanda estrangeira. A tecnologia começa sendo difundida, ainda que em fase de ajustamentos. Inicia-se o processo de produção em massa, as barreiras de entrada são vencidas pelos competidores e a produção se espalha por outros países desenvolvidos. Na terceira fase, a produção se torna mais padronizada e a tecnologia estável, mais eficiente e menos flexível. Nesse estágio não há mais ênfase nos aspectos inovadores do produto e a firma procura a minimização dos custos. Então a produção é transferida para países que tenham custos mais baixos, como os países em desenvolvimento, onde há mão-de-obra barata. Uma vez que a tecnologia se torna estável, não existe necessidade de mão-de-obra muito qualificada. Esses países se transformam em plataformas de exportação e exportam o produto de volta para os países desenvolvidos a um preço mais baixo.

Apoiando a teoria de Vernon, Abernathy & Towsend (1975) afirmam que empresas vendem tecnologias que não são mais consideradas essenciais para os seus negócios ou que não são mais viáveis comercialmente sem que seja necessário um substancial investimento em P&D e marketing. Mansfield & Romeo (1980) observam que as multinacionais transferiam tecnologia para suas subsidiárias nos países desenvolvidos com uma média de idade de seis anos, enquanto as tecnologias transferidas para subsidiárias em países em desenvolvimento tinham em torno de dez anos. E aquelas tecnologias transferidas para outras firmas, sem quaisquer vínculos, eram muito mais antigas.

Em 1979, o próprio Vernon reconheceu a deficiência de sua teoria em vista do novo ambiente internacional, onde inovações eram produzidas no exterior apenas alguns anos após serem produzidas em casa. Ele observou, inclusive, que havia uma diminuição entre o tempo de produção em países desenvolvidos e em países em desenvolvimento, especialmente quando as empresas usavam a estratégia de lançamento de produtos mundiais. Vernon concorda que o ciclo do produto estava sendo menos útil em explicar o relacionamento da economia norte-americana com outros países desenvolvidos e que perderia algum poder em explicar o relacionamento de países desenvolvidos com países em desenvolvimento. Entretanto, insistia que o comportamento das pequenas firmas que mantinham atividades inovadoras, mas que não tinham operações internacionais, continuaria a obedecer aos padrões de sua teoria, quando iniciavam seus processos de exportação, seguidos de preocupações com investimentos no estrangeiro. Além disso, os mesmos padrões deveriam ser seguidos por multinacionais de países em desenvolvimento.

Mansfield & Romeo (1980) acreditam que há uma tendência nas multinacionais para transferir suas últimas tecnologias para subsidiárias e tecnologia madura para afiliadas através de *joint-ventures* e licenciadas.

De acordo com Dunning (1991), Vernon não mostrou grande interesse por itens organizacionais, como seu contemporâneo Hymer fez. Parece que quando Vernon escreveu seu artigo, não sabia da existência do trabalho de Hymer.

Entretanto, criticando a teoria, Giddy (1978) declarou que o ciclo do produto não era consistente com os padrões de comércio observados no final da década de 1970. Diversas multinacionais adotaram estratégias de lançar um produto simultaneamente em diferentes países, e os investimentos em indústrias de matérias-primas não seguiam a trajetória sugerida pela teoria. Baranson (1978) reportou, ainda, que multinacionais estavam transferindo suas últimas tecnologias para suas subsidiárias no exterior.

Teoria da internalização

As bases da teoria da internalização são atribuídas ao seminal artigo publicado por Coase em 1937, no qual critica a teoria econômica neoclássica na forma de uma análise dinâmica do processo de internacionalização das firmas. Entre outras coisas, o autor via a produção como sendo coordenada ou por trocas de mercado ou dentro da firma. O limite de expansão da firma é quando os custos de estruturar mais uma transação dentro da firma se tornam iguais aos custos de usar as trocas de mercado. Porém, se os custos de mercado são maiores do que o custo de organizar outra firma, a escolha para a expansão da firma é organizar uma nova firma. O trabalho de Coase representa os fundamentos da teoria da internalização, da qual os principais autores são Peter Buckley e Mark Casson. Primeiramente, eles construíram uma estrutura baseada na internalização de mercados para explicar o crescimento das firmas, baseado na escolha de locação de menor custo para suas atividades e internalização do mercado até o limite de custos das trocas de mercado.

Um elemento importante da teoria é a questão da integração vertical e horizontal. A firma procura a integração vertical para vencer barreiras de entrada e evitar incertezas de mercado, e esta é uma reação a preços não-competitivos. Ela também procura a integração horizontal para usar economias de escala para gerar novos conhecimentos (Buckley, 1983). Buckley (1983) levanta a hipótese de que há uma forte disposição para internalizar quando há um grande volume de trocas entre duas firmas.

Casson (1983) relaciona o crescimento da firma com a posse de um monopólio de produto com demanda crescente. Este crescimento acabará quando o mercado local se tornar saturado e com isso a firma precisa se expandir para outra localização ou criar novos produtos para continuar a crescer. Uma vez que as imperfeições de mercado são uma fonte de custos de transação, elas poderão ser minimizadas através da internalização da produção (Casson, 1990).

Um dos pontos abordados por Buckley & Casson (1976) é o referente à forma de expansão da firma em mercados internacionais. Os autores defendem que, em um mercado em expansão, a teoria prediz que a firma terá um padrão de crescimento que se iniciará pela exportação, mudará para licenciamento quando o tamanho do mercado começar a crescer e, finalmente, adotará o investimento direto. Essa evolução não é absoluta e diversas exceções podem ocorrer. Por exemplo, se o mercado é pequeno e estável, não existe incentivo para a firma substituir a exportação por outra forma de participação. A firma permanecerá na fase de licenciamento se o mercado é de tamanho médio e poderá passar de exportação diretamente para investimento direto se o mercado é muito grande. Assim, os autores atribuem à estrutura de custos e ao padrão de crescimento do mercado a escolha de formas de atendimento a esse mercado. Eles, ainda, sugerem que a única certeza que têm é que, em um mercado em expansão, onde dois ou mais modos de atendimento são possíveis, o investimento direto nunca procederá a licenciamento, licenciamento nunca procederá à exportação e investimento direto nunca procederá à exportação.

Em artigos posteriores, Buckley (1990) conclui que o poder de mercado e a internalização são teorias complementares e, combinadas, dão uma explicação completa do crescimento de uma empresa multinacional.

d) Paradigma eclético

O conceito do paradigma eclético foi desenvolvido na década de 1970 por John Dunning, que tinha por objetivo delinear uma explicação ampla para a teoria de produção internacional da firma, com o auxílio de diversos ramos da teoria econômica. O autor tentou integrar as teorias existentes e sugeriu que as trocas entre indústrias não haviam sido esclarecidas adequadamente pelas teorias clássicas e neoclássicas de comércio, que, por outro lado, ainda poderiam ser consideradas válidas para explicar diversos outros aspectos dessas trocas comerciais.

Basicamente, o paradigma explica que a firma, quando decide iniciar uma produção internacional, deve possuir alguma vantagem diferencial sobre seus competidores. De posse dessa vantagem, a firma irá internalizar a produção se perceber que essa é a melhor solução, em vez de ceder seus direitos a outras firmas. Finalmente, deve haver um interesse econômico em localizar a produção em mercados estrangeiros, de modo a capturar os benefícios econômicos existentes em locais diferentes. Estas são, portanto, as três colunas do paradigma: vantagem específica do proprietário (*ownership-specific advantage* – O), variáveis específicas de localização (*location-specific variables* – L), internalização (*internalisation* – I).

Dunning (1988) afirma que há duas formas de vantagens competitivas que podem criar uma posição monopolística para as multinacionais: aquelas derivadas da propriedade de um ativo específico e aquelas derivadas da propriedade de ativos complementares. As primeiras estão relacionadas, por exemplo, à tecnologia utilizada pela firma, que pode ser comercializada de diversas formas. Alternativamente, a segunda não pode ser vendida e os ativos somente podem ser usados dentro da firma, tais como a capacidade de gerar tecnologia, a competência organizacional, a capacidade de empreendedorismo, experiência de produzir no exterior, entre outros (Cantwell, 1989).

Dunning (1988) explica a produção internacional como sendo uma atividade de adição de valor, que a firma organiza e realiza fora de seus limites nacionais. A produção internacional é positivamente relacionada à capacidade tecnológica mundial e sua distribuição entre os países.

Dunning enfatiza que, se uma multinacional percebe que os custos de transação relacionados às falhas de mercado são altos, ela tende a usar suas vantagens em vez de negociá-las. Entretanto, se ela percebe que os custos administrativos da hierarquia e/ou as deseconomias externas relacionadas à operação no exterior são muito altas, ela tende a preferir dividir sua responsabilidade de produzir no exterior, ou mesmo vender sua vantagem (1988). O autor ainda admite que firmas diferentes, devido às suas características próprias, podem ter percepções diferentes das oportunidades surgidas no exterior, no mesmo período de tempo.

Se não existem restrições ao comércio, o primeiro passo para a internacionalização da firma será o investimento direto, com a devida exploração pela firma de sua vantagem competitiva, em setores que usam produtos intermediários. Mais tarde, quando a firma já tem mais experiência e usa estratégia global para seus investimentos no exterior, ela se apóia menos em sua vantagem diferencial e mais em sua capacidade de coordenar e gerenciar um grupo que se espalha por diversos países.

A firma internaliza sua produção quando espera que isso lhe dê acesso ao melhor pagamento por sua vantagem. A expectativa leva a firma a optar por transferir tecnologia através de investimento direto, em vez de licenciá-la.

O Paradigma Eclético não é uma teoria, como esclarece Dunning (1988), mas é um arcabouço geral para se analisar a produção internacional.

Escola de Uppsala

Um ponto importante que se deve creditar à Escola de Uppsala foi o fato de fazer com que os Negócios Internacionais deixassem de ser examinados puramente como um fenômeno econômico para serem também analisados sob a perspectiva da Teoria do Comportamento Organizacional. Os dois grandes nomes que se sobressaem são J. Johnanson & J. Vahlne.

Johanson & Vahlne (1977) construíram um modelo do processo de internacionalização da firma focalizado no desenvolvimento da firma individual e, particularmente, na sua aquisição gradual, integração e uso do conhecimento sobre mercados estrangeiros e operações e, conseqüentemente, sobre o seu crescente comprometimento com os mercados estrangeiros.

Para os autores, a internacionalização é o produto de uma série de decisões incrementais. Todas as decisões que, em conjunto, constituem o processo de internacionalização – i.e., decisões para começar a exportar, para estabelecer canais de exportação, para estabelecer uma subsidiária para vendas, etc. – têm algumas características comuns, que também são muito importantes para a subseqüente internacionalização. O modelo está baseado em observações empíricas que mostravam que as firmas suecas freqüentemente desenvolviam as suas operações internacionais em pequenos passos, em vez de fazer grandes investimentos de produção no exterior em momentos específicos no tempo. Tipicamente, as firmas começavam exportando através de um agente, posteriormente estabeleciam uma subsidiária de vendas e, eventualmente, em alguns casos, começavam a produzir no país estrangeiro. É interessante notar que, inclusive, a decisão de produzir no exterior era geralmente de tipo incremental, de modo que as novas unidades de produção iniciavam com as atividades de fabricação menos complexas e, sucessivamente, iam adicionando outras de maior complexidade.

O modelo aponta outro fator relevante, que é a distância psíquica, que parece estar relacionada com a ordem de escolha dos países aos quais é dirigida a exportação ou onde fixam subsidiárias. A distância psíquica é definida como a soma de fatores que não permitem o fluxo de informação de e para um determinado mercado. Exemplos são diferenças de idioma, educação, práticas de negócios, cultura e desenvolvimento industrial. Dentro deste pressuposto, as firmas escolheriam inicialmente aqueles mercados no exterior com menor distância psíquica com relação à firma matriz.

Johanson & Vahlne (1977) não consideram que o padrão de internacionalização por eles defendido seja o resultado de uma estratégia para a alocação ótima de recursos, mas a conseqüência de um processo de ajustes incrementais ante a mudança de condições da forma e de seu ambiente, mudanças essas que expõem novos problemas e oportunidades. Outra variável relevante que justifica o processo gradual de internacionalização é a falta ou a dificuldade de obter conhecimento do mercado referente às operações internacionais e a conseqüente incerteza que tal fato gera. Os autores chegam, inclusive, a afirmar que as diferenças entre países (por exemplo, com relação ao idioma ou à cultura) constituem a principal característica que diferencia as operações domésticas das internacionais. Por conhecimento do mercado, definem a informação sobre o mercado e as operações em tais mercados, as quais estão, de certa forma, na mente dos indivíduos, na memória dos computadores e em relatórios escritos. Em seu modelo, consideram o conhecimento como parte do sistema de tomada de decisão, portanto, eles não lidam explicitamente com o decisor no nível do indivíduo.

O conhecimento do mercado é importante porque as decisões de comprometimento se baseiam em diversos tipos de conhecimento. Em primeiro lugar, o conhecimento de oportunidades ou de problemas inicia as decisões. Em segundo, a avaliação de alternativas é baseada em algum tipo de conhecimento sobre partes relevantes do ambiente do mercado e sobre a performance de diversas atividades. Esse conhecimento pode ser classificado (de acordo com a sua forma de aquisição) em:

- conhecimento objetivo, que pode ser ensinado; e
- conhecimento experiencial, que somente pode ser aprendido através da experiência pessoal. A experiência em si não pode ser transmitida, ela produz uma mudança, muitas vezes sutil, nos indivíduos e não pode ser separada dos mesmos.

Johanson & Vahlne (1977) acreditam que o conhecimento experiencial é o tipo de conhecimento crítico no processo de internacionalização, já que ele não existe de início, devendo ser adquirido gradativamente durante as operações no exterior. Um aspecto importante deste tipo de conhecimento é que ele fornece a estrutura para poder perceber e formular oportunidades.

O conhecimento também pode ser classificado em:

- geral, referente a métodos de marketing e características comuns de alguns tipos de consumidores, independentemente de sua localização geográfica mas dependente do processo produtivo, etc.
- específico do mercado, referente às características de mercados nacionais específicos, como o clima de negócios, os padrões culturais, a estrutura do sistema de mercado e as características individuais das firmas e de seu pessoal.

Ambos os tipos de conhecimento são essenciais: o conhecimento específico do mercado pode ser obtido principalmente através da experiência no mercado, enquanto que o conhecimento geral, ou conhecimento da operação, pode ser transferido entre países. Existe uma relação direta entre o conhecimento do mercado e o comprometimento da empresa: o conhecimento pode ser considerado como um recurso. Assim sendo, quanto maior o conhecimento do mercado, maior o valor dos recursos e, portanto, maior o comprometimento com o mercado.

O modelo de internacionalização, apresentado em 1977, usava explicitamente uma variável explicativa: o conhecimento da firma. Entretanto, evoluindo dessa posição, Johanson & Vahlne argumentam, em seu artigo de 1990, que, implicitamente, o modelo considera outra variável: os relacionamentos com outras entidades do mercado estrangeiro, i.e., as *industrial networks.*

Conforme os autores, pesquisas empíricas têm demonstrado que, nos mercados industriais, as firmas estabelecem, desenvolvem e mantêm relacionamentos com outros atores. Esses relacionamentos se desenvolvem através da interação na qual as partes constroem laços comuns de confiança e conhecimento, com um forte significado de comprometimento. Os relacionamentos estão conectados por *networks* que se desenvolvem como conseqüência da interação entre as firmas. Essas *networks* incluem clientes, clientes dos clientes, fornecedores, concorrentes, distribuidores, agentes, consultores, etc., bem como as agências reguladoras ou outras agências públicas. Essas *industrial networks* podem ser mais ou menos internacionais, dependendo do grau de conexão dos relacionamentos além fronteiras. Nelas, os atores estão ligados de diversas formas: técnica, social, cognitiva, administrativa, legal, econômica, etc. Os relacionamentos nas *networks* somente podem ser claramente percebidos e compreendidos através da experiência das interações de dentro, sendo sua compreensão superficial para estranhos.

A extensão do modelo do processo de internacionalização para considerar o aspecto das *networks* deve transformar os conceitos de comprometimento, conhecimento, atividades correntes e decisões de comprometimento, em multilaterais em vez de unilaterais, como no modelo original. Portanto, o processo é interorganizacional, além de intra-organizacional.

Finalizando, Johanson & Vahlne (1990) argumentam que, em termos de *networks*, a internacionalização implica que a firma desenvolva relacionamentos de negócios em outros países através:

- do estabelecimento de relacionamentos em *networks* de países que são novos para a firma (extensão internacional);
- do desenvolvimento de relacionamentos nessas *networks* (penetração);
- da conexão de *networks* entre diferentes países (integração internacional).

Novas tendências em estudos de negócios internacionais

S. Andersson (2000) é um dos principais representantes das novas linhas de pensamento seguidas pela Escola Nórdica de Negócios Internacionais, como hoje é conhecida a Escola de Uppsala. Em seu estudo sobre o processo de internacionalização da firma, o autor coloca um peso significativo no papel do empreendedor como força motriz do processo.

Andersson argumenta que as teorias sobre internacionalização não apresentam todas as respostas necessárias para o bom entendimento da matéria. Uma vez que o fenômeno é complexo, muitos outros fatores devem ser incluídos para ampliar o nível de compreensão sobre ele. Assim, o autor apresenta uma perspectiva de análise, que inclui a figura do empreendedor dentro do processo de internacionalização.

Buckley (1990) afirma que os negócios internacionais e as multinacionais não existem em um vácuo, uma vez que são profundamente afetados não só pela ordem econômica, mas também pelas mudanças políticas e sociais. Integrando tais abordagens está o conceito de empreendedorismo, que passa a fazer parte integrante de todo um sistema de teorias destinadas a explicar o processo de expansão além-fronteiras das empresas.

O empreendedor é o responsável pela introdução de novos produtos e métodos de produção, pela abertura de novos mercados, pela conquista de novas fontes de suprimento e de matérias-primas e pela reorganização da indústria (Schumpeter, 1934). Para que sua ação seja feita, são necessários recursos sempre maiores do que os disponíveis. Assim, as redes de relacionamento pessoal são importantes para a obtenção desses recursos (Johannisson, 1994).

Andersson (2000) define a figura do empreendedor como alguém que tem a habilidade de lidar com diferentes combinações, desenvolver essas combinações, perceber formas de ação e conseguir convencer terceiros a investir em seus projetos; tudo isso dentro de um *timing* apropriado. O autor usa o conceito de empreendedor como uma ponte ligando os conceitos macro e microeconômicos com os conceitos processuais de estratégia e internacionalização.

A internacionalização não é uma atividade separada das outras da firma; ela é parte ou conseqüência da estratégia de uma firma. Andersson segue a visão de estratégia utilizada por Mintzberg & Waters (1985), que definem o termo como um padrão dentro de um curso de ação. Dentro desse ponto de vista, também é citado Schumpeter (1934), quando diz que a internacionalização é um exemplo de mudança estratégica que pode ser definida como ação de empreendedorismo.

Andersson (2000) distingue três tipos de empreendedores: os técnicos, os de marketing e os estruturais.

Os técnicos são os que trabalham para a introdução de um novo produto ou novo método de produção, ou para a conquista de uma nova fonte de suprimento de matérias-primas ou de produtos intermediários. Lidam com inovações técnicas, i.e., seu principal interesse é a tecnologia, e as principais atividades são o desenvolvimento da produção e de produtos. A internacionalização não é o principal interesse deste tipo de empreendedor, mas um pedido do exterior pode levar à exportação ou ao licenciamento. Este tipo de atividade não requer tantos recursos quanto um investimento em uma subsidiária. A estrutura industrial para mercados com novos produtos é basicamente emergente ou em crescimento, e a escolha de mercados a serem penetrados depende, assim, de uma estratégia de *international-pull*.

Os empreendedores de marketing são aqueles que trabalham para a abertura de novos mercados. Podem ser do tipo inovador também ao empregar novos métodos de marketing. O produto é visto dentro de um escopo mais amplo, já que os canais do mercado e as marcas podem ser mais importantes do que o produto físico. O mercado é geralmente emergente ou em crescimento. Este tipo de empreendedor é proativo ao processo de internacionalização e tende a escolher modos de entrada que requerem muitos recursos, como investimentos em construção de novas plantas no exterior, para penetrar rapidamente em novos mercados. A escolha dos mercados não é necessariamente racional: preferências pessoais e redes de relacionamento pessoal podem ser mais importantes. A sua estratégia pode ser chamada de estratégia de *international push*.

Os estruturais são os que trabalham para a nova organização de qualquer indústria (como, por exemplo, a criação ou quebra de uma situação monopolista). Em geral, trabalham em indústrias maduras. Sua estratégia é implementada no nível corporativo e raramente intervêm diretamente em assuntos operacionais. Tentam reestruturar empresas e indústrias. Mediante a combinação de organizações novas, idéias de negócios são desenvolvidas. Dessa perspectiva, a internacionalização não é um objetivo independente, mas parte da estratégia total da firma. Como a maioria das indústrias maduras é internacional, este tipo de empreendedor se torna um importante ator internacional. Ele prefere aquisições e fusões para reduzir a capacidade das indústrias. Os mercados são escolhidos de acordo com a sua situação competitiva, e mercados sem atrativos, no que se refere a aquisições e fusões, não são considerados como tendo potencial para entrada. A sua estratégia é também conhecida como estratégia internacional de reestruturação da indústria.

Conforme exposto, os diferentes tipos de empreendedores implementam diferentes estratégias internacionais. O estudo de Andersson (2000) revela a importância limitada de analisar a firma e os fatores externos associados com o processo de internacionalização se os indivíduos na firma não são incluídos na análise.

Segundo Andersson (2000), as teorias atuais e os modelos existentes priorizam generalizações que deveriam servir para todas as firmas, mas isso afeta de forma negativa os resultados, já que as generalizações são falsas. Um enfoque melhor seria encontrar categorias de firmas que se comportam de forma similar, criando conceitos e teorias de médio alcance, considerando que empreendedores diferentes influenciam o comportamento internacional em direções diversas. A visão do processo propõe um aumento incremental no envolvimento no mercado internacional, de exportações diretas até o estabelecimento de uma unidade de produção no exterior. A visão econômica propõe a análise do mercado e da firma, de modo a encontrar a melhor solução para a empresa. A perspectiva do empreendedorismo propõe que os indivíduos que participam do processo de internacionalização sejam os fatores mais importantes na determinação e escolha do modo de entrada. Indivíduos em firmas que parecem similares e têm ambientes similares podem, assim, diferir em suas visões de internacionalização. Entretanto, Andersson advoga a necessidade de mais pesquisas que considerem o fenômeno do ciclo de vida das indústrias e o papel dos empreendedores no mesmo. Em síntese, defende uma visão multidisciplinar para uma melhor compreensão do complexo fenômeno da internacionalização.

Síntese dos principais aspectos das teorias

O Quadro 1, a seguir, apresenta de forma resumida os principais pontos defendidos pelas teorias de internacionalização aqui mencionadas. Observam-se duas grandes abordagens nos estudos feitos: a vertente econômica e a vertente organizacional. Os autores destacados em cada teoria foram os elementos-chave, responsáveis pela materialização das principais idéias e divulgação da linha de pensamento através de obras, algumas vezes, consideradas seminais. Isso não quer dizer que não existam outros autores defendendo as mesmas posições, com brilho semelhante.

Pode-se observar que as teorias são muito mais complementares do que oponentes. O processo de internacionalização da firma é bastante complexo e uma teoria apenas não seria capaz de encontrar explicação suficiente que esclarecesse o fenômeno como um todo.

Conclusões

Foram apresentadas algumas das principais teorias sobre o processo de internacionalização das empresas, que muito contribuem para o entendimento do comportamento das firmas nesse processo. As diversas vertentes de pensamento citadas podem ser consideradas abordagens complementares, que servem para esclarecer os múltiplos fatores envolvidos em todo o complexo fenômeno.

As teorias atuais nos ajudam a entender parte do comportamento internacional das firmas, avaliando-se as decisões sobre exportação, investimento direto, sobre licenciamento e adoção de *joint-ventures*, através de uma perspectiva de tempo e de um enfoque, muitas vezes, incremental. Mas os diferentes processos de internacionalização adotados por diferentes firmas podem, também, ser explicados a partir da introdução da figura do empreendedor como objeto de análise.

O presente trabalho não se propôs a esgotar um assunto que está longe de se julgar sedimentado. O principal objetivo foi trazer para a discussão pontos considerados como um caminho natural a ser seguido pelas "Ciências dos Negócios Internacionais".

Quadro 1

Principais teorias de internacionalização da empresa

Enfoque	Teoria	Principal autor	Idéia básica	Força motora
Econômico	Poder de mercado	S. Hymer	Firmas operam no exterior para controlar outras empresas e usar suas vantagens competitivas	Alargamento das *collusive networks* e restrições à concorrência em cada mercado
	Ciclo do produto	R. Vernon	Firmas inovam em seus mercados locais e transferem produção de produtos menos sofisticados para países em desenvolvimento, isto é, produtos maduros são produzidos em países em desenvolvimento.	Procurar locações que apresentem menores custos para tecnologias estáveis
	Internalização	P. Buckley & M. Casson	Firmas internalizam mercados quando custos de transação de uma troca administrativa são menores que os custos de mercado; assim, aumenta a eficiência coletiva do grupo.	A expansão ou contração da produção internacional depende de mudanças nos custos de transação de operar em um conjunto maior de mercados, comparados com os custos de coordenar diretamente as transações
	Paradigma eclético	J. Dunning	Firmas operam no exterior quando têm vantagens competitivas em propriedade (O), localização (L) e internalização (I)	Uso da **OLI** no processo de internacionalização da empresa
Organizacional	Escola de Uppsala	J. Johansson & J.E.Vahlne	Distância psíquica, internacionalização incremental e *networks*	Envolvimento crescente da firma a partir do aumento do conhecimento sobre nova localização
	Escola Nórdica	S. Andersson	Empreendedorismo	Papel do empreendedor como fundamental no processo de internalização da firma

Fonte: Elaboração própria, a partir de Cantwell (1991).

Referências bibliográficas

ABERNATHY, W. J.; TOWNSEND, P. L. Technology, productivity and process change. **Technological Forecasting and Social Change**, New York, v. 7, n. 4, p. 379-396, Aug. 1975.

ANDERSSON, S. The internationalization of the firm from an entrepreneurial perspective. **International Studies of Management and Organization**, New York, v. 30, n. 1, p. 65-94, Spring 2000.

BARANSON, J. **Technology and multinationals**. Lexington, Mass.: Lexington Books, 1978.

BUCKLEY, P. New theories of international business: some unresolved issues. In: CASSON, M. (ed.) **The growth of international business**. London: George Allen & Unwin, 1983. cap. 2, p. 34-50.

______. Problems and developments in the core theory of international business. **Journal of International Business Studies**, Basingstoke, v. 20, n. 4, p. 657-665, 1990.

______; CASSON, M. **The future of the multinational enterprise**. London: Macmillan, 1976.

CANTWELL, J. **Technological innovation and multinational corporations**. Oxford: Basil Blackell, 1989.

______. A survey of theories of international production. In: PITELIS, C.; SUGDEN, S. (eds.). **The nature of the transnational**. London: Rutledge, 1991. cap. 2, p.16-63.

CASSON, M. Introduction: the conceptual framework. In: ______. (ed.). **The growth of international business**. London: George Allen & Uwin, 1983. cap. 1, p. 1-33.

______. **Internalization theory and beyond**: a new analysis. University of Reading, Department of Economics, 1990. (Discussion Paper in International Investment and Business Studies, Series B, v. III, n.148, Nov.).

COASE, R. The nature of the firm. **Economica**, London, v. 4, n. 16, p. 386-405, 1937.

DUNNING, J. **Explaining international production**. London: Unwin Hyman, 1988.

______. The eclectic paradigm of international production: a personal perspective. In: PITELIS, S.; SUGDEN, S. (eds.) **The nature of the transnational.** London: Rutledge, 1991. cap. 5, p. 117-136.

GIDDY, I. H. **The political economy of international relations**. Princeton: Princeton University Press, 1978.

HEMAIS, C. A. **Firm-level transfer of technology**: an empirical study of modes of international commercialisation of technology in British industry. Doctoral Thesis, Warwick Business School, University of Warwick, UK, 1992.

HIRSCH, S. The United States electronic industry in international trade. **National Institute Economic Review**, Thousand Oaks, v. 34, p. 92-97, May 1965.

HORAGUCHI, H.; TOYNE, B. Setting the record straight: hymer, internalization theory and transaction cost economics. **Journal of International Business Studies**, Basingstoke, v. 20, n. 3, p. 487-494, 1990.

HYMER, S. **The international operations of national firms**: a study of direct foreign investment. Cambridge, MA: MIT Press, 1960.

______. La grande corporation multinationale. **Revue Economique,** Paris, v. 19, n. 6, p. 949-973, 1968.

JOHANNISSON, B. **Personal networks as a source of energy in enterprising**. Lund, Sweden: Studentlitteratur, 1994. p. 122-150.

JOHANSON, J.; VAHLNE, J. The internationalization process of the firm: a model of knowledge development and increasing foreign market commitments. **Journal of International Business Studies**, Basingstoke, v. 8, p. 23-32, Spring/Summer 1977.

______. The mechanism of internationalization. **International Marketing Review**, London, v. 7, n. 4, p. 11-24, 1990.

MANSFIELD, E.; ROMEO, A. Technology transfer to overseas subsidiaries by US based firms. **The Quarterly Journal of Economics**, Cambridge, Mass., v. 95, n. 4, p. 737-750, April 1980.

MINTZBERG, H.; WATERS, J. Of strategies deliberate and emergent. **Strategic Management Journal**, Hoboken, N.J., v. 6, p. 257-273, July/ Sept. 1985.

SCHUMPETER, J. **The theory of economic development**. Cambridge, Mass.: HUP, 1934.

VERNON, R. International investment and international trade in the product cycle. **Quarterly Journal of Economics**, Cambridge, Mass., p. 190-207, May 1966.

VERNON, R. The product cycle hypothesis in a new international environment, **Oxford Bulletin of Economics and Statistics,** Oxford, v. 41, n. 4, p. 255-267, 1979.

Capítulo 2

O CONSTRUTO DA DISTÂNCIA PSICOLÓGICA: COMPONENTES, MEDIADORES E ASSIMETRIA

Angela da Rocha

Introdução

O estado do conhecimento sobre o fenômeno da distância psicológica sugere a necessidade da realização de novas pesquisas exploratórias. Stöttinger e Schlegelmilch (2000, p.172), por exemplo, ao discutirem os achados contraditórios a respeito da relação existente entre a distância psicológica e o desempenho organizacional, sugeriram que "uma abordagem mais qualitativa para capturar as diversas facetas do construto poderia representar um promissor ponto de partida", e Morosini *et al.* (1998, p.146) questionaram se o uso exclusivo de pesquisa quantitativa seria adequado "para caracterizar os aspectos contextuais multifacetados e altamente diversos em que os processos interculturais são vivenciados na prática...". Andersen (1993) também sugeriu a realização de mais estudos de caso nas pesquisas sobre o processo de internacionalização de firmas.

Este capítulo pretende contribuir para o entendimento do fenômeno da distância psicológica, a partir das seguintes questões:

- O que significa distância psicológica?
- Que fatores podem aumentá-la ou diminuí-la?

Além disso, indicações obtidas de uma seleção de estudos de caso brasileiros são apresentadas, abrangendo alguns dos aspectos discutidos previamente pela literatura considerada. Finalmente, são apresentadas conclusões e sugestões para pesquisas futuras.

Revisão de literatura

A teoria sobre o processo de internacionalização da Escola de Uppsala postula que uma firma dá início às suas operações no mercado doméstico e que a internacionalização acontece em estágio posterior, como resultado de decisões incrementais (Johanson e Vahlne, 1977, 1990). O processo pelo qual estas decisões são tomadas é mediado pelo fenômeno da distância psicológica, que pode acelerá-lo ou retardá-lo.

O que significa distância psicológica?

Em estudo anterior, Johanson e Wiederscheim-Paul (1975, p.307) definiram distância psicológica como "fatores inibindo ou dificultando o fluxo de informações entre a firma e o mercado". Posteriormente, distância psicológica foi conceituada, no trabalho pioneiro de Johanson e Vahlne (1977, p.24), como "a soma dos fatores inibindo o fluxo de informações do mercado e para o mercado". Kogut e Singh (1988, p.413) definiram distância psicológica como "o grau de desconhecimento de uma firma a respeito das características de um mercado estrangeiro". Ford (1984, p.102), como "o grau em que normas e valores de duas empresas diferem dadas as suas características nacionais individuais". Um conceito refinado de distância psicológica foi proposto por Evans, Treadgold e Mavondo (2000b, p.375) como sendo "a distância entre o mercado doméstico e um mercado estrangeiro, resultante da percepção e do entendimento da existência de diferenças culturais e negociais entre os mesmos". Estas diferenças incluem fatores legais, políticos e econômicos, estrutura das indústrias e dos mercados, práticas de negócio e idioma. Fletcher e

Bohn (1998, p.49) argumentaram que, embora a distância psicológica "inclua aspectos outros que não apenas a cultura, a mesma se baseia em percepções que são, senão inteiramente determinadas, no mínimo influenciadas culturalmente". Os autores definiram distância psicológica como sendo "esta vontade, ou a falta dela, de estabelecer negócios em mercados estrangeiros específicos".

Fenômeno individual ou coletivo?

Por ser a distância psicológica um construto-síntese (Reid, 1986), sua medição tem se configurado em grande desafio para os pesquisadores. Uma das questões apontadas pela literatura tem sido se a distância psicológica deveria ser medida a partir de uma perspectiva individual ou pessoal, organizacional, ou nacional (Hallén e Wiederscheim-Paul, 1993).

A distância psicológica é um fenômeno individual porque é associado "ao modo como o indivíduo vê o mundo" (Fletcher e Bohn, 1998, p.49). Dado que distância psicológica é um conceito subjetivo, o processo de coleta e organização de informações de mercado não pode se desenvolver de maneira acurada e distorções da realidade acabam se verificando. Evans, Treadgold e Mavondo (2000a) apontaram que fatores ambientais não se constituem na razão pela qual a distância psicológica existe, mas a maneira pela qual a mente do gestor processa a informação e a devolve ao ambiente.

Ao mesmo tempo, em razão dos estereótipos e filtros culturais compartilhados pelos membros de um grupo, pessoas pertencentes à mesma cultura tendem a apresentar percepções similares de proximidade ou de distanciamento cultural em relação a países estrangeiros. Distância psicológica é, portanto, também, um fenômeno coletivo relacionado ao conceito de etnocentrismo, um viés cultural existente nas formas de enxergar pessoas pertencentes a outros grupos. Esta é a razão pela qual a cultura foi chamada de "subjetividade coletiva" (Casson, 1993).

Esta premissa também se aplica no caso da firma. Ainda que, no âmago de uma mesma cultura, pessoas pertencentes a empresas diferentes possam ter percepções distintas de outras culturas, tendo em vista a cultura organizacional, a história e as experiências específicas de cada uma delas. Firmas são repositórios das experiências individuais e coletivas de seus membros em diferentes momentos do tempo. Essas experiências são filtradas, selecionadas, interpretadas e armazenadas de maneiras distintas, inclusive no que diz respeito a sua estrutura, processos, rotinas, políticas e tradições (Eriksson *et al.*, 2000). Sendo assim, a experiência internacional adquirida pela firma, tal qual as experiências individuais de seus membros, é acumulada, ainda que freqüentemente de maneira incompleta e assistemática, servindo de base para futuras decisões que venham a ser tomadas quando condições similares se apresentarem.

A distância psicológica pode, portanto, ser medida em níveis individual, organizacional, ou nacional. Percepções individuais e coletivas de distância psicológica tendem a estar relacionadas, mas podem diferir em função de características individuais específicas – tais como bagagem cultural, viagens ao exterior e experiência internacional dos executivos envolvidos, entre outros fatores – assim como em razão de características de grupo.

Muitos estudiosos assumem a existência de homogeneidade cultural dentro de um país ou até mesmo de uma região (Kogut e Singh, 1988; Benito e Gripsrud, 1992; Fletcher e Bohn, 1998). Esta premissa pode estar errada (O'Grady e Lane, 1996), uma vez que muitos países são formados por diferentes grupos étnicos ou desenvolveram regionalmente valores e tradições culturais diferentes. Mahone (1994), por exemplo, descobriu que pequenas e médias empresas da Flórida exportavam primeiramente para países da América Central, Caribe e América do Sul, sugerindo a existência de proximidade psíquica com essas regiões, o que provavelmente poderia não se aplicar ao caso de empresas exportando do Norte da Califórnia ou de estados do Nordeste dos Estados Unidos. Medir a distância psicológica em nível regional pode diminuir alguns dos problemas derivados da agregação em nível nacional, especialmente em países onde existem grandes diferenças culturais regionais. Entretanto, tal procedimento incorre no mesmo problema de medição em nível nacional, uma vez que assume que experiências coletivas em nível regional são uma boa *proxy* para a distância psicológica em nível individual.

Medir a distância psicológica em nível individual, por sua vez, suscita sérios problemas práticos. Um deles é a necessidade de medir a distância psicológica do indivíduo (ou indivíduos) efetivamente responsável pela tomada de decisão de ingresso em determinado mercado internacional. Este indivíduo pode não estar mais na empresa, em função de mudança de emprego, morte ou qualquer outra razão. Mais ainda, pode não ser nada fácil determinar *ex post facto* que pessoas foram, de fato, responsáveis pelas decisões, muitos anos mais tarde.

Geralmente, a decisão de ingresso em um mercado estrangeiro não é tomada por um único indivíduo, mas construída a partir de contribuições diretas e indiretas de muitos outros. Tem sido sugerido, entretanto, que a obtenção de informação de respondentes que não participaram do processo decisório de ingresso em determinado mercado pode ser justificada pelos processos de socialização que tornam possível que "percepções de respondentes representem aquelas de seus predecessores" (Eriksson *et al.*, 1997, p.313).

Outra questão é que a medição da distância psicológica dos decisores, depois de as decisões terem sido tomadas, apresenta problemas de validação, uma vez que a percepção da distância psicológica dos gestores já está influenciada pela experiência adquirida no mercado estrangeiro, o que possivelmente terá suavizado a distância psicológica inicialmente percebida em relação a esse mesmo mercado (Dichtl *et al.*, 1984; Dow, 2000).

Medidas subjetivas ou objetivas?

Aspecto relacionado, porém distinto do anterior, diz respeito à escolha entre a utilização de medidas de distância psicológica subjetivas ou objetivas.

Os primeiros estudos na área do comércio internacional utilizaram a distância geográfica como *proxy* para a distância psicológica (Dow, 2000). As primeiras pesquisas escandinavas utilizaram medidas objetivas – tais como nível de desenvolvimento econômico, nível de instrução, linguagem de negócios, cultura, idioma e canais de distribuição – como *proxies* para distância psicológica (O'Grady e

Lane, 1996). Klein e Roth (1990) usaram cinco itens para medir a distância psicológica: língua, práticas de negócio, ambiente macroeconômico, sistema legal e infra-estrutura de comunicações. O uso de medidas objetivas de distância psicológica tem sido, no entanto, severamente criticado (Stöttinger e Schlegelmilch, 1998). Outros estudos da mesma época empregaram escalas subjetivas aplicadas para a mesma amostra utilizada para pesquisar outros aspectos da internacionalização, mas os resultados destes estudos sofriam do viés ligado à decisão *ex post facto* relatado por Dichtl *et al.* (1984).

Outros pesquisadores (p.ex. Kogut e Singh, 1988; Benito e Gripsrud, 1992) optaram por escalas já existentes, baseadas em medidas subjetivas que foram elaboradas para outros propósitos, tais como a escala de diferenças culturais de valores organizacionais de Hofstede (1980) ou a categorização de blocos culturais de Ronen e Shenkar (1985). Entretanto, o uso dessas medidas foi criticado porque não abrangia todos os aspectos englobados no construto da distância psicológica (Dow, 2000).

Uma maneira de driblar o problema do uso de medidas subjetivas e não incorrer no viés de decisão *ex post facto* foi apresentada por Nordström (*apud* Dow, 2000), que se valeu de um painel de homens de negócios suecos para elaborar uma escala para medir a distância psicológica da Suécia em relação a outros países. Seguindo os passos de Nordström, Dow (2000) fez uso de um painel independente de oficiais do governo australiano envolvidos com atividades de comércio internacional para classificar países de acordo com sua distância psicológica em relação à Austrália. Testando diferentes métodos de mensuração de distância psicológica, o autor concluiu que o instrumento oriundo de seu painel de especialistas era superior às escalas de Hofstede e Sethi, no que concerne à sua capacidade para mensuração de distância psicológica.

Stöttinger e Schlegelmilch (1998) propuseram o uso de medidas mais subjetivas de distância psicológica, apoiando-se no uso de mapas cognitivos apresentados em estudos anteriores realizados por Dichtl *et al.* (1984, 1990) e nas escalas de magnitude elaboradas por Holzmüller e Kasper (1990, 1991). Estes autores usaram em sua pesquisa uma combinação de métodos para determinar o impacto da distância psicológica sobre o desempenho das exportações.

Sob a ótica do comprador ou do vendedor?

A premissa inerente à teoria de internacionalização de Uppsala era a de que a mesma distância psicológica poderia ocorrer tanto da perspectiva do vendedor quanto daquela do comprador. Hallén e Wiederscheim-Paul (1993), por exemplo, sugeriram que a distância psicológica consistia de dois elementos: diferentes percepções de demandas e diferentes percepções de ofertas. Tal constatação pressupunha o fato de que a distância psicológica era "uma medida da dificuldade que um vendedor tem para apreender ou estimar as necessidades de um comprador ou a dificuldade correspondente experimentada por um comprador em apreender a oferta de um vendedor" (p.293).

O'Grady e Lane (1996) levantaram a questão da direção no construto da distância psicológica. Dado que indicadores de desempenho eram mais favoráveis a varejistas americanos entrando no mercado do Canadá do que a varejistas canadenses penetrando o mercado dos Estados Unidos, os autores se perguntaram se "a distância entre os mesmos dois países poderia ser diferente dependendo da direção da viagem" (p.328). A mesma observação foi feita por Barkema, Bell e Pennings (1996), que apontaram que a distância psicológica poderia ser assimétrica em função dos diferentes níveis de informação sobre a cultura do vendedor existentes no ambiente do comprador e vice-versa. Eles sugeriram que a importância da distância psicológica e seus subseqüentes efeitos de aprendizagem deveriam estar associados "ao país de origem da empresa em expansão" (p.164).

Fletcher e Bohn (1998) observaram que a distância psicológica parecia ser muito mais um problema associado a formas de internacionalização "para dentro" do que "para fora". Para eles, isto derivaria do fato de ser "a firma estrangeira (i.e., o vendedor) que iniciava o relacionamento", admitindo implicitamente que a distância psicológica poderia ser diferente dependendo do ponto de vista de análise escolhido, ou seja, se o olhar é proveniente da perspectiva do comprador ou daquela do vendedor. A única evidência de assimetria em distância psicológica é encontrada em um dos primeiros estudos elaborados por Dichtl *et al.* (1986), comparando executivos alemães e japoneses. O estudo forneceu evidências de que "os alemães vêem os japoneses como mais distantes fisicamente, do que os japoneses os vêem" (p.240).

Que fatores podem ajudar a reduzir a distância psicológica?

Um grande esforço das correntes tradicionais de pesquisa sobre internacionalização da firma consiste na determinação de fatores que afetam a internacionalização e a distância psicológica. Em geral, estes fatores são associados às características dos executivos (objetivas e subjetivas), características da firma e variáveis associadas às relações entre as firmas e seus parceiros estrangeiros. O entendimento sobre como diferentes fatores podem afetar a distância psicológica é considerado de grande importância porque o gerenciamento de tais fatores pode ajudar a entender o fenômeno da distância psicológica e como ele pode ser administrado (Evans, Treadgold e Mavondo, 2000a).

Fatores ambientais

Formação de blocos comerciais

Tem sido argumentado que a formação de blocos comerciais deveria ser um fator redutor de distância psicológica entre países pertencentes ao mesmo bloco (Dunning e Bansal, 1997; Globerman e Shapiro, 1999; Chetty, 1999). Buckley *et al.* (2001, p.251) viam a criação de blocos comerciais regionais como uma maneira de "aumentar o tamanho do país".

Indústria

Certas indústrias são mais internacionalizadas do que outras. Esta experiência internacional pode ser compartilhada de várias maneiras entre membros, contatos provenientes de associações de comércio ou outras formas de cooperação entre indústrias (Mansfield *et al.*, 1987, *apud* Hart, Webb e Jones, 1994). Há evidências de que, quando as empresas estão concentradas em certas regiões geográficas, as experiências internacionais são compartilhadas dentro daquela indústria (veja-se, por exemplo, Bonaccorsi, 1992; Ellis e Pecotich, 2001).

Aspectos da firma

Experiência efetiva em um mercado estrangeiro específico

O'Grady e Lane (1996, p.320) descobriram que as empresas obtinham melhor desempenho em um mercado estrangeiro quando seus executivos tinham experiência efetiva naquele mercado e propuseram que estes estariam mais bem equipados para entender "a 'verdadeira' distância" entre os mercados doméstico e estrangeiro. Constatou-se também que a experiência em exportações para um dado mercado estaria relacionada a atitudes positivas em relação a futuras exportações para aquele mesmo mercado (Gripsrud, 1990). Barkema, Bell e Pennings (1996) concluíram que, ao iniciar um novo empreendimento, maiores benefícios originavam-se da experiência prévia naquele mesmo mercado, seguida da experiência em outros países do mesmo bloco cultural.

Experiência efetiva em outros países similares

Dunning e Bansal (1997) sugeriram que a distância psicológica muito provavelmente se reduziria quando uma firma penetrasse em um mercado culturalmente similar a outro onde ela já operasse.

Planejamento

A relação entre internacionalização e planejamento foi comprovada em diversos estudos (Diamantopoulos e Inglis, 1998; Evangelista, 1994; Fletcher e Bohn, 1998). Ainda, em uma série de estudos de caso de operações de exportação, Ellis e Pecotich (2001) concluíram que raramente o planejamento formal representava papel importante na seleção de mercados de exportação. A mesma conclusão foi obtida por Maignan e Lukas (1997), que também descobriram, através de estudos de caso, que percepções e experiências passadas pareciam ser mais importantes do que processos mais sofisticados, no caso da entrada em mercados estrangeiros.

Internacionalização para dentro

Tem sido evidenciado que a internacionalização para dentro seria precursora da internacionalização para fora (Welch e Luostarinen, 1988, 1993; Korhonen, Luostarinen e Welch, 1996), provavelmente em função da menor distância psicológica existente em relação a mercados estrangeiros onde a firma já houvesse desenvolvido formas de negócios para dentro (Fletcher e Bohn, 1998).

Aspectos individuais

Idade e nível de instrução

Idade e nível de instrução não foram identificados como associados à distância psicológica em um estudo (Fletcher e Bohn, 1998), embora alguns pesquisadores tenham encontrado a existência de uma relação entre essas características e a internacionalização (Cavusgil e Naor, 1987; Nakos *et al.*, 1998) e outros não o tenham (Manolova *et al.*, 2002). Cavusgil e Naor (1987) sugeriram, no entanto, que variáveis demográficas não pareciam ser tão boas quanto as características comportamentais para explicar diferenças no processo de internacionalização.

Conhecimento de línguas estrangeiras

Tavakoli e McKiernan (1999) sugeriram que executivos com elevada bagagem cultural seriam menos afetados pela distância psicológica porque, por exemplo, o conhecimento de línguas estrangeiras facilitava o aprendizado e entendimento intercultural.

Experiência internacional de negócios

Uma relação entre internacionalização e experiência internacional dos executivos foi identificada em diversos estudos (Naidu e Prasad, 1994; Reuber e Fischer, 1997) e, também, em pelo menos um deles, entre distância psicológica e experiência dos executivos com transações internacionais (Fletcher e Bohn, 1998). A detenção de habilidades em negócios internacionais – definida como a combinação de experiência de trabalho, redes de relacionamento pessoais e relacionamentos no exterior – foi identificada como relacionada à internacionalização de pequenas e médias empresas norte-americanas (Manolova *et al.*, 2002) e firmas australianas (Fletcher e Bohn, 1998).

Vivência no exterior

Ter vivido no exterior tem sido geralmente considerado como fator positivo associado à internacionalização (Fletcher, 1996, *apud* Fletcher e Bohn, 1998). Fletcher e Bohn (1998) não encontraram correlação significativa entre distância psicológica e experiência de vida no exterior. Burgel e Murray (2000) constataram que ter vivido no exterior apresentava relação negativa significativa com o uso de intermediários.

Viagens ao exterior

Esta variável aparecia nos primeiros estudos sobre internacionalização (Simmons e Smith,1968, *apud* Fletcher e Bohn, 1998); entretanto, estudos recentes relacionando tal variável à distância psicológica não detectaram resultados positivos (Fletcher e Bohn, 1998).

País de origem do executivo

A relação entre país de nascimento do executivo e internacionalização foi detectada por Simmons e Smith (1968, *apud* Fletcher e Bohn, 1998). Fletcher e Bohn (1998) não constataram a existência de relação entre distância psicológica e país de nascimento.

Orientação internacional ou estrangeira

Alguns pesquisadores constataram uma relação positiva entre internacionalização e a orientação internacional de executivos (Dichtl *et al.*, 1990), enquanto que outros não confirmaram esta mesma relação (Manolova *et al.*, 2002). Shoham, Rose e Albaum (1995) testaram a existência de uma relação entre o modelo conceitual EPRG (etnocentrismo, policentrismo, reogiocentrismo, geocentrismo) e distância psicológica. Eles constataram que firmas operando em mercados fisicamente próximos tendiam a contar com executivos que apresentavam uma orientação etnocêntrica mais significativa do que aquelas operando em mercados mais distantes.

Fatores de relacionamento

Laços sociais com indivíduos no mercado estrangeiro

Ellis e Pecotich (2001, p.126) constataram que em quatro quintos dos 31 casos de exportação examinados, laços sociais existentes entre os executivos ou o proprietário da firma exportadora com indivíduos nos mercados estrangeiros eliminavam ou reduziam a distância psicológica. Laços sociais poderiam englobar relacionamentos profissionais ou experiências anteriores de negócios com firmas em determinado país estrangeiro. Desenvolver relações pessoais era uma maneira encontrada pelos executivos de minimizarem risco.

Confiança e comprometimento

Hallén e Wiederscheim-Paul (1989) sugeriram que confiança e comprometimento reduzem a distância psicológica, mas os mesmos somente desempenhariam de fato este papel quando o relacionamento entre comprador e vendedor já estivesse estabelecido.

Afinidade cultural

Hallén e Wiedersheim-Paul (1989) propuseram ser a afinidade cultural determinante da distância psicológica. Swift (1999) desmembrou a distância psicológica em dois componentes: similaridade cultural (ou proximidade) e afinidade cultural (ou apreciação). Neste estudo, similaridade e afinidade cultural apresentaram correlação moderada, mas significativa.

Objetivos e metodologia

O presente estudo objetivou contribuir para o entendimento do fenômeno da distância psicológica, por meio da análise de escolhas de mercado realizadas por firmas brasileiras em seus primeiros esforços de multinacionalização. Seguindo as recomendações existentes na literatura de marketing e negócios internacionais (Andersen, 1993; Morosini *et al.*, 1998; Stöttinger e Schlegelmilch, 2000), foi escolhida uma abordagem qualitativa, com o intuito de investigar as sutilezas associadas à distância psicológica, amplamente reconhecida como fenômeno evasivo e multifacetado. Enquanto a abordagem quantitativa é geralmente utilizada para confirmar ou rejeitar hipóteses já existentes, a pesquisa qualitativa permite a exploração do novo e do inesperado (Kirk e Miller, 1986).

Especificamente, a metodologia de pesquisa do estudo de caso é recomendada quando o propósito da investigação é o de obter indicações adicionais sobre o fenômeno (Selltiz, 1975), visando a identificar padrões e inter-relações entre variáveis que permitam melhor entendimento de escolhas estratégicas complexas (Porter, 1980), e quando o foco está direcionado para eventos recentes (Yin, 1989). A adequação do método do estudo de caso ao presente estudo é ainda reforçada pela tradição empírica estabelecida pelos pesquisadores de Uppsala, que utilizaram esta metodologia em seus primeiros estudos exploratórios.

Foi examinado um total de 15 casos. Onze das empresas estudadas eram fabricantes e quatro delas eram empresas de prestação de serviços, pertencendo a ampla variedade de segmentos da indústria. No que diz respeito ao tamanho, as firmas variavam de pequenas a grandes. Tomadas em conjunto, operavam em extensa gama de mercados estrangeiros através de exportações e investimentos diretos no exterior. Todas as empresas estudadas encontravam-se nos estágios iniciais de seus respectivos processos de multinacionalização, tendo realizado algum investimento direto no exterior.

Entrevistas pessoais em profundidade foram conduzidas com executivos de topo da empresa, geralmente o presidente ou o dono. Naqueles casos em que estes indivíduos não estavam acessíveis, as entrevistas foram conduzidas com o executivo a cargo do processo de internacionalização. Em alguns casos, mais de um executivo foi entrevistado em uma mesma firma. A maioria das entrevistas durou entre uma e duas horas. Embora diferentes fontes de informação tenham sido investigadas, incluindo *websites* da empresa e artigos publicados na imprensa, este procedimento não forneceu muita informação sobre os aspectos de interesse deste estudo, de natureza perceptual. Por esta razão, técnicas de triangulação não foram em geral eficazes em prover a oportunidade de checagem de informação relevante. Todas as entrevistas foram gravadas e foram realizadas transcrições de cada uma delas. Obteve-se um total de aproximadamente 460 páginas de transcrições das entrevistas gravadas. As transcrições foram então analisadas de acordo com as categorias investigadas. As descobertas reportadas aqui são parte de um longo projeto de pesquisa de cinco anos, patrocinado pelo governo brasileiro (Pronex).

Achados

Diferenças culturais foram identificadas como sendo a maior fonte potencial de problemas e conflitos em negócios internacionais. A idéia de uma "distância cultural" entre dois países pareceu ser bastante intuitiva para alguns dos entrevistados que, espontaneamente, a mencionaram. Um dos executivos expressou o seu conceito de distância psicológica utilizando-se de uma escala de tempo percebida como necessária para resolver problemas e tomar decisões relativas a parceiros de diferentes nacionalidades: "Com americanos leva-se um dia para se obter uma decisão consensual; com escoceses, três dias; e com japoneses, quinze dias". Outro executivo definiu distância psicológica como "a proximidade de pensamento, interesses...".

Elementos de distância psicológica

Um dos objetivos das entrevistas foi o de conhecer a conceituação pessoal dos executivos a respeito da distância psicológica. Isto foi feito com perguntas sobre quais fatores melhor explicariam as diferenças e similaridades percebidas entre os mercados estrangeiros e o Brasil. Respostas a esta questão permitiram a identificação das seguintes áreas de diferenças/similaridades percebidas:

- idioma
- contexto
- maneiras de ser
- relacionamentos
- suposta imagem do Brasil na mente do país anfitrião
- maneiras de fazer negócio
- expectativas dos consumidores
- maturidade do mercado
- sistema político

- sistema econômico
- sistema regulatório
- distância geográfica

Idioma

O idioma foi o elemento de distância psicológica mais freqüentemente relatado nas entrevistas. Tal achado é consistente com toda a literatura sobre distância psicológica, que considera o idioma como importante elemento do construto. De fato, a falta de habilidade nas línguas estrangeiras tem sido indicada como o maior impeditivo do envolvimento de uma firma em um país estrangeiro (Conway e Swift, 2000). Diferenças de idiomas foram consideradas importantes na definição de quão similar ou distinto do Brasil era um país estrangeiro. Por exemplo, a disponibilidade de executivos de topo falando alemão foi vista em uma das empresas como condição necessária até mesmo para se considerar a possibilidade de entrar neste mercado estrangeiro ("Como podemos considerar a escolha de um país cuja língua ninguém nesta empresa pode sequer entender?"). No outro extremo, a similaridade entre o português (falado no Brasil) e o espanhol (falado em outros países da América Latina) viabilizava para os executivos brasileiros a comunicação, ainda que de maneira imperfeita, junto a países de língua espanhola, contribuindo para a percepção da existência de proximidade.

Contexto

Outro fator que afetava as comunicações era o contexto. Em certas culturas, as palavras podem ser interpretadas diferentemente, "dependendo do contexto no qual estão inseridas" (Hall, 1984, p.59). Tal aspecto foi freqüentemente utilizado para contrastar os brasileiros e outras nacionalidades. Por exemplo, americanos, alemães e escandinavos eram vistos como mais dependentes de um sistema de comunicação *low-context* se comparados a sistemas *high-context* no

Brasil e na Argentina. Acreditava-se que cidadãos dos Estados Unidos e do Norte da Europa interpretavam o conteúdo das comunicações mais literalmente do que os latino-americanos.

Maneiras de ser

Um aspecto bem menos óbvio da distância psicológica, identificado no estudo, foi aquele relativo às diferenças e similaridades encontradas nas "maneiras de ser". Alguns executivos definiram distância psicológica em termos destas "maneiras de ser", englobando elementos tais como objetividade *versus* subjetividade (Brasil), frieza *versus* calor humano/emotividade (Brasil), maior rigidez *versus* maior flexibilidade (Brasil), formalidade *versus* informalidade (Brasil), seriedade *versus* humor (Brasil), maior inclinação para o indivíduo *versus* maior inclinação para a família (Brasil), etc.

Relacionamentos

A facilidade em se estabelecer relacionamentos com pessoas de outras culturas também foi vista como importante elemento para julgar similaridade e diferença, na visão dos executivos brasileiros. Latino-americanos em geral eram vistos como de mais fácil aproximação e de maior facilidade para se estabelecer uma relação, em comparação com norte-americanos e, mais ainda, com norte-europeus: "Eu penso que nós nunca conseguiríamos fazer negócios com os países da Europa do Norte, tais como a Alemanha e os países escandinavos... Seria difícil estabelecer uma relação com eles. Nós nunca seríamos capazes de chegar realmente perto deles". Uma dificuldade percebida sobre fazer negócios com empresas multinacionais americanas estava relacionada ao alto índice de rotatividade de executivos naquelas empresas: "Temos que investir continuamente no desenvolvimento de novas relações pessoais", "É difícil fazer com que as relações amadureçam...".

Imagem projetada do Brasil na visão do país anfitrião

Um achado muito interessante, no que diz respeito às conceituações de distância psicológica por parte dos executivos brasileiros, estava associado a uma provável visão projetada de "como eles nos vêem". As representações simbólicas de outros cidadãos latino-americanos, na mente dos executivos brasileiros, eram as de que se tratava de amigos, vizinhos ou família, momentaneamente separados, mas unidos por um laço emocional: "Em países da América Latina, o Brasil é muito bem considerado..."; "seus corações estão abertos para nós..."; "nós somos importantes para eles..."; "brasileiros são geralmente muito bem recebidos em países da América do Sul..."; "eles gostam de trabalhar com brasileiros, falar e trocar idéias"; "eles são nossos vizinhos e irmãos". Em contraposição, as expectativas dos executivos a respeito de como o Brasil era visto por outros cidadãos, tais como americanos e europeus em geral, eram ofuscadas por um sentimento de que "eles não nos conhecem, eles não estão interessados em nós...".

Maneiras de fazer negócios

Diferenças e similaridades em como se fazer negócio em um país estrangeiro também faziam parte dos modelos mentais dos executivos brasileiros. Maneiras similares de fazer negócio significavam basicamente a existência de padrões semelhantes de qualidade do produto, canais de distribuição similares, práticas e rotinas de negócio similares e comportamento similar dos empregados. Identificavam-se diferenças entre os países da América do Norte (EUA e Canadá) e o Brasil, particularmente no que se referia à eficiência e confiabilidade, com os países norte-americanos obtendo maior pontuação em ambos os aspectos.

Expectativas dos consumidores

Outro elemento da distância psicológica eram as diferenças e similaridades nas expectativas dos consumidores. Os consumidores latino-americanos eram vistos como nutrindo níveis similares de expectativas a respeito da qualidade do produto, serviço, entrega, etc, quando comparados com consumidores norte-europeus e norte-americanos, que eram vistos como muito mais exigentes. Como apontou um dos executivos: "No mercado dos Estados Unidos, a cultura é muito diferente, as exigências são muito diferentes das nossas. Não é que não possamos corresponder às suas demandas, mas isso iria requerer uma adaptação muito maior de nossa parte. O mercado lá é muito diferente do nosso".

Maturidade do mercado

Maiores níveis de competição eram associados a mercados mais maduros, tais como os da Europa e dos Estados Unidos. Mercados maduros eram considerados não atrativos e mais competitivos.

Sistemas político, econômico e regulatório

Aspectos políticos, econômicos e regulatórios afetando os negócios também faziam parte das representações de distância psicológica dos executivos brasileiros, confirmando as pesquisas iniciais da Escola de Uppsala. Curiosamente, fatores tais como uma economia fechada, restrições às importações ou elevado nível de intervenção estatal foram considerados familiares, em razão das experiências das firmas brasileiras no mercado doméstico, ainda que essas condições tendessem a criar obstáculos para a condução de negócios em um mercado estrangeiro. Um nível similar de desenvolvimento econômico foi considerado implicitamente mais familiar do que níveis mais elevados de desenvolvimento econômico. Fatores como leis trabalhistas, sindicatos e normas de crédito foram sinalizados.

Distância geográfica

Este fator foi geralmente apontado em conjunto com outros elementos da distância psicológica. Proximidade geográfica foi vista como elemento adicional na percepção de similaridade. Na verdade, alguns estudos reportaram a existência de uma associação positiva entre distância geográfica e psicológica, sendo a primeira utilizada como *proxy* da segunda (Dow, 2000).

Mediadores de distância psicológica

A pesquisa possibilitou a identificação de fatores que poderiam reduzir a distância psicológica em relação a um país estrangeiro. Estes fatores foram classificados nas quatro categorias identificadas na literatura: mediadores ambientais, organizacionais, individuais e relacionais. Mediadores são fatores que podem diminuir a percepção de distância psicológica em relação a determinada cultura estrangeira por parte de outro grupo ou subgrupo cultural. A ordem na qual estes mediadores são apresentados não reflete sua freqüência, uma vez que a natureza exploratória do estudo e a metodologia adotada não permitem fazê-lo. Apesar desta restrição, aponta-se, na discussão que se segue, em que medida certos fatores foram considerados mais ou menos importantes na redução da distância psicológica.

Mediadores ambientais

Blocos comerciais

A formação do Mercosul pareceu ter tido maior efeito sobre a decisão de se investir na Argentina por parte das empresas estudadas. Os países do Mercosul passaram a ser vistos como parte de uma única unidade territorial, econômica e política: "Nós agora consideramos o Mercosul como uma extensão do território brasileiro; tratamos a nossa fábrica na Argentina da mesma forma que fazemos com nossas fábricas no Rio de Janeiro e em São Paulo"; "a Argentina é hoje assim como um estado mais distante do país..."; "a Argentina deveria ser vista como outro estado que foi incorporado pelo Brasil...". Uma maneira pela qual a distância psicológica é reduzida em um bloco comercial parece ser o aumento da troca de produtos entre os países do bloco: "Os produtos brasileiros estão na Argentina, Uruguai e Paraguai, os produtos deles estão aqui... isso é algo natural...". Da mesma forma, comunicações melhores e mais baratas entre os países do bloco pareceram estar associadas à redução da distância psicológica ("Ficou mais fácil ir daqui para Buenos Aires e depois para o Rio de Janeiro...").

Regiões de imigração

Em países como o Brasil ou os Estados Unidos, não é incomum encontrar uma concentração de imigrantes em determinada área geográfica. Algumas das empresas estudadas, localizadas no Sul do Brasil, onde existe substancial influência alemã, italiana e eslava, percebiam estas culturas como menos distantes do que aquelas empresas localizadas nas áreas do Norte e Nordeste do Brasil, que não estavam expostas a tais influências culturais.

Contatos fronteiriços

Em alguns poucos casos, quando as empresas localizavam-se no Rio Grande do Sul, os contatos fronteiriços eram percebidos como tendo permitido maior proximidade com a Argentina, o Paraguai e o Uruguai do que com outros países, como o Chile, que não possui nenhuma fronteira com o Brasil: "Nossa cultura aqui no sul é bastante similar às deles. Todo mundo aqui no sul fala 'portunhol' porque este território foi disputado por muito tempo por cada um desses países e por causa da proximidade e do contato de fronteira... Este contato de fronteira traz uma série de oportunidades...".

Mediadores organizacionais (da firma)

Experiências efetivas no país estrangeiro

Na maioria dos casos estudados, mas não em todos, as firmas tinham experiência prévia como exportadoras para os mercados onde foram estabelecidas subsidiárias.

Experiências efetivas em mercados similares

A entrada bem-sucedida em um mercado latino-americano encorajava as firmas a partir para outros mercados similares. Um presidente de empresa observou: "Eu acredito que é possível transferir experiências de um país para outro. Pelo menos na América Latina isto é possível. É mais fácil usar a experiência na Argentina e transferir para o Chile. São duas culturas similares, com a mesma maneira de fazer negócio... É muito importante, no nosso processo de internacionalização, aprender pela experiência, transferindo nosso conhecimento, nossos maus passos e nossos sucessos de um país para outro, mas sempre levando em consideração as diferenças culturais. Eu não posso copiar o modelo completo, mas eu posso transferir algumas coisas. Nós não podemos nos esquecer das idiossincrasias de cada país...".

Experiência internacional genérica adquirida pela empresa

Firmas como Marcopolo, Romi e Duratex, que estavam operando há mais tempo e contavam com atividades internacionais de maior abrangência geográfica, pareceram ser menos afetadas pela distância psicológica em suas escolhas de mercados estrangeiros. Um executivo da Romi, um fabricante de equipamentos, observou: "Estas experiências levam à acumulação de conhecimento. Nós começamos com as exportações em 1944. Acumulamos experiência; temos a cultura das operações internacionais. Negociamos com alemães, americanos, japoneses. Negociamos e nos sentimos perfeitamente à vontade com qualquer uma dessas nacionalidades".

Planejamento

Poucas empresas relataram a existência de um planejamento cuidadoso antes de penetrarem em mercados fisicamente próximos (Argentina e Portugal). Ocorreram, no entanto, algumas poucas exceções. Uma delas foi a Randon, que levou dois anos para planejar a implantação de unidades de montagem na Argentina, desenvolvendo primeiramente uma rede de distribuidores exclusivos, que levavam a marca da empresa. Unidades de armazenamento e estocagem foram o passo seguinte, e somente depois destes passos foram iniciadas as operações. Outra empresa do segmento de prestação de serviços de saúde informou ter estudado o mercado argentino durante três ou quatro anos antes de tomar a decisão final.

Conexões para dentro

Não foram encontradas evidências de que a internacionalização para dentro afetasse a distância psicológica, embora as operações para dentro estivessem freqüentemente associadas às operações para fora. Em geral, no entanto, estes movimentos (para dentro e para fora) não aconteciam nos mesmos países.

Mediadores individuais

País de nascimento

Três das firmas estudadas eram de propriedade da segunda geração de imigrantes italianos para o Brasil. Nos três casos, executivos das empresas, pertencendo ou não à família proprietária do negócio, sentiam afinidade cultural com a Itália: "A Itália, sem dúvida, por causa das origens da empresa e da família, é um lugar para onde nós deveremos expandir... Nós temos muito conhecimento sobre o mercado italiano... Estamos sempre recebendo visitas de executivos vindos da Itália". Com efeito, o primeiro escritório estrangeiro do grupo Abril, fundado por um imigrante italiano, foi aberto na Itália; e a Romi estabeleceu a sua primeira *joint venture* no Brasil com uma empresa italiana, embora a Itália não tenha sido seu primeiro mercado exportador, nem aquele a receber seus primeiros investimentos diretos (FDI). Em outro caso, um proprietário de empresa, ele próprio imigrante vindo da Itália, preferiu não realizar operações internacionais de sua empresa em seu país de nascimento.

País adotivo

Outro aspecto identificado, similar ao país de origem, foi o do país adotivo do proprietário de uma empresa ou de um de seus parentes. Quando migraram da Itália, os irmãos Civita, Victor e Carlos, partiram para dois novos países, Brasil e Argentina, cada um deles estabelecendo um negócio similar em um dos países. Victor Civita, que desenvolveu o maior grupo editorial do Brasil, o Grupo Abril, sentia-se bastante próximo da Argentina, onde estabeleceu conexões pessoais e de negócios que continuaram servindo à sua empresa, no Brasil, até muito depois de sua morte.

Conhecimento de idiomas estrangeiros

Nos casos estudados, a similaridade entre o português e o espanhol foi mais enfatizada do que a própria fluência em espanhol. A proximidade entre as duas línguas facilitava a comunicação. Por outro lado, o inglês não pareceu ser impeditivo para a entrada nos EUA e nunca foi mencionado como barreira. Constatou-se que possuir fluência na língua inglesa era quase que tido como certo, provavelmente devido ao grande manancial de executivos brasileiros fluentes em inglês, quando comparado a uma disponibilidade muito menor de executivos fluentes em espanhol. Isto pode resultar da tradição de longa data da adoção do ensino de inglês como segunda língua nas escolas brasileiras e aos requisitos necessários de proficiência da língua inglesa para entrada nas mais prestigiosas universidades brasileiras.

Estudo no exterior

Alguns poucos executivos de topo entrevistados haviam estudado no exterior, mas, nos casos em que isto ocorria, os EUA eram o país de destino. A importância de estudar no exterior parece estar associada a dois aspectos: um deles é o aprendizado dos costumes e do idioma; o outro é o estabelecimento de relações pessoais com pessoas no país estrangeiro. Quando o presidente da Amil Internacional decidiu investir nos Estados Unidos, um colega seu de um programa de estudos naquele país foi escolhido como parceiro.

Viagens ao exterior

Viagens ao exterior pareciam reduzir a distância psicológica de duas maneiras. A primeira delas era através de sucessivas visitas realizadas pelos executivos ao mercado-alvo, com o intuito de ganhar familiaridade com este mesmo mercado. Estas viagens aumentavam o conhecimento específico de mercado que as empresas detinham. A outra era o volume total de visitas a mercados estrangeiros realizadas pelos executivos, as quais pareciam afetar o conhecimento geral sobre internacionalização. Acreditava-se que executivos expostos a grande número de viagens ao exterior tornavam-se mais cosmopolitas e, sendo assim, mais capazes de lidar com situações relativas a negócios internacionais.

Experiência de vida no exterior

Viver no exterior era associado a outras variáveis, tais como estudar no exterior e país de origem.

Mediadores relacionais

Contatos com outras firmas no Brasil

Em um nível microgeográfico, a distância psicológica pode ser afetada por empresas que compartilham suas experiências internacionais. Algumas das empresas entrevistadas apontaram que trocas de conhecimento sobre mercados internacionais ajudavam novas empresas a penetrar mercados estrangeiros, copiando a experiência de seus pares naqueles mercados (geralmente referidos na literatura como "*bandwagon effect*" ou efeito "*follow-the-leader*"). Um exemplo típico foi o da entrada no mercado sul-africano por empresas da cidade de Caxias do Sul. A partir do momento em que uma das firmas começou a fazer negócio com a África do Sul, outras empresas começaram a se interessar por este mercado. Utilizando relacionamentos desenvolvidos por aquelas empresas que haviam previamente ingressado no mercado, outras firmas iniciaram suas exportações para a África do Sul, até evidenciar-se um padrão pouco usual de negócios com a África do Sul naquela região específica, quando comparado com o resto do Brasil. Estas experiências compartilhadas alteraram efetivamente a distância percebida em relação à África do Sul entre os membros da comunidade de negócios local. Como observou um executivo desta região: "Nós trocamos muita informação... Aqui nesta região nós vivemos como uma grande família. Empresas trocam informação, até o limite, obviamente, que garante a proteção de seus segredos de negócio...".

Laços sociais com outros membros da indústria no exterior

Relações de negócio entre os membros de empresas em diferentes países são geralmente bastante comuns em certas indústrias. O mercado editorial é um bom exemplo disso: "O setor editorial é formado por pessoas que se conhecem bastante bem. É um segmento onde seus membros são muito próximos. Quando você pensa em fazer alguma coisa em um país, minha vivência é a de que algum membro já tem alguém, alguma firma em mente... É muito mais uma questão de relacionamento do que de realizar pesquisas. No caso de nossa *joint venture* na Argentina, existe há muitos anos uma amizade entre o presidente e o nosso parceiro na Argentina, uma admiração mútua pelo trabalho que cada um está desenvolvendo. Foi uma conseqüência natural...".

Outros laços sociais no mercado estrangeiro

Ligações com políticos e outros membros das sociedades locais eram consideradas muito importantes para que fosse possível operar com sucesso em mercados estrangeiros. O presidente e proprietário de uma empresa observou ser "absolutamente necessário estabelecer uma ligação com a comunidade local; estas ligações são muito importantes para o futuro da subsidiária".

Alianças estratégicas com outras empresas

Entrar em mercados estrangeiros em conjunto com um consumidor ou com um parceiro mais experiente foi também um fato reportado. A Tramontina, por exemplo, entrou no mercado canadense para atender a Wal-Mart, seu cliente nos Estados Unidos, quando este varejista expandiu suas operações para o Canadá.

Disponibilidade de parceiros locais ou gestores com uma bagagem cultural brasileira

Uma situação bastante comum encontrada foi a da disponibilidade de indivíduos com conhecimento do Brasil que se associaram à empresa. Uma empresa de *fast-food*, Pastelândia, decidiu montar uma franquia nos Estados Unidos por causa de uma conexão brasileira em Maryland, onde a primeira loja foi aberta. Para entrar no mercado dos Estados Unidos, a Tramontina realizou uma associação com uma *trading company* brasileira que já operava no mercado norte-americano, cujo diretor-geral era amigo pessoal dos executivos de topo. Em outro caso, o proprietário de um pequeno, mas bem-sucedido restaurante do Rio de Janeiro, Plataforma, foi convidado por empresários brasileiros residindo em Nova York a abrir um de seus restaurantes na cidade. Embora inicialmente sua resposta tenha sido negativa, posteriormente ele aceitou a parceria e acabou inaugurando o novo restaurante. No entanto, sua declaração a respeito da distância psicológica em relação a países estrangeiros em geral foi bastante taxativa: "Eu respondi que não estava interessado, porque eu não pensava em abrir um restaurante em nenhum outro país, minha vida é aqui no Rio, este é o único lugar no mundo que eu gosto e quero viver. Eu não gosto de ir a lugar nenhum, eu não gosto de viajar, nem mesmo para o meu país de origem, a Itália". Sua decisão de ir em frente no processo de internacionalização foi em parte provocada pelo desafio de abrir um restaurante na cidade que era "o centro do mundo"; de outra parte, por suas conexões pessoais e, ainda, pela oportunidade de poder contar com seu filho como responsável por este novo negócio.

Transformando locais em amigos

Uma forma comumente relatada de redução de distância psicológica é a de estabelecer relações pessoais com representantes ou distribuidores estrangeiros. Um exemplo curioso foi dado pela Eucatex, fabricante de chapas de madeira, que desenvolveu e implantou uma política para estreitar amizades entre executivos de topo e representantes e distribuidores no exterior. Executivos seniores funcionavam como mentores dos jovens executivos da Eucatex, visando a transferir conhecimento específico de mercado e não perder os benefícios de longo prazo derivados de tal conhecimento. De fato, uma vez que relações próximas eram firmadas com distribuidores no país estrangeiro, a Eucatex fechava seus escritórios de venda daquele país, já que passavam a ser vistos como desnecessários. O executivo responsável pelas operações internacionais deu um exemplo: "Talvez naquelas áreas em que nós não entramos ainda, tais como as novas repúblicas eslavas do Leste Europeu, dado que nós não temos nenhum contato local, seja necessário estabelecer um escritório... Aí faz sentido. Mas nos países que já conhecemos muito bem, onde conhecemos o povo... Não, eu não consigo ver porque nós deveríamos querer ter um escritório lá". Ele acrescentou: "Quando iniciamos a abertura de nossos escritórios em outros países, nós não tínhamos agentes nem representantes. Nestes casos, tivemos que manter um dos nossos por lá para supervisionar... Por que fechamos nosso escritório em Londres? Porque fomos capazes de criar uma rede de distribuidores de confiança". Este padrão configura-se em uma forma reversa do processo gradual de internacionalização, com a empresa passando da abertura e manutenção de escritórios de venda para a realização de exportações indiretas.

Confiança e comprometimento

O desenvolvimento da confiança foi considerado como o objetivo mais definitivo do estabelecimento de relacionamentos pessoais com parceiros de outros países: "No desenvolvimento de parcerias, a relação tem sempre que ser pessoal. Eu me comprometo com alguém em quem eu posso confiar. Às vezes a relação pessoal não é muito boa, não atinge o nível que você queria. Em que medida esta relação pode crescer e ser aprimorada? Isto é vital; sem isso não existe futuro. Tem de ser baseado na confiança". Confiança era vista como algo que permite que uma relação evolua sem litígios: "Em uma parceria, confiança é a palavra-chave. Não interessa quão bem concebido é um contrato entre duas partes, ou o quanto ele é capaz de cobrir todos os aspectos. Existe um lado pessoal e um lado comercial e nenhum contrato é capaz de cobrir tudo. A confiança tem de ser estabelecida e esta é a única coisa que irá permitir a solução daqueles aspectos que não foram incluídos no contrato".

Afinidade cultural

A afinidade cultural era vista como precondição necessária à entrada em um mercado. O presidente de uma empresa ressaltou que "para entrar em um mercado você deve primeiro amar o país, admirá-lo, gostar dele. Eu sempre digo para os meus amigos: 'não parta para um país estrangeiro se você não gosta dele'".

Percepções assimétricas: distância psicológica reversa

A pesquisa forneceu alguma evidência qualitativa da existência de assimetria entre as percepções do vendedor e do comprador em relação à distância psicológica. Este fenômeno é chamado aqui de "distância psicológica reversa". Outros autores propuseram a existência desta assimetria (O'Grady e Lane, 1996; Barkema, Bell e Pennings, 1996), mas poucos estudos forneceram evidências sobre a mesma (Dichtl *et al.*, 1986; Fletcher e Bohn, 1998).

A distância psicológica reversa era causada pela existência de maior familiaridade dos brasileiros com o idioma e os costumes de certos países estrangeiros (tais como os Estados Unidos, a França, a Itália e a Alemanha) do que das pessoas daqueles países com o Brasil. Como apontou um executivo: "Eu fui visitar estas pessoas este ano, uma vez que nós estávamos estabelecendo uma espécie de parceria com elas. Até que nós as contatássemos, elas não estavam interessadas no Brasil; achavam que era um lugar maluco. Não estavam nem ao menos interessadas em vir até aqui".

As causas que justificam esta assimetria podem estar associadas aos moderadores de distância psicológica previamente analisados que afetam um dos lados (o brasileiro), mas não o outro. Por exemplo, executivos de uma firma sentiam-se muito próximos da Itália por causa das origens familiares do dono, mas este não era o caso de seus parceiros potenciais na Itália, como reportado por um executivo de topo: "No início, eles não acreditavam que poderia existir uma grande empresa no Brasil nesta indústria, tão grande quanto qualquer uma em seu próprio país. Eles viam o Brasil como uma grande floresta, onde as pessoas andavam sobre cobras... Existia uma falta de conhecimento e uma falta de confiança".

Ainda, em um país menos desenvolvido, a atenção das pessoas de melhor nível educacional está geralmente voltada para eventos que ocorrem fora do país. É socialmente apropriado para a elite saber o que está acontecendo no mundo desenvolvido. É também bastante recomendável, uma vez que eventos externos têm um impacto substancial em uma economia menos desenvolvida. Um executivo explicou esta assimetria de interesse de um em relação ao outro, entre brasileiros e americanos, como se segue: "Nós, brasileiros, compramos revistas americanas para acompanhar, por exemplo, os resultados das eleições nos Estados Unidos. Nós compramos porque estamos interessados. Agora, eles não irão comprar uma revista brasileira porque eles não estão nem um pouco interessados nas eleições brasileiras".

Uma das principais estratégias usadas para reduzir a distância psicológica reversa era a de trazer os executivos das firmas com as quais a empresa brasileira pretendia fazer negócio para visitar a sede e as instalações da firma no Brasil: "Para tornar mais fácil para eles, nós tivemos que trazê-los ao Brasil para visitar nossas instalações, nossa empresa. Desta forma nós pudemos mostrar a eles que existe uma grande estrutura por trás, que a nossa empresa está no mesmo nível das maiores empresas do mundo nesta indústria". Outra estratégia, seguida pela Duratex, um fabricante de placas de aglomerado, era a de estabelecer locais de vendas e distribuição no país estrangeiro, neste caso, os Estados Unidos: "Os americanos esperam que você tenha pelo menos um escritório lá. Você não pode esquecer que você é brasileiro e isto tem algumas implicações. Não basta ter um produto de qualidade, como nós temos, é preciso ter credibilidade, você tem de ter um endereço conhecido nos Estados Unidos".

Conclusões

Este estudo revelou algumas novas indicações sobre o construto da distância psicológica. Ao mesmo tempo, a interpretação desses resultados deve ser feita com cautela, uma vez que o *design* da pesquisa implica diversas limitações. Em primeiro lugar, o método de pesquisa de estudo de caso não permite fazer generalizações baseadas na freqüência observada de determinado fenômeno na população estudada. As únicas generalizações possíveis têm a ver com a identificação de tipos de situações, eventos, atitudes, comportamentos, etc., que podem ocorrer, embora sua freqüência esperada na população seja desconhecida. Esta é a razão pela qual este é o método escolhido quando o pesquisador busca novas indicações ou pretende desenvolver taxonomias. Em segundo lugar, o estudo foi conduzido no Brasil, limitando assim seus resultados a este país específico. Embora alguns dos resultados não difiram substancialmente daqueles de outras pesquisas na área, alguns fatores identificados neste estudo podem ser entendidos como específicos das empresas e do país estudados.

Um achado interessante da pesquisa foi o de que presidentes e executivos de topo eram nitidamente conscientes das diferenças e similaridades culturais entre o Brasil e outros países. Mais ainda, a idéia de "distância cultural" entre países estava bastante bem estabelecida em suas mentes. Não se acredita que tal consciência se devesse à formação acadêmica, uma vez que grande parte desses executivos não havia sido treinada em escolas de negócio e, mesmo no caso dos que haviam freqüentado tais escolas, sabe-se que o conceito de distância psicológica não é um tópico típico de discussão nestes cursos.

Propõe-se aqui, uma vez que os entrevistados já haviam vivenciado experiências internacionais, que seus conceitos de "distância cultural" resultam provavelmente, em larga escala, de experiências no exterior. Sendo assim, suas percepções sobre o que torna um país estrangeiro distante podem ser bastante válidas para orientar futuras pesquisas.

Elementos e mediadores de distância psicológica

Os elementos de distância psicológica, identificados nesta pesquisa, foram classificados em três categorias: percepções sobre as pessoas, percepções sobre o ambiente de negócios e percepções sobre o macroambiente (Figura 1).

Figura 1

Elementos da distância psíquica

Percepções sobre pessoas	Percepções sobre ambiente de negócios	Percepções sobre macroambiente
Comunicação **Língua** **Relacionamentos de fácil estabelecimento**	**Maneiras de fazer negócios** • Características dos produtos • Canais de distribuição • Disponibilidade de mídia • Práticas de negócios • Relações com empregados • Práticas de negociação • etc.	**Maturidade do mercado** • Atividade da concorrência • Competição de preço
	Expectativas dos consumidores Qualidade dos produtos • Nível de serviço • Entrega	**Sistema econômico** • Desenvolvimento econômico • Estabilidade
		Sistema regulatório • Leis trabalhistas • Sindicatos • Regras de crédito

A medição do construto da distância psicológica na literatura tem considerado principalmente a segunda (ambiente de negócios) e terceira categorias (macroambiente). Da primeira categoria, a única variável considerada na maioria dos estudos é o idioma. Entretanto, nossa pesquisa mostrou que foi dada muito mais importância à primeira categoria – percepção sobre as pessoas – nos modelos mentais usados pelos entrevistados. Tal fato sugere uma área a ser explorada em futuras pesquisas.

No que concerne aos mediadores de distância psicológica, um sem-número de indicações interessantes foram também extraídas dos casos estudados. A Figura 2 apresenta os quatro tipos de mediadores de distância psicológica: individuais ou pessoais, relacionais, organizacionais (da firma) e ambientais.

Figura 2

Mediadores de Distância Psíquica

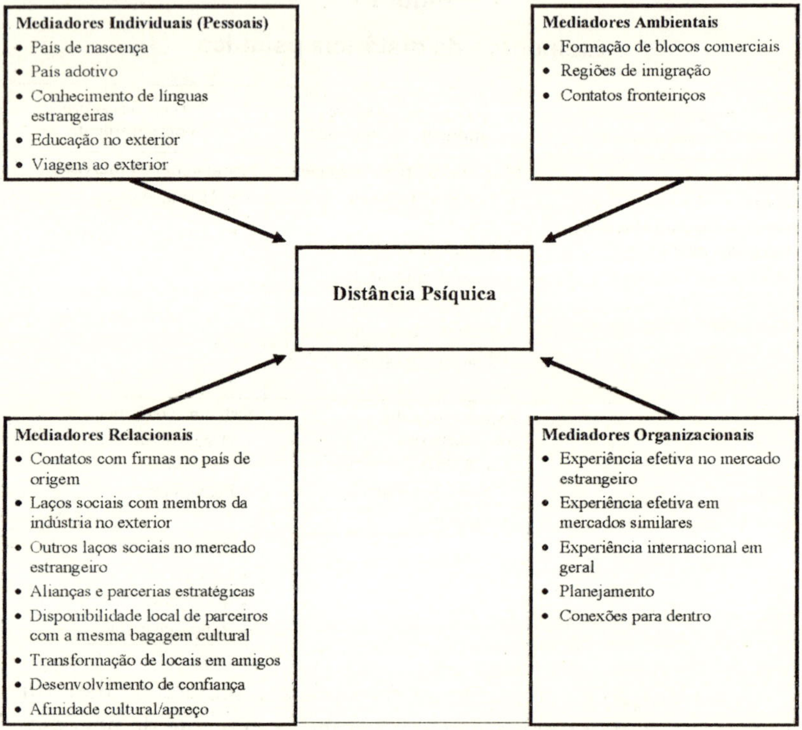

Os mediadores relacionais foram de longe os mais comumente citados pelos executivos entrevistados. Mediadores organizacionais pareceram ter menos importância nos casos estudados do que o esperado. Especificamente, o planejamento, freqüentemente citado pela literatura como um mediador de distância psicológica, pareceu ser quase irrelevante neste estudo. Mediadores ambientais ou afetaram as percepções nacionais de distância cultural ou exerceram um impacto regional sobre tais percepções.

Alguns dos aspectos apareceram tanto como elementos de distância psicológica quanto como moderadores de distância psicológica. Seus significados específicos são distintos em cada caso. Por exemplo, percepções de similaridades ou diferenças de idioma são preexistentes à efetiva entrada no mercado, mas as firmas também adquirem conhecimento da língua estrangeira à medida que elas operam no novo mercado. Tal fato pode efetivamente aumentar ou diminuir suas distâncias psíquicas em relação ao mercado. Um executivo apontou, por exemplo, que o uso do "portunhol" mostrou-se inadequado quando ele começou a operar em um país da América do Sul, embora ele achasse, de início, que isto facilitaria a comunicação.

Outro exemplo refere-se ao papel dos relacionamentos, atuando tanto como elementos quanto como moderadores de distância psicológica. Os relacionamentos aparecem como componentes da distância psicológica quando a percepção inicial de quão difícil ou fácil é estabelecer relações pessoais com os nativos de um país estrangeiro é considerada a despeito dos relacionamentos específicos estabelecidos. Os relacionamentos podem ser também o principal mediador de distância psicológica, uma vez que permitem transformar um estranho em amigo, reduzindo assim a distância psicológica.

Relacionamentos, relacionamentos, relacionamentos

Na medida em que estes aspectos eram explorados nas entrevistas em profundidade, tornou-se bastante claro que o estabelecimento de relacionamentos estava de fato por detrás de muitos outros mediadores de distância psicológica. Considerem-se, por exemplo, mediadores individuais ou pessoais. Educação ou vivência no exterior também significava o desenvolvimento de relacionamentos no mercado estrangeiro, os quais poderiam ser utilizados como ponto de partida para a entrada naquele mercado. Por este motivo, é possível que estas duas variáveis tendam apenas a influenciar a internacionalização e a distância psicológica se as vivências a elas associadas ocorrerem no mesmo país escolhido como mercado-alvo. No que diz respeito aos mediadores organizacionais (da firma), experiências efetivas no mercado-alvo e conexões para dentro também significam o estabelecimento de relacionamentos com os locais, facilitando assim a redução da distância psicológica.

Talvez a importância dos relacionamentos como elementos e, especialmente, como moderadores de distância psicológica esteja associada ao fato de o Brasil ser uma sociedade relacional, definida como aquela que atribui especial importância às relações pessoais. Ainda, o estudo realizado por Ellis e Pecotich (2001), com pequenas e médias empresas australianas, reconheceu a importância do papel dos laços sociais em quatro quintos da amostra examinada. Estes resultados sugerem que as redes de relacionamento sociais podem de fato desempenhar papel decisivo sobre a internacionalização e a distância psicológica.

Medindo a distância psicológica

Deve ser ressaltado que, exceto quando indicado, alguns dos aspectos identificados neste estudo podem ter aparecido em apenas um ou em alguns poucos casos examinados. Existem muitas maneiras pelas quais esses mediadores podem operar, e as evidências sugerem que formas diferentes podem atuar juntas ou separadamente em cada caso. Tal constatação identifica um problema a ser investigado em estudos quantitativos que possivelmente expliquem por que diferentes estudos obtiveram resultados conflitantes.

Outro aspecto relacionado a esse tema é o que se refere ao problema do nível de mensuração. Os resultados deste estudo reforçaram substancialmente o argumento existente na literatura quanto a ser a distância psicológica um fenômeno subjetivo. As medidas perceptuais nacionais de distância psicológica lidam tipicamente com os componentes básicos de distância psicológica, enquanto que as medidas regionais, organizacionais e individuais levam também em consideração determinados mediadores de distância psicológica. Por causa do viés *ex post facto* relativo à tomada de decisão, é provavelmente mais apropriado utilizar medidas coletivas e individuais de distância psicológica em um mesmo estudo.

Mais ainda, o uso de medidas nacionais e objetivas de distância cultural pode levar ao entendimento de que a distância entre o comprador e o vendedor é a mesma em ambas as direções. Entretanto, o uso de medidas subjetivas (individuais e organizacionais) irá produzir necessariamente diferentes medições de distância psicológica do ponto de vista do comprador e sob a ótica do vendedor. Tal constatação indica um problema adicional para pesquisadores neste campo.

A realização de mais pesquisas é necessária para validar algumas das indicações deste estudo e para testar estatisticamente as relações por ele propostas.

Referências biliográficas

ANDERSEN, O. On the internationalization process of firms: a critical analysis. **Journal of International Business Studies**, Basingstoke, v. 24, n. 2, p. 209-31, 1993.

BARKEMA, H. J.; BELL, J. H.; PENNINGS, J. M. Foreign entry, cultural barriers, and learning. **Strategic Management Journal**, Hoboken, N.J., v. 17, n. 2, p. 151-166, 1996.

BENITO, G. R. C.; GRIPSRUD, G. The expansion of foreign direct investments: discrete rational location choices or a cultural learning process? **Journal of International Business Studies**, Basingstoke, v. 23, n. 3, p. 461-76, 1992.

BONACCORSI, A. On the relationship between firm size and export intensity. **Journal of International Business Studies**, Basingstoke, v. 23, n. 4, p. 605-633, 1992.

BURGEL, O.; MURRAY, G. C. The international market entry choices of start-up companies in high-technology industries. **Journal of International Marketing**, Chicago, v. 8, n. 2, p. 33-62, 2000.

CASSON, M. C. Cultural determinants of economic performance. **Journal of Comparative Economics**, Burlington, Mass., v. 17, p. 418-442, 1993.

CAVUSGIL, S. T.; NAOR J. Firm and management characteristics as discriminators for export behavior. **Journal of Business Research**, Amsterdam, v. 15, n. 3, p. 221-35, 1987.

CHETTY, S. K. Dimensions of internationalization of manufacturing firms in the apparel industry. **European Journal of Marketing**, West Yorkshire, v. 33, n. 1/2, p. 121-142, 1999.

CONWAY, T.; SWIFT, J. S. International relationship marketing: the importance of psychic distance. **European Journal of Marketing**, West Yorkshire, v. 34, n. 11/12, p.1391-1414, 2000.

DICHTL, E. et al. The export decision of small and medium-sized firms: a review. **Management International Review**, Wiesbaden, v. 24, n. 2, p. 49-60, 1984.

DICHTL, E. et al. Identifying export potential: a comparative analysis of German and Japanese firms. **Advances in International Marketing**, Amsterdam, v. 1, p. 233-254, 1986.

DICHTL, E.; KÖGLMAYR, H.G.; E MÜLLER, S. International orientation as a precondition for export success. **Journal of International Business Studies**, Basingstoke, v. 21, n. 1, p. 23-40, 1990.

DOW, D. A note on psychological distance and export market selection. **Journal of International Marketing**, Chicago, v. 8, n. 1, p. 51-64, 2000.

DUNNING, J. H.; BANSAL, S. The cultural sensitivity of the eclectic paradigm. **Multinational Business Review**, St. Louis Missouri, p. 1-17, Winter 1997.

ELLIS, P.; PECOTICH, A. Social factors influencing export initiation in small and medium-sized enterprises. **Journal of Marketing Research**, Chicago, v. 38, n. 1, p. 119-130, 2001.

ERIKSSON, K. et al. Experiential knowledge and cost in the internationalization process. **Journal of International Business Studies**, Basingstoke, v. 28, n. 2, p. 337-360, 1997.

______. Effect of variation on knowledge accumulation in the internationalization process. **International Studies of Management and Organization**, New York, v. 30, n. 1, p. 26-44, 2000.

ERIKSSON, K. Effect of variation on knowledge accumulation in the internationalization process. **International Studies of Management and Organization**, New York, v. 30, n. 1, p. 26-44, 2000.

EVANGELISTA, F. Export performance and its determinants: some empirical evidence from Australian manufacturing firms. In: CAVUSGIL, S. T.; AXINN, C. T. (ed.). **Advances in International Marketing**, Amsterdam, v. 6, p. 207-229, 1994.

EVANS, J.; TREADGOLD, A; MAVONDO, F. T. Explaining export development through psychic distance. **International Marketing Review**, London, v. 17, n. 2, p. 164-168, 2000a.

______. Psychic distance and the performance of international retailers: a suggested theoretical framework. **International Marketing Review**, London, v. 17, n. 4/5, p. 373-391, 2000b.

FLETCHER, R.; BOHN, R. The impact of psychic distance on the internationalization of the Australian firm. **Journal of Global Marketing**, Binghamton, NY, v. 12, n. 2, p. 47-68, 1998.

FORD, D. Buyer/seller relationships in international industrial markets. **Industrial Marketing Management**, Amsterdam, v. 13, n. 2, p. 101-13, 1984.

GLOBERMAN, S.; SHAPIRO, D. M. The impact of government policies on foreign direct investment: the Canadian experience. **Journal of International Business Studies**, Basingstoke, v. 30, n. 3, p. 513-532, 1999.

GRIPSRUD, G. The determinants of export decisions and attitudes to a distant market: Norwegian fishery exports to Japan. **Journal of International Business Studies**, Basingstoke, v. 21, n. 3, p. 469-485, 1990.

HALLÉN, L.; WIEDERSCHEIM-PAUL, F. Psychic distance and buyer-seller interaction. In: BUCKLEY, P. J.; GHAURI, P. (eds.) **The internationalization of the firm**: a reader. London: Harcourt, 1993. p. 291-302.

______. The evolution of psychic distance in international business relationships. In: HAGG, I.; WIEDERSCHEIM-PAUL, F. (eds.) **Between markets and hierarchy**. Uppsala, Sweden: University of Uppsala, 1989. p.15-27.

HART, S. J.; WEBB, J. R.; JONES, M. V. Export marketing research and the effect of export experience. **International Marketing Review**, London, v. 11, n. 6, p. 4-17, 1994.

HOFSTEDE, G. **Culture's consequences**: international differences in work related values. Beverly Hills, Cal.: Sage, 1980.

HOLZMULLER, H.; KASPER, H. Decision-maker and export activity: a cross-national comparison of the foreign orientation of Austrian managers. **Management International Review**, Wiesbaden, v. 30, n. 3, p. 217-230, 1990.

______. On a theory of export performance: personal and organizational determinants of export trade activities observed in small and medium-sized firms. **Management International Review,** Wiesbaden, v. 31, p. 45-70, Special Issue 1991.

JOHANSON, J.; VAHLNE, J. E. The internationalization process of the firm: a model of knowledge development and increasing foreign market commitments. **Journal of International Business Studies**, Basingstoke, v. 8, n. 1, p. 23-32, 1977.

______. The mechanism of internationalization. **International Marketing Review**, London, v. 7, n. 4, p. 11-24, 1990.

______; WIEDERSCHEIM-PAUL, F. The internationalization of the firm: four Swedish cases. **Journal of Management Studies**, Oxford, v. 12, n. 3, p. 305-322, Oct. 1975.

KIRK, J.; MILLER, M. L. **Reliability and validity in qualitative research**. Newbury Park, Calif.: Sage, 1986.

KLEIN, S.; ROTH, V. J. Determinants of export channel structure: the effects of experience and psychic distance reconsidered. **International Marketing Review**, London, v. 7, n. 5, p. 27-38, 1990.

KOGUT, B.; SINGH, H. The effect of national culture on the choice of entry mode. **Journal of International Business Studies**, Basingstoke, v. 19, n. 3, p. 411-432, 1988.

KORHONEN, H.; LUOSTARINEN, R.; WELCH, L. Internationalization of SMEs: inward-outward patterns and government policy. **Management International Review**, Wiesbaden, v. 36, n. 4, p. 315-329,1996.

MAHONE, C. E. Penetrating export markets: the role of firm size. **Journal of Global Marketing**, Binghamton, v. 7, n. 3, p. 133-148, 1994.

MAIGNAN, I.; LUKAS, B. A. Entry mode decisions: the role of managers' mental models. **Journal of Global Marketing**, Binghamton, v. 10, n. 4, p. 7-22, 1997.

MANOLOVA, T. S. et al. Internationalization of small firms: personal factors revisited. **International Small Business Journal**, Thousand Oaks, v. 20, n. 1, p. 9-31, 2002.

MOROSINI, P.; SHANE, S.; SINGH, H. National cultural distance and cross-border acquisition performance. **Journal of International Business Studies**, Basingstoke, v. 29, n. 1, p. 137-158, 1998.

NAIDU, G. M.; PRASAD, V. K. Predictors of export strategy and performance of small and medium-sized firms. **Journal of Business Research**, Amsterdam, v. 31, n. 1/2, p. 107-115, 1994.

NAKOS, G.; BROUTHERS, K. D.; BROUTHERS, L. E. The impact of firm and managerial characteristics on small and medium-sized Greek firms' export performance. **Journal of Global Marketing**, Binghamton, v. 11, n. 4, p. 23-47, 1998.

O'GRADY, S.; LANE, H. The psychic distance paradox. **Journal of International Business Studies**, Basingstoke, v. 27, n. 2, p. 309-333, 1996.

PORTER, M. E. **Competitive strategy**: techniques for analyzing industries and competitors. New York: The Free Press, 1980.

REID, S. Migration, cultural distance and international market expansion. In: TURNBULL, P. W.; PALIWODA, S. J. (ed.). **Research in International Marketing**. London: Croom Helm, 1986, p.22-34.

REUBER, A. R.; FISCHER, E. The influence of the management team's international experience on the internationalization behavior of SMEs'. **Journal of International Business Studies**, Basingstoke, v. 28, n. 4, p. 807-25, 1997.

RONEN, S.; SHENKAR, O. Clustering countries on attitudinal dimensions: a review and synthesis. **Academy of Management Review**, New York, v. 10, n. 3, p. 435-454, 1985.

SELLTIZ, C. **Métodos de pesquisa nas relações sociais**. São Paulo: Editora da USP, 1975.

SHOHAM, A.; ROSE, G. M.; ALBAUM, G. S. Export motives, psychological distance and the EPRG framework. **Journal of Global Marketing,** Binghamton, v. 8, n. 3/4, p. 9-37, 1995.

STÖTTINGER, B.; SCHLEGELMILCH, B. Explaining export development through psychic distance: enlightening or elusive? **International Marketing Review**, London, v. 15, n. 5, p. 357-72, 1998.

______. Psychic distance: a concept past its due date? **International Marketing Review**, London, v. 17, n. 2, p. 169-173, 2000.

SWIFT, J. S. Cultural closeness as a facet of cultural affinity: a contribution to the theory of psychic distance. **International Marketing Review**, London, v. 16, n. 3, p. 182-201, 1999.

TAVAKOLI, M.; MCKIERNAN, P. SMEs strategic reaction to the 1992 Single Market Announcement: evidence from Scottish manufacturing firms. **Journal of Small Business Management**, Thousand Oaks, v. 17, n. 1, p. 79-89, Jan. 1999.

WELCH, L.; LUOSTARINEN, R. Internationalization: evolution of a concept. **Journal of General Management,** Henley-on-Thomas, v. 14, n. 2, p. 34-64, 1988.

WELCH, L.; Luostarinen, R. Inward-outward connections in internationalization. **Journal of International Marketing**, Chicago, v. 1, n. 1, p. 44-56, 1993.

YIN, R. K. **Case study research**: design and methods. Newbury Park, Calif.: Sage, 1989.

Capítulo 3

MODELO DE UPPSALA PERMITE ENTENDER O PROCESSO DE INTERNACIONALIZAÇÃO DE EMPRESAS DE SERVIÇOS?

Jorge M. T. Carneiro
Carlos A. Hemais

Introdução

A participação dos serviços na economia tem aumentado consideravelmente nos últimos anos. Diversos estudos demonstram que a proporção do produto interno bruto (PIB) referente ao setor terciário tem crescido em muitos países. Contudo, este aumento tem ocorrido à custa da perda de participação do setor primário, uma vez que o crescimento do setor secundário, ou seja, a produção de bens manufaturados, tem sido maior que o crescimento de serviços, independentemente do grau de desenvolvimento do país (Dunning, 1989).

Dentre os fatores que têm impulsionado a expansão internacional dos serviços, Dunning (1989) cita a liberalização de atitudes e política (bem como os movimentos de desregulamentação pelos governos de diversos países), os avanços na tecnologia e na gerência da informação (coleta, tratamento, armazenamento e transmissão), além da tendência da demanda por serviços que tende a ser mais homogênea entre os países, diferentemente das características plurais da demanda por produtos manufaturados. Isto não deve ser confundido com o fato de que a prestação de serviços, de uma forma geral, tende a ser mais variável do que a produção de bens, como será visto adiante.

Knight (1999) realizou um extenso levantamento bibliográfico em 31 periódicos de língua inglesa sobre marketing e negócios internacionais, no período de 1980 a 1998, e encontrou apenas 124 artigos sobre internacionalização de serviços, a maioria dos quais não representa qualquer esforço para o desenvolvimento da teoria, modelos ou construtos generalizáveis entre indústrias.

O crescimento da participação dos serviços na economia e, em especial, de serviços prestados internacionalmente, não tem sido, como se vê, acompanhado por um correspondente esforço de pesquisa que ajude a entender as suas nuances específicas (Javalgi e White, 2002). Alguns autores crêem que a teoria sobre internacionalização de produtos manufaturados poderia ser estendida e facilmente adaptada a serviços (Boddewyn *et al.*, 1986), enquanto outros julgam que uma aplicação direta a serviço da teoria originalmente desenvolvida sobre produtos seria questionável (Johanson e Vahlne, 1990).

Dentre os estudos sobre internacionalização, as pesquisas da Escola de Uppsala representam uma relevante corrente na literatura. Em face do interesse em se verificar a aplicabilidade das abordagens teóricas atuais à internacionalização de serviços, é importante investigar se as proposições do modelo de Uppsala seriam, ao menos no nível técnico, imediatamente generalizáveis para serviços.

A Escola de Uppsala preconiza que as empresas tendem a se internacionalizar preferencialmente para países psiquicamente próximos ao seu país de origem e a adotar uma seqüência de estágios em que vão gradualmente aumentando o comprometimento de recursos, isto é, o volume e a irreversibilidade de seus investimentos no exterior (Johanson e Wiedersheim-Paul, 1975; Johanson e Vahlne, 1977, 1990).

Este artigo tem como objetivo avaliar a importância e a aplicabilidade à internacionalização de serviços dos conceitos da Escola de Uppsala relativos à distância psíquica e a estágios seqüenciais no processo de internacionalização.

Especificamente serão tecidas considerações teóricas sobre as características de determinados tipos de serviços para verificar se:

1. Diferentes classes de serviço exibiriam diferentes níveis de sensibilidade à distância psíquica?

2. Determinadas classes de serviço tenderiam a vencer etapas nos estágios seqüenciais?

Para responder a essas duas perguntas serão inicialmente apresentados os principais tipos de modos de entrada no exterior. Em seguida, serão apresentadas as diferenças entre produtos e serviços. Além disso, serão expostos quatro modelos de classificação de serviços, colhidos na literatura, que permitirão discorrer sobre a sensibilidade de diferentes tipos de serviço aos pressupostos do Modelo de Uppsala.

Modos de entrada no exterior

As empresas podem se utilizar de diversos modos de entrada em novos países. Segundo Root (1994: 24), um modo de entrada no exterior é um "arranjo institucional que torna possível a entrada em um outro país de produtos, tecnologia, habilidades humanas, capacidade gerencial ou outros recursos de uma empresa".

Para Erramilli e Rao (1990), o modo particular de entrada em um outro país depende de diversos fatores, tais como características do produto ou serviço, características da própria empresa e características do ambiente externo, bem como de aspectos comportamentais relativos ao conhecimento e à percepção de risco dos tomadores de decisão. Esses autores compuseram uma lista de possíveis modos de entrada no exterior de acordo com o nível de envolvimento, isto é, montante de recursos e grau de especificidade de seu uso (Figura 1).

Figura 1

Grau de Envolvimento em Diferentes Modos de Entrada no Exterior

	Modo de entrada no exterior	Montante de recursos comprometidos	Especificidade de uso dos recursos	Grau de envolvimento
Produção local no país	Subsidiária integral constituída do zero	Muito alto	Alta	Mais alto ↑
Produção local no país	Subsidiária integral adquirida de terceiros	Alto	Alta	
Produção local no país	*Joint venture* com participação majoritária	Moderado a alto	Alta	
Produção local no país	*Joint venture* 50/50	Moderado	Alta	
Produção local no país	*Joint venture* com participação minoritária	Moderado	Alta	
Exportação	Subsidiária para exportação	Moderado	Moderada	
Exportação	Exportação direta para o cliente	Baixo a moderado	Baixa	
Exportação	Distribuidor ou agente exportador	Baixo	Baixa	
	Licenciamento ou franquia	Muito baixo	Muito baixa	↓ Mais baixo

Fonte: Erramilli e Rao (1990).

Caracterização de serviços comparativamente a produtos

Serviços costumam ser definidos como *performances* (ou seja, execuções, desempenhos, apresentações) ou experiências. Como exemplo, citam-se serviços de consultoria ou um concerto ao ar livre, respectivamente. Serviços são efêmeros e, via de regra, não são tangíveis e não podem ser armazenados (Grönroos, 1990). Produtos, por outro lado, são usualmente entendidos como bens físicos (por exemplo, automóveis, eletrodomésticos, roupas).

Contudo, a fronteira entre serviços e produtos nem sempre é óbvia, uma vez que as ofertas para os compradores são, muitas vezes, uma composição com características de produto e de serviço simultaneamente. Além disso, boa parte dos produtos é adquirida como forma de se obter um benefício, que pode ser considerado um serviço. Um automóvel presta o serviço de locomoção, alimentos aliviam a fome ao mesmo tempo em que propiciam prazer, um equipamento de som serve como forma de entretenimento; por seu turno, diversos serviços exigem instalações físicas para que sejam prestados: agências bancárias, hotéis, lavanderias (Dunning, 1989).

As diferenças principais entre produtos e serviços estariam, então, nos aspectos de simultaneidade entre produção e consumo e de transferência de propriedade (Dunning, 1989):

1. Em diversos serviços ocorre uma interação direta e simultânea entre prestador e cliente, ao longo das atividades de produção, entrega e consumo, enquanto que, no caso de produtos, tais atividades podem usualmente ser separadas.

2. A transação de produtos envolve a troca de propriedade (embora nem sempre de posse, como no caso da compra de um imóvel comercial que já esteja e vá continuar alugado para uma outra empresa ou pessoa), enquanto que, no caso de serviços, somente uma parte do preço pago (às vezes nula) corresponde a algum direito de posse ou propriedade. Por exemplo, um ingresso para o teatro confere o direito ao entretenimento e também o direito de uso temporário (posse) de um determinado assento numerado (ativo físico), mas nenhuma propriedade é transferida.

Mas tais definições não escapam de exceções. Por exemplo, um projeto de arquitetura pode ser entendido como um serviço, mas boa parte dele é realizada nas instalações do prestador e sem a presença e participação direta do cliente.

A distinção entre serviços e produtos se torna ainda mais tênue quando se considera que o comprador pode optar por comprar ou alugar um determinado direito de usar um produto, o que é equivalente a beneficiar-se do serviço. Por exemplo, o aluguel de um carro é considerado um serviço, uma vez que a propriedade não é transferida para o cliente, embora este receba o direito temporário de uso (posse) sobre o bem físico, mas não recebe o direito de sublocar tal direito. A contratação de serviço de acesso à Internet em banda larga pressupõe que se pague pelo direito de usar as instalações de comunicação da operadora, bem como pelo equipamento (modem) instalado no imóvel do cliente. Mas qual é a diferença entre a opção de comprar a prazo um modem e uma cota das instalações de comunicação como um pacote integrado e a opção de se adquirir o direito de uso de tais ativos (Dunning, 1989)? A resposta parece estar no direito de propriedade e na extensão de livre uso daquilo que se adquire.

Diversos autores consideram que os serviços, em contraste com os produtos, podem ser caracterizados pelo maior grau de heterogeneidade, intangibilidade, perecibilidade e inseparabilidade (Grönroos, 1990; Kotler, 2000; Lovelock e Wright, 2001; Zeithaml e Bitner, 2003).

1. Inseparabilidade. Boa parte dos serviços são produzidos e entregues na presença do cliente, sendo também por ele simultaneamente consumidos. Por exemplo, um serviço de corte de cabelo.

2. Heterogeneidade. O envolvimento do cliente nas atividades de produção e entrega do serviço, assim como a impossibilidade de se estocar o serviço e, se necessário, verificar sua qualidade e rejeitá-lo antes de sua entrega ao cliente implicam um maior grau de variabilidade no resultado final.

3. Intangibilidade. Uma vez que diversos serviços não envolvem a transferência de qualquer bem físico (ex: consulta médica ou manutenção preventiva de equipamento), o cliente tem maior dificuldade de comparação e de avaliação pré e pós-compra e, por isso mesmo, costuma exibir maior dificuldade para estabelecer o que seria o valor "correto e justo" do serviço e para aferir a sua satisfação. A ausência de um bem físico após a compra pode, ainda, trazer a sensação de maior sacrifício financeiro na aquisição de um serviço do que aquela experimentada na compra de um produto.

4. Perecibilidade. Uma vez que é produzida e consumida simultaneamente, boa parte dos serviços não pode ser estocada para fazer face a variações, cíclicas ou não, na demanda. Um assento de avião que ficou vazio jamais poderá ser vendido para aquele vôo, mas somente para um novo vôo. Um quarto de hotel que não foi ocupado no inverno não poderá ser "armazenado" para ser transacionado no verão junto com a própria transação do mesmo quarto neste período para um outro cliente.

Essas diferenças entre serviços e produtos têm importantes implicações sobre a aplicabilidade dos pressupostos do Modelo de Uppsala.

O fato de que a produção de boa parte dos serviços é inseparável de seu consumo significa que alguns modos de entrada de baixo envolvimento, tais como todas as variantes de exportação, não estariam disponíveis à empresa. A produção deve se realizar no país-destino junto ao cliente, o que obriga a empresa a se utilizar de modos com maior grau de envolvimento (ou seja, estabelecimento de uma subsidiária) ou, alternativamente, se utilizar do modo que implica o menor grau de envolvimento, ou seja, licenciamento ou franquia. A escolha entre estes extremos de grau de envolvimento dependerá de quanto a empresa julga importante manter o controle direto sobre as operações. O fato é que o pressuposto de estágios seqüenciais do Modelo de Uppsala não seria aqui aplicável.

É interessante notar que, no caso de serviços, modos de entrada com maior grau de envolvimento – embora representem um aumento no volume de recursos em comparação com modos de menor grau de envolvimento, quando comparados aos respectivos modos de entrada de produtos – significam um montante de investimentos consideravelmente menor – em geral, apenas um escritório, mas nenhuma fábrica. Além disso, o tipo de recursos comprometidos na maior parte dos serviços, tais como habilidades pessoais e capacidades gerenciais, exibe um grau de flexibilidade muito maior que o dos recursos comprometidos na expansão internacional de produtos (Erramilli, 1991).

Portanto, os recursos comprometidos na expansão de serviços podem ser mais facilmente revertidos de um país para outro. Tal constatação permite conjecturar que os modos de entrada com maior envolvimento não apresentariam a mesma percepção de risco em serviços como em produtos, ou seja, é possível que, na expansão de serviços, as empresas não se sintam tão propensas a seguir os estágios seqüenciais de comprometimento crescente de investimentos (Erramilli, 1991).

Modelos de classificação de serviços e implicações sobre o processo de internacionalização

A distinção entre serviços e produtos é importante para revelar como as características específicas de cada grupo podem influenciar as decisões e os processos de internacionalização. Contudo, não se deve julgar que os diversos tipos de serviços apresentam características totalmente homogêneas entre si. Por outro lado, também não é razoável supor que um serviço como consultoria, por exemplo, não terá nada em comum com outros serviços, tais como assessoria jurídica, projeto de arquitetura ou atendimento médico-hospitalar. A explicitação das similaridades e das diferenças é essencial para que se entendam as implicações estratégicas (Patterson e Cicic, 1995). Para Lovelock e Yip (1996), mais do que separar os serviços por tipo de indústria, é importante entender as semelhanças e diferenças nos processos operacionais, ou seja, entender como as entradas são transformadas em saídas. Além disso, a utilização de esquemas de classificação é importante para tornar possível inferências e generalizações (Clark *et al.*, 1996).

A seguir, serão apresentados quatro esquemas de classificação de serviços que ajudarão a lançar luz sobre como o processo de internacionalização pode ser afetado em função das características particulares de cada classe de serviços. Estas quatro tipologias foram selecionadas a partir de uma pesquisa que levantou dez tipologias de serviços na literatura, tendo os autores considerado que aquelas quatro são as que melhor se prestam para relativizar os pressupostos da Escola de Uppsala. Como será visto, alguns tipos de serviços não exibem boa aderência às suposições do Modelo de Uppsala, seja em termos do que tal modelo prevê sobre a preferência por países psiquicamente próximos, seja em termos dos estágios seqüenciais com comprometimento gradual de recursos.

Tipologia de Vandermerwe e Chadwick (1989): grau de tangibilidade *versus* nível de contato pessoal

Classes de serviço

Patterson e Cicic (1995) testaram uma tipologia, originalmente proposta por Vandermerwe e Chadwick (1989), baseada em duas dimensões: grau de tangibilidade do serviço, ou seja, nível relativo de participação de um produto junto com o serviço, *versus* nível de contato pessoal com o cliente necessário para a produção e entrega do serviço (Figura 2).

Figura 2
Tipologia de Serviços de Vandermerwe e Chadwick (1989)

Grau de tangibilidade	Nível de contato pessoal com o cliente: Baixo	Nível de contato pessoal com o cliente: Alto
Serviços puros	Serviços profissionais independentes de localização	Projetos sob encomenda dependentes de localização
Serviços associados a produtos	Pacotes padronizados de serviço	Serviços sob encomenda com valor agregado

Fonte: Adaptado de Vandermerwe e Chadwick (1989) e Patterson e Cicic (1995).

<u>Serviços profissionais independentes de localização</u>

Neste tipo de serviço, os profissionais responsáveis podem permanecer a maior parte do tempo em seu próprio país, deslocando-se para o país do cliente apenas para rápidos contatos para celebração de contratos, identificação das necessidades e apresentação dos resultados. Não há, portanto, exigência de instalações físicas no país-destino. Devido à relativamente baixa intensidade de contato com o cliente, tais serviços tendem a ser padronizados ou de prateleira e, portanto, de produção/entrega rápida. Citam-se como exemplos projetos de engenharia, projetos de arquitetura, pacotes de pesquisa de mercado, seguros, alguns serviços financeiros.

Projetos sob encomenda dependentes de localização

Tais serviços exigem um contato mais intenso com o cliente, para a adaptação do serviço às suas necessidades. Tendem a ser, por isso mesmo, serviços de longa duração que exigem algum tipo de presença física, ainda que sob a forma de um escritório, no país-destino. Por exemplo: consultoria, assessoria jurídica, gerenciamento de obras de engenharia, agência de propaganda.

Pacotes padronizados de serviço

Tais serviços costumam vir associados com produtos e, como tal, se tornam mais viáveis para exportação da forma tradicional. Por exemplo: *software*, instalação, configuração e manutenção de equipamentos de informática ou telecomunicações, cursos padronizados de treinamento a distância.

Serviços sob encomenda com valor adicionado

Estes serviços demandam um alto grau de interação com o cliente, que percebe que eles representam um considerável valor adicionado à oferta básica. Por exemplo: treinamento técnico e suporte a grandes instalações e o centro de convenções e outros serviços de apoio de um hotel.

Implicações sobre o processo de internacionalização

Projetos sob encomenda dependentes de localização não podem ser exportados da maneira tradicional, uma vez que são produzidos e consumidos na presença do cliente. Tais serviços não apenas exigem a presença física do prestador no país-destino, como também não podem se valer de aprendizado gradual com experiências sucessivamente mais complexas, posto que já têm que ser prestados, em sua forma plena, desde o início das operações no novo país (Patterson e Cicic, 1995; Nicolaud, 1989). Embora tais serviços contrariem a premissa de estágios seqüenciais na internacionalização, pode-se conjecturar, entretanto, que eles tendem a ser internacionalizados para países psiquicamente próximos, uma vez que a interação com o cliente se torna mais fácil se as culturas do prestador e do cliente forem semelhantes.

Ainda com relação à tipologia apresentada na Figura 2, Patterson e Cicic (1995) observam que serviços mais tangíveis, como aqueles associados a produtos, tais como *software*, parecem se prestar mais a uma internacionalização não planejada. Isso pode ser observado, por exemplo, quando o fornecedor do serviço recebe um pedido espontâneo (*unsolicited order*) de uma empresa que não é hoje sua cliente. Por outro lado, serviços menos tangíveis tenderiam a se internacionalizar com mais freqüência devido a solicitações de clientes atuais quando esses clientes vão para outros países (*client following*).

Esses dois caminhos para internacionalização significam que as empresas podem optar por se expandir para países que não sejam psiquicamente próximos, mas em cada caso por uma razão distinta. Ao responder a uma *unsolicited order*, a distância psíquica pode não ter um papel tão importante, uma vez que a iniciativa da escolha parte do cliente e não do prestador, embora este possa, obviamente, recusar tal pedido. Já a estratégia de *client following* pode ser considerada uma forma de reduzir a distância psíquica, ao menos quando este conceito é interpretado a partir das diferenças entre empresas (Johanson e Vahlne, 2003) e não da diferença entre países, como o conceito originalmente proposto pela Escola de Uppsala.

Patterson e Cicic (1995) consideram também que um maior nível de intangibilidade tende a aumentar a percepção de risco, o que favoreceria a escolha de países psiquicamente próximos como forma de diminuir o risco, algo que tende a não ser tão relevante no caso de serviços associados a produtos.

Tipologia de Clark *et al.* (1996): meta-classificação baseada em quem ou o que cruza a fronteira

Classes de serviço

Clark *et al.* (1996) propõem um esquema de classificação baseado em *quem* ou *o que* cruza a fronteira (Figura 3).

Figura 3

Tipologia de Serviços Internacionais de Clark *et al.* (1996)

	Tipo de serviço internacional			
Questão	Baseado em contato	Baseado em veículos	Baseado em ativos	Baseado em objetos
Quem ou o que cruza a fronteira	Pessoas	Sinais eletromagnéticos	Capital, rotinas organizacionais	Objetos

Fonte: Adaptado de Clark *et al.* (1996).

Serviços baseados em contato

Pessoas, sejam os fornecedores ou os consumidores dos serviços, se movimentam para outro país. Por exemplo, consultoria, mão-de-obra temporária, diversos serviços de turismo.

Serviços baseados em veículos

Neste caso, por meio de diversos veículos, tais como satélites, antenas ou cabos, o que cruza a fronteira são sinais eletromagnéticos correspondentes às comunicações e informações que se enviam de um país para outro. Por exemplo, programas de TV, conversas telefônicas, transferência de dados via Internet.

Serviços baseados em ativos

Neste caso, ativos físicos no outro país se fazem necessários para a prestação do serviço. Por exemplo, bancos, hotéis, redes de varejo.

Serviços baseados em objetos

Neste caso, são objetos físicos "impregnados" de serviços que cruzam a fronteira. Por exemplo, filmes gravados em videocassetes ou em DVD, *software* gravado em diversas mídias eletrônicas, transporte aéreo, peças de reposição inseridas em um contrato de manutenção.

Vale notar que alguns tipos de serviços podem ser configurados sob diversas formas. Por exemplo, um serviço de consultoria técnica pode ser vendido na forma usual de serviço baseado em contato, como também pode ser prestado por telefone, na forma, portanto, de serviço baseado em veículo ou pode ainda ser empacotado numa fita cassete, o que caracterizaria serviço baseado em objeto. Essas decisões têm importantes implicações estratégicas sobre os riscos envolvidos e a avaliação pelo cliente do desempenho do prestador de serviço.

Implicações sobre o processo de internacionalização

A classificação de serviços internacionais proposta por Clark *et al.* (1996) permite que se avaliem as implicações da interação de cada tipo de serviço com a cultura do país-destino. Serviços baseados em contato tendem a exibir maior sensibilidade à cultura local, uma vez que pressupõem a interação direta entre pessoas do prestador e pessoas do cliente, o que não é exigido por serviços baseados em objetos. Portanto, neste segundo caso é razoável supor que distância psíquica não seria um fator tão relevante para explicar a escolha de países para expansão.

Além disso, serviços baseados em contato não podem ser exportados na forma tradicional, uma vez que têm que ser produzidos localmente e são simultaneamente consumidos. Por este motivo, tais empresas pouco poderiam se beneficiar de aprendizado controlado e gradual, pois têm que prestar o serviço de forma completa e integral desde a primeira experiência, contrariando, pois, a premissa de internacionalização através de estágios seqüenciais e comprometimento gradual de recursos.

Serviços baseados em contato seriam, portanto, a forma mais "pura" de serviços internacionais, uma vez que exibem todas as características típicas de serviços: intangibilidade, heterogeneidade, perecibilidade e inseparabilidade. As demais categorias de serviços internacionais podem ser consideradas serviços "puros" com algumas premissas relaxadas. Mas isto não quer dizer que não estejam sujeitos às implicações específicas de se competir internacionalmente, tais como diferenças culturais e níveis de risco. Possivelmente, a proximidade psíquica entre os países de origem e de destino deixa de ser uma questão tão relevante, como no caso de serviços baseados em contato.

Serviços baseados em objetos, tais como treinamento empacotado (videocassetes ou outras mídias), ou em veículos, tais como programas de TV ou treinamento a distância, também precisam passar por modificações para se adaptarem às características de consumo e de comportamento e aos padrões locais. Podem ser modificações relativamente simples, como tradução de idioma, ou até mais complexas como tipo e seleção de programação (no caso de programas de TV) e definição de modelo pedagógico (no caso de treinamento a distância). Contudo, tais tipos de serviços podem efetivamente se beneficiar de um processo incremental de internacionalização, começando com exportação e passando por estágios intermediários antes de se chegar, eventualmente, ao investimento direto no exterior.

Quanto ao uso de licenciamento ou de franquia como modo de entrada, fica claro que serviços baseados em contato seriam difíceis de padronizar e, portanto, esses modos de entrada não seriam facilmente aplicáveis. Já serviços baseados em ativos, tais como bancos, hotéis e redes de *fast food*, embora também exijam contato face a face com o cliente, tendem a exibir menor variabilidade; além disso, boa parte das rotinas do serviço é prestada por uma estrutura de *back office*, o que permitiria algum nível de padronização e, portanto, o uso de licenciamento ou franquia como forma de redução do risco envolvido na operação internacional.

De qualquer forma, poderiam basicamente ser utilizadas apenas algumas modalidades – licenciamento/franquia ou variantes de produção local – dentre as nove modalidades de envolvimento crescente apresentadas na Figura 2.

Tipologia de Lovelock e Yip (1996): natureza do processo e grau de envolvimento do cliente

Classes de serviço

Lovelock e Yip (1996) propõem uma perspectiva operacional, baseada na natureza do processo (se ele é fundamentalmente tangível ou intangível) e no grau de envolvimento do cliente (necessidade de estar fisicamente presente durante a execução do serviço), conforme a Figura 4.

Figura 4

Tipologia de Serviços de Lovelock e Yip (1996)

Natureza do processo		Grau de envolvimento do cliente: **Baixo (fisicamente ausente)**	**Alto (fisicamente presente)**
	Tangível	Processamento de bens ou objetos	Processamento de pessoas
	Intangível	Processamento de informações	

Fonte: Adaptado de Lovelock e Yip (1996).

Serviços de processamento de bens ou objetos

Envolvem ações tangíveis a objetos, de modo a aumentar o seu valor para o cliente. Por exemplo: transporte de carga, instalação e manutenção de equipamentos, segurança patrimonial, serviços veterinários, serviços de lavanderia e de tratamento de rejeitos. Embora o objeto tenha que estar fisicamente envolvido, o cliente em si não precisa. Dependendo do tipo específico de serviço, a "fábrica" pode ser fixa ou móvel. Será fixa, com presença geográfica próxima ao cliente, quando o serviço tiver que ser prestado em algum local específico e repetidas vezes, especialmente quando for caro ou quando o objeto ou os equipamentos de prestação do serviço forem difíceis de ser transportados. Poderá ser móvel nos casos em que a tecnologia permita o atendimento remoto, como é o caso dos serviços de diagnóstico e suporte a distância.

Serviços de processamento de pessoas

Envolvem ações tangíveis a clientes fisicamente ou mentalmente envolvidos. Os clientes tornam-se, portanto, parte do processo de produção, que tende a ser simultâneo ao consumo. Por exemplo: transporte de passageiros, atendimento médico, serviço de alimentação em restaurante, academias de ginástica, museus. Em alguns casos o cliente vai até a "fábrica" do prestador (o avião, o hospital, o restaurante); em outros, o prestador vai até o cliente (exemplo: atendimento médico domiciliar). Seja como for, o prestador precisa manter ativos físicos locais para interação com o cliente.

Serviços de processamento de informações

São serviços que envolvem a coleta, tratamento, interpretação e transmissão de informação. Por exemplo: serviços de contabilidade, bancos e seguros, treinamento, assessoria jurídica, produção e transmissão de notícias, pesquisa de mercado. O envolvimento físico do cliente costuma ser baixo e o atual estágio de desenvolvimento da tecnologia de comunicações e de processamento da informação permite o uso de canais eletrônicos para a entrega dos serviços a partir de uma "fábrica" localizada em qualquer ponto do mundo. A presença física pode se restringir a equipamentos de contato (telefone, terminal de acesso) e à infra-estrutura de telecomunicações, inclusive Internet, para permitir acesso remoto ao cliente.

Implicações sobre o processo de internacionalização

De acordo com a tipologia de serviços proposta por Lovelock e Yip (1996), é preciso notar que os serviços de processamento de pessoas são os mais sensíveis às diferenças entre culturas e às diferenças entre legislações trabalhistas, enquanto que os serviços de processamento de bens tendem a exibir sensibilidade especialmente aos padrões tecnológicos específicos de cada país. Já os serviços de processamento de informação podem ser, em alguns casos, facilmente padronizáveis entre os países (serviço de notícias ou de cotações financeiras), em especial porque se baseiam, em grande parte, em uma estrutura de *back office,* que não entra em contato face a face com o cliente, ou, em outros casos, podem exigir relevantes adaptações locais (consultoria tributária).

Se o cliente deve estar fisicamente presente nas instalações do prestador, é preciso que este tome os devidos cuidados para que suas instalações físicas atendam às exigências legais específicas, que podem variar consideravelmente de país para país, tais como facilidades de acesso para deficientes físicos, horários de atendimento, tempo máximo de espera na fila, etc. Além disso, devem ser atendidas exigências ou expectativas culturais, tais como tipo de decoração, amenidades (cafezinho, água gelada, chá, chocolate quente), atendimento prioritário para determinados tipos de cliente (idosos, mulheres grávidas).

Questões relativas a normas e padrões de comportamento tornam-se cruciais quando há contato pessoal entre prestador e cliente. Formas e expressões de saudação ou distância física que o prestador deve manter do cliente devem ser observadas em cada caso. Mesmo quando o contato é meramente verbal, por exemplo, através do telefone, adaptações de país para país podem ser necessárias para não se ofender ou intimidar o cliente com um discurso ou *script* que lhe soe inapropriado. Naturalmente, nestes casos a escolha de países psiquicamente próximos parece ser recomendada. Tais cuidados, entretanto, parecem não ser tão essenciais em alguns outros tipos de serviço.

As diferenças culturais precisam ser muito bem entendidas e trabalhadas e deve-se tomar o cuidado para não assumir *a priori* que sejam idênticas entre dois países geograficamente próximos ou com herança cultural comum. Ou seja, deve-se estar atento ao paradoxo da distância psíquica (O'Grady e Lane, 1996; Stöttinger e Schegelmilch, 1998), que pode levar a um pior desempenho na internacionalização para países (supostamente) psiquicamente próximos do que poderia ser conseguido em países (supostamente) psiquicamente mais distantes, por descuido, por parte da empresa, de premissas básicas referentes a peculiaridades locais.

A questão de adaptação à cultura e às peculiaridades dos consumidores de um país não tem necessariamente o mesmo grau de importância em todos os tipos de serviços. Em serviços prestados a clientes organizacionais, em especial aqueles destinados a objetos ou a ativos intangíveis (manutenção industrial, limpeza industrial, vigilância, seguros, serviços financeiros), pode-se esperar, inclusive, que a padronização seja um atributo desejável, na medida em que torna claro para o cliente o que ele pode esperar do prestador. Este tende a ser o caso em que a internacionalização se dá em regime de *client following*, ou seja, quando o prestador do serviço acompanha o seu cliente em todos os países em que este decide entrar. Em tais circunstâncias, a distância psíquica, entendida como diferença entre países, deixa de ser uma variável tão importante.

Mesmo em produtos para consumidores finais, há casos em que a padronização do serviço, que permite ao prestador colher os benefícios de economias de escala de produção em massa, acaba aumentando a satisfação do cliente (Levitt, 1972, 1976). Isso ocorre nos casos em que velocidade, consistência e reduções de preço são mais importantes que serviços "customizados". Esse pode ser o caso de cadeias de *fast food* ou algumas redes de hotéis. Tal característica da demanda tende a facilitar a internacionalização do serviço, independentemente de distância psíquica, mas cuidados devem ser tomados para não julgar que *nenhuma* adaptação será necessária, pois gostos e preferências locais particulares podem ter precedência sobre a padronização geral.

Tipologia de Lovelock (1983): dimensões estratégicas de marketing

Classes de serviço

Lovelock (1983) considera que os modelos usuais de classificação de serviços tendem a se basear em tipos de indústria. Entretanto, de forma a efetivamente oferecerem informações relevantes para os executivos, esses modelos deveriam se basear em características relevantes de marketing, tais como a natureza do relacionamento entre prestador e cliente e os padrões de demanda relativamente a oferta, grau de customização do serviço, entre outras.

Dentre as diversas tipologias apresentadas por Lovelock (1983), uma delas se mostra mais relevante para avaliar a aderência de diferentes tipos de serviços ao Modelo de Uppsala. Trata-se de uma categorização de serviços baseada no grau de padronização *versus* adaptação do serviço. Enquanto que a maioria dos produtos aparece em modelos predefinidos e padronizados, chamados “de prateleira”, os serviços, em geral, exibem maior flexibilidade.

A flexibilidade dos serviços provém do fato de que eles são produzidos à medida que são consumidos e contam, portanto, com o envolvimento do cliente e as decisões do prestador no momento de execução e entrega do serviço. Conforme apresentado na Figura 5, a customização pode ser entendida ao longo de duas dimensões: o grau de flexibilidade permitido pelas características de produção e entrega do serviço e o nível de interferência que o pessoal da linha de frente do prestador pode ter na definição do serviço oferecido.

Figura 5

Grau de Customização do Serviço e de Influência do Pessoal do Prestador

Nível de influência na seleção das características do serviço exercido pelo pessoal de contato do prestador de serviço	Grau de customização das características do serviço: Baixo	Grau de customização das características do serviço: Alto
Baixo	Serviços padronizados e com baixo grau de influência do pessoal do prestador	Serviços customizáveis e com baixo grau de influência do pessoal do prestador
Alto	Serviços padronizados e com alto grau de influência do pessoal do prestador	Serviços customizáveis e com alto grau de influência do pessoal do prestador

Fonte: Adaptado de Lovelock (1983).

Serviços padronizados e com baixo grau de influência do pessoal do prestador

Alguns serviços são bem padronizados. Por exemplo, o transporte ferroviário de passageiros obedece a horários e rotas prefixadas; alguns restaurantes oferecem pouca flexibilidade em relação ao menu; cinemas e teatros relegam o cliente a um papel passivo.

Serviços customizáveis e com baixo grau de influência do pessoal do prestador

Por outro lado, serviços de telefonia permitem que o cliente escolha uma série de facilidades além da assinatura básica, tais como serviço de "siga-me", despertador, conta detalhada, consolidação de contas, entre outros. O mesmo ocorre com as cestas de serviços bancários que os clientes podem escolher. Mas em todos os casos citados, o pessoal de contato, que presta pessoalmente o serviço ao cliente, tem muito pouca liberdade para mudar as características do serviço, além das opções predefinidas.

Serviços padronizados e com alto grau de influência do pessoal do prestador

Alguns serviços permitem que cada prestador confira suas próprias características específicas ao serviço, embora todos os clientes do mesmo prestador recebam, cada um, um serviço muito parecido com o que outros clientes recebem. Por exemplo, cada professor escolhe seus materiais e, de certa forma, seus métodos pedagógicos, que o distinguem dos demais professores, mas cada aluno de um professor recebe basicamente o mesmo tipo de aula.

Serviços customizáveis e com alto grau de influência do pessoal do prestador

Existe, contudo, uma classe de serviços que envolve um alto grau de customização e, ao mesmo tempo, exige que o pessoal de contato exerça grande interferência na execução do serviço para cada cliente específico. São os serviços nos quais os clientes não têm um papel passivo, mas, em geral, recorrem ao serviço em busca de tratamento ou aconselhamento profissional. Tais serviços exigem do pessoal de contato alto treinamento técnico e capacidade de discernimento para entender e satisfazer as necessidades dos clientes. Por exemplo, tratamento médico, serviços jurídicos, cirurgias plásticas, projetos de arquitetura e decoração, serviços de marcenaria sob encomenda e, de certa forma, até corte de cabelo e serviços de maquiagem profissional.

Implicações sobre o processo de internacionalização

É razoavelmente fácil concluir que, *ceteris paribus*, quanto menor o grau de influência do prestador ou a necessidade de customização, menor tende a ser a sensibilidade à distância psíquica. Além disso, em serviços customizáveis, é provável que o prestador não esteja disposto a abrir mão do controle de qualidade e, por esta razão, prefira modos de entrada com maior envolvimento desde o início da expansão para um novo país (Erramilli, 1990).

Considerações finais

É razoável aceitar que empresas buscarão uma situação de menor risco e, portanto, preferirão a expansão para países que, supostamente, seriam similares ao seu país de origem. Também, como forma de controlar o risco envolvido, é razoável que as empresas prefiram realizar investimentos em níveis de comprometimento, em termos de montante de recursos e de grau de irreversibilidade, inicialmente baixos e gradualmente crescentes.

No entanto, como foi visto, existem diversas circunstâncias que limitam a liberdade das empresas em optar por países psiquicamente próximos. Isto é especialmente verdade quando as empresas seguem seus clientes à medida que estes vão se internacionalizando. Este processo de *client following* tende a ser mais provável na prestação de serviços do que na venda de produtos, o que torna, portanto, alguns tipos de serviços (contabilidade, manutenção industrial, agências de propaganda, por exemplo) menos sujeitos aos pressupostos de expansão para países psiquicamente próximos do Modelo de Uppsala.

Ademais, alguns tipos de serviços exigem presença física integral do prestador junto ao cliente desde o início de suas operações. Em tais tipos de serviços (restaurantes, educação e treinamento em regime presencial, entre outros), os pressupostos do Modelo de Uppsala relativos a comprometimento gradual de recursos, a partir da aprendizagem sobre o novo mercado, não são aplicáveis. Nesses casos, alguns modos de entrada, tais como exportação ou filial de vendas, não poderiam ser utilizados. Contudo, isso não significa que o prestador do serviço tenha que obrigatoriamente iniciar suas operações por meio do regime de investimento direto no exterior, uma vez que formas intermediárias de comprometimento, tais como licenciamento e franquia, podem ser utilizadas, especialmente nos casos em que o tipo de serviço permite padronização de processos.

Em resumo, algumas empresas de serviços exibem características que tornam a distância psíquica menos relevante como fator explicativo da escolha de países, seja porque há menor envolvimento de pessoas, seja porque diferenças em infra-estrutura (transporte, comunicações) ou em legislação (trabalhista, especificações técnicas) não sejam relevantes, seja porque as circunstâncias de *unsolicited orders* ou de *client following* são mais freqüentes.

Além disso, alguns tipos de serviços parecem exibir maior propensão a vencer estágios no processo de comprometimento crescente de investimentos. Isso ocorre nos casos de necessidade de produção local e de consumo simultâneo e interação com o cliente, ou devido a exigências de customização e, em conseqüência, necessidade de controle de qualidade. Também ocorre quando o volume de investimentos e seu grau de especificidade tendem a não ser muito significativos na maior parte dos serviços, o que faz com que a produção local não represente um risco percebido tão grande quanto em produtos. Tudo isto leva a uma preferência por modos de entrada com maior envolvimento desde o início do processo de internacionalização.

Como conclusão, pode-se dizer que o Modelo de Uppsala pode ser útil para o entendimento dos processos de internacionalização, mas não deve ser interpretado de forma absoluta, nem seus pressupostos devem ser tomados como universais.

Conforme Knight (1999), a pesquisa sobre internacionalização de serviços ainda está engatinhando e deve buscar, pois, pesquisa conceitual ao invés de pesquisa empírica ou teste de hipóteses ou outras formas de trabalhos confirmatórios. Construindo-se uma fundamentação conceitual, estarão lançadas as bases para futuros estudos empíricos. O propósito do presente artigo foi exatamente contribuir para a ampliação desta base conceitual.

Referências bibliográficas

BODDEWYN, J. J.; HALBRICH, M. B.; PERRY, A. C. Service internationals: conceptualization, measurement and theory. **Journal of International Business Studies**, Basingstoke, v. 17, n. 3, p. 41-57, 1986.

CLARK, T.; RAJARATNAM, D.; SMITH, T. Toward a theory of international services: marketing intangibles in a world of nations. **Journal of International Marketing**, Chicago, v. 4, n. 2, p. 9-28, 1996.

DUNNING, J. H. Multinational enterprises and the growth of services: some conceptual and theoretical issues. **The Service Industries Journal**, London, v. 9, n. 1, p.5-39, Jan. 1989.

ERRAMILLI, M. K. The experience factor in foreign market entry behavior of service firms, **Journal of International Business Studies**, Basingstoke, v. 22, n. 3, p. 479-501, 1991.

_____. Entry mode choice in service industries. **International Marketing Review**, London, v. 7 n. 5, p. 50-62, 1990.

ERRAMILLI, M. K.; RAO, C. P. Choice of foreign market entry modes by service firms: role of market knowledge. **Management International Review**, Wiesbaden, v. 30, n. 2, p. 139-150, 1990

GRÖNROOS, C. **Service marketing and management.** Lexington, MA.: Lexington Books, 1990.

JAVALGI, R. G.; WHITE, D. S. Strategic challenges for the marketing of services internationally. **International Marketing Review**, London, v. 19, n. 6, p. 563-581, 2002.

JOHANSON, J.; VAHLNE, J. Business relationship learning and commitment in the internationalization process. **Journal of International Entrepreneurship**, Norwell, v. 1, p. 83-101, 2003.

______. The mechanism of internationalisation. **International Marketing Review**, London, v. 7, n. 4, p. 11-24, 1990.

______. The internationalization process of the firm: a model of knowledge and increasing foreign market commitment. **Journal of International Business Studies**, Basingstoke, v. 8, n. 1, p. 23-32, 1977.

JOHANSON, J.; WIEDERSHEIM-PAUL, F. The internationalization of the firm: four swedish cases. **Journal of Management Studies**, Oxford, v. 12, n. 3, p. 305-322, 1975.

KNIGHT, G. International services marketing: review of research, 1980-1998. **Journal of Services Marketing**, West Yorkshire, v. 13, n. 4/5, p. 347-360, 1999.

KOTLER, P. **Administração de marketing**: a edição do novo milênio. 10. ed. São Paulo: Prentice-Hall, 2000.

LEVITT, T. The industrialization of service. **Harvard Business Review**, Boston, v. 54, n. 5, p. 63-74, Sept./Oct. 1976.

_____. Production line approach to services. **Harvard Business Review**, Boston, v. 50, n. 5, p. 41, Sept./Oct. 1972.

LOVELOCK, C. H. Classifying services to gain strategic marketing insights. **Journal of Marketing**, Chicago, v. 47, n. 3, p.9-20, Summer 1983.

______; WRIGHT, L. **Principles of service marketing and management**. 2nd ed. Upper Saddle River, NJ: Prentice Hall, 2001.

______; YIP, G. S. Developing global strategies for service businesses. **California Management Review**, Berkeley, v. 38 n. 2, p. 64-86, 1996.

NICOLAUD, B. Problems and strategies in the international marketing of services. **European Journal of Marketing**, West Yorkshire, v. 23, n. 6, p. 55-66, 1989.

O´GRADY, S.; LANE, H. W. The psychic distance paradox. **Journal of International Business Studies**, Basingstoke, v. 27, n. 2, p. 309-333, 1996.

PATTERSON, P. G.; CICIC, M. A typology of service firms in international markets: an empirical investigation. **Journal of International Marketing**, Chicago, v. 3 n. 4, p. 5757-5783, 1995.

ROOT, F. R. **Entry strategies for international markets.** New York: Lexington Books, 1994.

STÖTTINGER, B.; SCHEGELMILCH, B. B. Explaining export development through psychic distance: enlightening or elusive? **International Marketing Review**, London, v. 15, n. 5, p.357-372, 1998.

VANDERMERWE, S.; CHADWICK, M. The internationalization of services. **The Service Industries Journal,** London, v. 9, n. 1, p. 79-93, Jan. 1989.

ZEITHAML, V.; BITNER, M. J. **Marketing de serviços**: a empresa com foco no cliente. 3. ed. São Paulo: Bookman, 2003.

PARTE 2

CASOS BRASILEIROS DE INTERNACIONALIZAÇÃO

Capítulo 4

AS EMPRESAS SEGUEM OS CLIENTES? UMA INVESTIGAÇÃO SOBRE A INTERNACIONALIZAÇÃO DE SERVIÇOS DE PROPAGANDA

Isabella Chiavenato Sacramento

Introdução

O marketing internacional de serviços está aumentando sua importância na economia global (Haksever *et al.*, 2000; Fisk, 1999; White, Griffith e Ryans, 1998; Dunning, 1995). De acordo com Patterson, Cicic e Shoham (1997:24), os serviços "estão crescendo a uma taxa maior que a manufatura". Considerando esta importância crescente dos serviços nos negócios internacionais, é bastante surpreendente o pequeno número de estudos existente (Bryson, 2001; Roberts, 1999; O'Farrel, Wood, Zheng, 1996, 1998) sobre a internacionalização de empresas de serviços.

A principal razão apontada para o menor interesse em pesquisar empresas de serviços em seu processo de internacionalização é que empresas de serviços apresentam grande variedade, o que reduz a possibilidade de generalização e de geração de teorias. Esta heterogeneidade se deve principalmente à importância do fator humano na maior parte da indústria de serviços.

Além de dificultar a sistematização na pesquisa, a heterogeneidade pode interferir na internacionalização propriamente dita, ao dificultar a padronização dos serviços prestados, podendo chegar mesmo a anular uma das vantagens buscadas por empresas industriais ao internacionalizar-se: a obtenção de economias de escala (Samiee, 1999). A sugestão de Lovelock (1996) e de Erramilli e Rao (1990) é que as empresas de serviços procurem padronizar ao menos a função central associada a seus serviços, customizando apenas serviços adicionais como faturamento, pagamento, segurança, financiamento, alojamento e saúde, entre outros.

Outra característica importante na distinção entre empresas manufatureiras e de serviços é o grau de inseparabilidade entre a produção e o consumo que existe nos serviços (Buckley, Pass e Prescott, 1992). Neste caso, uma empresa de serviços que se internacionalize pode ter dificuldades de precificar e construir credibilidade, por se tornar difícil a demonstração e o dimensionamento exato daqueles serviços que dependem de forma intensiva da interação com o consumidor.

O serviço tende a ser também perecível (Berthon *et. al.,* 1999). Se não for consumido na ocasião, o mesmo serviço não poderá ser consumido posteriormente. Esta característica, ao impedir que serviços possam ser estocados, limita a utilização de modos de entrada considerados de menor risco, como a própria "exportação". Alguns autores chegaram mesmo a afirmar que seria impossível a exportação de serviços, o que é contestado por vários outros autores que asseguram ser possível para algumas categorias.

Complementar à característica de inseparabilidade, há ainda o grau de intangibilidade do serviço (Domke-Damonte, 2000; Buckley, Pass e Prescott, 1992). Em alguns setores, a intangibilidade pode ser benéfica, possibilitando a imediata "exportação" por via eletrônica ou via satélite, como é o caso de setores que lidam com idéias ou informações. Mas a intangibilidade pode agravar a dificuldade de padronização, demonstração e precificação, além do componente intangível ser muito mais sujeito a variações culturais e, portanto, a problemas causados pela distância psicológica entre países.

Lovelock (1996) propôs a divisão dos serviços em serviços focados no usuário (como hospitais, cabeleireiros), serviços focados em um objeto do usuário (como reparos e manutenção) e serviços focados em informação (seguro, *design*, propaganda), como forma de melhor pensar a internacionalização. Clark e Rajaratnam (1999) preferiram diferenciar os serviços entre aqueles baseados em contatos, aqueles baseados em veículos ou ainda baseados em patrimônio ou objetos. Já Vandermerwe e Chadwick (1989) analisaram os serviços sob a perspectiva do grau de envolvimento do consumidor com o produto *versus* o grau de interação do consumidor com o provedor do serviço. As diferentes classificações propostas pelos vários autores têm o propósito de facilitar o desenvolvimento de estudos, através de uma certa homogeneidade no tipo de serviço analisado.

O estudo relatado neste capítulo analisa um segmento específico da indústria de serviços: o de agências de propaganda. Especificamente, o trabalho teve o propósito de analisar o processo de internacionalização de empresas prestadoras de serviços de propaganda.

Três estudos de caso em profundidade forneceram a base empírica deste estudo. As empresas analisadas operavam especificamente com serviços de propaganda e se diferenciavam em inúmeras características. A empresa AA era a filial do maior grupo mundial de propaganda e uma das primeiras agências de propaganda a entrar no Brasil, sendo a primeira colocada no *ranking* brasileiro. A agência de propaganda BB se constituía em caso pioneiro, e até então único, de empresa brasileira a iniciar seu processo de multinacionalização na América Latina, com sede no Brasil. E a agência CC era uma agência de porte médio, tipicamente nacional, que, no momento do estudo, acabava de ser adquirida pelo mesmo grupo que controlava a agência AA. Foram feitas entrevistas com executivos de topo das agências. As entrevistas foram gravadas e transcritas, servindo de base para a elaboração dos casos.

Como as empresas se internacionalizam

O problema de como as empresas se internacionalizam atraiu a atenção de inúmeros pesquisadores. Um dos modelos mais conhecidos, que busca explicar este processo, foi desenvolvido por pesquisadores da Escola de Uppsala, na Suécia, década de 1970 (Johansson e Vahlne, 1977). Este modelo assumia que as empresas entrariam primeiro em mercados com os quais se sentissem mais familiarizadas. À medida que adquirissem experiência e, com ela, maior conhecimento de mercado, ocorreria maior comprometimento de recursos e a empresa aprofundaria sua inserção internacional. Este processo seria auto-sustentado: maior conhecimento levaria a maior comprometimento, que, por sua vez, permitiria maior conhecimento, de tal modo que o processo de internacionalização se auto-alimentaria. A internacionalização seria um processo incremental de ajustes ao ambiente. Wiedersheim-Paul *et. al.* (1978) classificaram os fatores que atraíam a atenção da empresa para os mercados internacionais em internos (competência única e excesso de capacidade) e externos (pedidos acidentais, oportunidades de mercado, concorrência e medidas de estímulo por parte dos governos). Um bom número de estudos subseqüentes deu suporte ao modelo de Uppsala (Jarillo e Martinez, 1991), embora outros autores não tenham encontrado evidências empíricas que apoiassem o modelo.

Outra importante contribuição à compreensão do processo de internacionalização de empresas foi o modelo de estágios sucessivos (Cavusgil, 1980; Reid, 1981), que propunha que as empresas começariam seu processo de internacionalização utilizando a exportação indireta, um modo de entrada menos arriscado. Após estágios intermediários que incluiriam agentes de exportação, licenciamento, distribuidores, etc. o passo final seria estabelecer uma subsidiária estrangeira. O número e a ordem de ocorrência dos estágios variavam de autor para autor, mas permanecia a suposição de que um padrão seria seguido para conseguir cada vez maior controle, mediante aceitação de incorrer riscos cada vez maiores. Root (1987) afirmava ser este processo bastante previsível após a empresa iniciar suas operações internacionais.

Estes modelos foram desenvolvidos para explicar a internacionalização de empresas manufatureiras, não se aplicando bem a empresas de serviços. As características peculiares de empresas de serviços, anteriormente apresentadas, sugerem especificidades em seu processo de internacionalização.

Edvardsson, Edvinssom e Nystrom (1993), na mesma linha das teorias tradicionais de internacionalização, sugeriram uma seqüência de quatro passos pelos quais passariam empresas de serviços: prospecção, introdução, consolidação e reorientação. Roberts (1999), analisando empresas britânicas, encontra suporte para o argumento de que empresas de serviços progridem na internacionalização por meio de estágios sucessivos. O progresso seria, entretanto, bastante influenciado por características regulatórias dos mercados. Masurel (2001), tendo como objeto de estudo escritórios de arquitetura holandeses, também encontra suporte para as teorias de estágios sucessivos.

Uma forma interessante pela qual muitas empresas de serviços parecem internacionalizar-se é acompanhando a internacionalização de uma empresa cliente. De acordo com Björkman e Kock (1997), uma firma de serviços pode se internacionalizar "seguindo clientes", como denominado por Erramilli (1988) e Erramilli e Rao (1990, 1993). A motivação também poderia estar em uma reação às ações de um concorrente, neste caso geralmente optando a empresa pelo mesmo modo de entrada utilizado por aquele (Engwall e Wallenstal, 1988). Canais internacionais como a Internet, bem como outros avanços tecnológicos, poderiam promover a internacionalização (Haksever *et. al.*, 2000). As atividades internacionais poderiam ser apenas uma maneira de penetrar em um novo mercado, isto é, "procura por mercados" (Erramilli,1988; Erramilli e Rao, 1990, 1993), ou redes pessoais existentes poderiam facilitar a entrada em redes internacionais. Os laços sociais são tidos como importantes para conseguir informação sobre a rede de negócios local e para ser apresentado aos melhores contatos no país.

Erramilli e Rao (1990) observaram, em seu estudo, que firmas de serviços são muito mais arrojadas em sua escolha do modo de entrada quando estão seguindo clientes já existentes do que quando estão servindo a novos clientes. O'Farrell, Wood e Zheng (1998) alertam, ainda, que o comportamento pós-entrada e o desenvolvimento do mercado são particularmente importantes para a expansão de empresas de serviços.

A escolha de onde entrar também apresenta complexidade para as firmas de serviços. O'Farrel, Wood e Zheng (1998:20) consideraram que retornos de longo prazo seriam em teoria o critério para uma empresa de serviços selecionar um país, mas que, na realidade, "a maior parte das empresas de serviços de negócios não toma uma decisão explícita de seleção de mercado". Investimentos em larga escala em fábricas, maquinário, prédios e outros ativos físicos não constituiriam um requisito. "Os ativos que realmente agregam valor nestes tipos de empresas de serviço são geralmente pessoas, e pessoas são relativamente móveis" (Erramilli e Rao, 1993:22).

A possibilidade de internacionalização dos serviços por meios eletrônicos traz muitas possibilidades interessantes (Berthon *et. al.*, 1999), como a maior facilidade de recebimento de pedidos não solicitados (que a empresa pode optar por ignorar, contra o risco de estar perdendo uma grande chance) ou ainda a facilidade de servir a outras empresas (*business-to-business*) sem ter de originalmente se deslocar de seu país de origem.

Casos estudados

Um resumo dos três casos estudados é apresentado a seguir. Para cada um deles, as características básicas de cada agência são expostas, seguidas de breve histórico e dos aspectos relacionados à internacionalização.

Caso 1: Agência AA

Contando com 575 funcionários e faturamento de 200 milhões de reais em 2000, a agência AA esteve por longo período de tempo na liderança do *ranking* brasileiro de agências de propaganda. O presidente da agência no Brasil encontrava-se há 25 anos no cargo e era também diretor regional para América Latina e Caribe do grupo internacional ao qual a agência encontrava-se filiada. O grupo tinha 12 empresas no Brasil e pretendia realizar mais oito aquisições até 2002. Contava também com empresas de *marketing* direto e promoções, na área de saúde, e atuava na área de marcas.

A atuação da agência AA no Brasil esteve tradicionalmente calcada em avanços técnicos e na introdução de inovações metodológicas e operacionais, principalmente na área de mídia. O primeiro escritório foi instalado no Rio de Janeiro, nas instalações de seu principal cliente mundial. O escritório de São Paulo foi fundado em 1937. Limitada muitas vezes pelo alinhamento internacional de seus grandes clientes, as atividades de criação da agência AA não eram consideradas como "de ponta", mas mesmo as adaptações de campanhas sempre eram realizadas com competência e padrão gráfico de qualidade inegável. A agência AA foi a precursora da utilização de métodos estatísticos, tais como análise de *clusters* de empresas e de consumidores, entre outras inovações paulatinamente copiadas pela concorrência.

A história da expansão da agência se confundia com a própria trajetória do seu presidente. Ele trabalhava em uma agência européia da AA e veio para o Brasil fazer um estágio de um ano. Segundo um dos diretores, que trabalhava na empresa há mais de 20 anos, esta movimentação para o Brasil fazia parte do programa de treinamento de executivos do grupo mundial: "Se você conseguisse sobreviver no Brasil com todo o quadro de hiperinflação, influência política, etc., estaria apto a trabalhar em qualquer lugar do mundo". Outra diretora, na empresa há 20 anos, lembra que "na época, a agência AA no Brasil era muito pequena. A expansão começou por esforço de nosso presidente que, posteriormente, começou a anexar território: Argentina, Chile... começou pelo Sul... Expandiu para a América Latina inteira, do México até a Argentina". Até o ano 2001, o presidente da AA brasileira já havia trabalhado em 60 países diferentes em operações de 25 agências AA ao redor do mundo. Uma frase do presidente, após ter sido oferecido a ele um cargo importante na AA européia, posiciona melhor seu interesse e a visão de oportunidade oferecida pela América Latina: "Na Europa, os crescimentos são da ordem de 2 a 3% ao ano, e isso é a morte! Temos que crescer no mínimo 25%".

Quando a agência AA veio para o Brasil, veio por considerar que este país era, em função de sua localização geográfica, o centro da América Latina. Boa parte da internacionalização da AA foi motivada por grandes clientes internacionais que resolviam expandir suas operações na América Latina e pressionavam para que a agência AA os acompanhasse. Qualquer expansão para a América Latina era decidida e planejada a partir da agência brasileira da AA.

Quanto às dificuldades encontradas no processo, os executivos se mostraram bastante confiantes em seu potencial, afirmando que, no negócio de "idéias", não contaria a diferença de idioma e sim compreender o processo de comunicação, compreender de forma estratégica o negócio. Os executivos consideravam importante, para a AA, adquirir ou formar parcerias com outras agências menores, tanto no Brasil quanto nos demais países da América Latina, para poder atender a toda a gama de clientes, grandes ou pequenos. Estas outras agências teriam a função de trabalhar de forma mais focada, procurando complementar o conceito de Comunicação Total.

Em 2001, campanhas feitas pela agência AA para grandes multinacionais foram veiculadas também na América Latina, em alguns países europeus e no mercado hispânico dos Estados Unidos.

Caso 2: Agência BB

Criada há vinte anos por dois publicitários e um investidor, a agência BB teve um grande crescimento logo em seus primeiros anos de existência. A agência, como acontece com freqüência neste mercado, conquistou a percepção de excelência principalmente devido ao talento criativo de um dos fundadores. A parte do investidor foi adquirida logo no início do empreendimento. Com uma campanha que levou uma das maiores cervejarias brasileiras da terceira para a primeira posição em vendas e preferência, a agência alcançou projeção internacional.

Seu executivo principal era considerado por seus pares como inovador e questionador. Em 1985, a BB foi uma das primeiras, entre as grandes agências brasileiras, a se internacionalizar. A BB foi sócia de uma grande empresa americana, com seu fundador permanecendo como presidente da firma então formada pela associação. Nesta época já havia algumas agências internacionais no Brasil, inclusive a agência AA já mencionada, mas estas últimas já haviam iniciado suas atividades no Brasil como multinacionais.

A parceria foi desfeita em 1989, mas o executivo principal considerava ter aprendido com a parceria sobre como transformar uma agência de propaganda em uma empresa, como deixar de ser publicitário para ser empresário, como se realizar com resultados financeiros e não com prêmios. Teria aprendido, também, processos de negócios, segundo o ponto de vista de sistema, de como operar uma agência. Os motivos alegados para a separação foram serem muito rígidos os controles impostos pelos americanos e atrapalharem o processo criativo, competência principal da empresa original.

Para a multinacional, o contato com a agência BB também teria sido benéfico, pois mesmo após a separação a empresa multinacional continuou a ser visualizada pelo mercado como uma agência criativa. A separação, entretanto, começou a gerar desentendimentos entre os dois sócios publicitários. O segundo sócio acreditava que seria melhor buscar nova parceria internacional, porque não haveria espaço para agências puramente nacionais no futuro. Uma crise com a conta da cervejaria, mencionada anteriormente, e que correspondia a 40% do faturamento da empresa, agravou ainda mais a situação, levando a uma ruptura.

A direção da agência BB passou então a cogitar a hipótese de se tornar uma multinacional brasileira. No dizer do executivo principal, o único dos três fundadores da empresa a permanecer, a percepção era que "se todas as estrangeiras estavam vindo para o Brasil, era porque o negócio aqui devia ser bom. Então, por que não aproveitá-lo?".

Foram criadas uma agência virtual e uma agência de marketing de relacionamento, e havia projeções para o lançamento de uma empresa de promoção de eventos. A criação de uma *holding* para controlar os vários negócios fez com que, ao mesmo tempo que a atenção de investidores era atraída, fossem prestados serviços para as empresas que a integravam.

Nos novos mercados, a BB entrava como sócia majoritária em todas as operações, mas em cada operação havia um sócio local à frente do negócio. A idéia era escolher agências de portes médio e pequeno para médio, que tivessem um perfil altamente criativo, mas um perfil publicitário, e não um perfil empresarial. O grupo BB daria então o estofo empresarial para esta empresa e absorveria os talentos da mesma.

Os executivos principais de todas as agências afiliadas encontravam-se ao menos uma vez a cada trimestre para discutir políticas e direcionamento estratégico. Vários mecanismos de participação cruzada foram criados, entre eles o que garantia que qualquer agência que indicasse um cliente para outra praça, nacional ou internacionalmente, seria beneficiária de uma porcentagem do ganho obtido com o cliente.

Em 1999, a *holding* passou a contar com um novo sócio: um ex-banqueiro. A idéia era renovar o fôlego para continuar crescendo e expandindo. Foram instaladas operações também na Colômbia e no México. Em 2000, a empresa contava com 346 funcionários e faturamento em torno de 60 milhões de reais. Em 2001, havia intenções de ampliar a rede, com prioridade para o Nordeste brasileiro.

Caso 3: Agência CC

Tendo sua matriz no Rio de Janeiro, a agência CC consolidou em 2000 o faturamento de R$ 110 milhões, com previsão de faturamento em 2001 de R$ 125 milhões. Com escritórios em São Paulo e acordos operacionais para atuação em 19 capitais brasileiras, ocupava a 17ª posição no *ranking* brasileiro, contando com um total de 95 profissionais nas áreas de Criação, Atendimento, Planejamento, Pesquisa, Mídia, Operações e Administração/Recursos Humanos/Finanças. A direção da agência se dizia orgulhosa de ter suas áreas integradas e alcançar altos índices de felicidade coletiva interna. Orientada para o planejamento, fazia forte investimento em pesquisa, dando especial atenção à área de mídia.

O início de suas atividades, em 1984, aconteceu em um momento em que o Rio de Janeiro era considerado um excelente mercado. Fundada por dois publicitários vindo de outras agências, a empresa viria a ser considerada "uma das mais criativas agências cariocas... de todos os tempos" (Ramos; Marcondes, 1995:120).

Em 1993, por acreditar que devido a problemas políticos o mercado carioca estava encolhendo, ou que, talvez, a CC já estivesse demasiadamente grande para o mesmo, os executivos decidiram abrir a primeira filial em São Paulo. Consideravam que São Paulo era "um mercado ali, adjacente" onde sempre se poderiam buscar "grana e negócios". Esta tentativa não foi, porém, bem-sucedida. Os executivos da CC acreditavam que o insucesso se deveu à forma pela qual a

CC havia ingressado no mercado paulista: "Ao invés de termos uma pessoa lá, criar uma agência paulista, pegar um paulistano daqueles que sabem onde todos tomam uísque, que fala com aquele sotaque... a gente fez uma agência carioca em São Paulo. Lógico que não deu certo", comentou um dos diretores. Em 1998, foi realizada nova tentativa de entrada em São Paulo, desta vez em associação com uma agência que havia tido certo sucesso na cidade, unindo três empresários importantes de São Paulo. Desta vez o empreendimento estava funcionando bem, quando aconteceu o "assédio definitivo" por parte da empresa AA, a agência multinacional citada anteriormente.

Os executivos entrevistados afirmaram sempre ter contado com propostas de compra e parcerias com sua agência. A própria agência AA já os havia sondado em 1989. Após a última incursão em São Paulo, entretanto, os executivos se conscientizaram de que a CC havia atingido um porte como agência em que não era suficientemente grande para competir com as vinte maiores e havia deixado de ser pequena, assustando clientes que consideravam que nada representariam para a agência.

Os executivos da agência CC consideravam ter perdido concorrências, apesar de a agência realizar um bom trabalho criativo, pela falta de embasamento, de pesquisas, de trabalho de marcas, atividades essas que transcendiam a criação. Nos anos 1990, com o fenômeno mundial de *downsizing,* os clientes começaram cada vez mais a passar a responsabilidade de suas atividades de marketing para as agências de propaganda, que passaram a ter que se envolver mais diretamente com o plano de marketing do cliente. Algumas agências teriam visto, neste movimento, uma oportunidade de expansão, como a agência BB já mencionada, e começaram a criar as agências de comunicação total. A sistematização dos processos gerenciais, fluxos internos de trabalhos, gerenciamento e negociação de custos gráficos e eletrônicos passaram a significar rentabilidade, qualidade e agilidade.

Com a unificação internacional de vários clientes, a agência CC perdeu várias contas, nesta mesma época. Os executivos internacionais, que dominavam o marketing das grandes empresas multinacionais, não conheciam bem o mercado brasileiro e preferiam apostar em agências com porte e com diferencial criativo internacionalmente reconhecido. Nas palavras de um diretor: "Se as campanhas não atingissem o sucesso esperado, ninguém criticaria o sujeito por ter escolhido uma agenciazinha qualquer". Após perder outras tantas concorrências, a direção da CC decidiu aceitar a proposta de se fundir a um grupo maior.

No acordo entre a agência CC e o grupo controlador da agência AA, foi estabelecido que as operações de ambas as agências continuariam isoladas. Isto porque, por motivos éticos e contratuais, era impossível para uma agência atender contas de empresas concorrentes na mesma indústria e, no dizer de um diretor da CC, "a agência AA já tem metade do PIB mundial como cliente, tem automóvel, tem produto de beleza, tem telecomunicações, tem energia, tem cerveja, refrigerante... não íamos poder mais ter cliente nenhum". As agências AA e CC continuariam mesmo a atuar separadamente, disputando várias concorrências. Embora utilizassem os mesmos recursos de infra-estrutura e pesquisa, a diferença de trabalho criativo é que contaria, o que era percebido como muito bom pela agência CC, mesmo que isto significasse que parte da renda com a conta fosse transferida para a AA ao longo do projeto.

Quanto aos conflitos surgidos da união, como esta era recente, os executivos não pareciam percebê-los de forma clara. Pareciam crer que a separação da operação garantiria que os criativos não se sentiriam tolhidos pelos procedimentos de controle, e a confecção dos reportes para a agência AA aparecia como um treinamento para se acostumar a uma formalidade necessária para conquistar clientes na nova realidade.

Análise dos casos

Os três casos foram analisados sob a perspectiva de aspectos levantados na literatura como relevantes no caso da internacionalização de serviços. Os principais pontos encontram-se resumidos na Tabela 1.

Já no início do processo, seguir clientes parece ser o fator que mais impulsiona a internacionalização nos três casos estudados, quer para a entrada da empresa AA no Brasil, quer para a expansão da mesma, ou ainda para a agência BB na América Latina.

Tabela 1

Resumo dos principais pontos

	Origem do capital	Início	Razões para internacionalizar	Modos de entrada	Capital estrangeiro	Desafios
AA	Internacional	1937	Procura por mercados (crescente importância do mercado latino-americano)	Seguindo clientes	Desde o início	Compreensão dos aspectos culturais de comunicação
BB (Primeira fase)	Nacional	1981	Projeção internacional (alcançada com uma campanha)	Seguindo clintes (sociedade com empresa americana)	Sociedade com empresa americana durante 4 anos	Controle de processos interferindo no processo criativo
BB (Segunda fase)		1985	Procura por mercados (crescente importância do mercado latino-americano)	Aquisições, seguindo clientes	Não	Comtrole das subsidiárias, sem interferência no processo criativo
CC	Nacional	1984	Concorrência	Adquirida pela empresa AA	Sim	Não percebidos. Operações isoladas

A inseparabilidade no caso da propaganda não parece ser tão relevante e a perecibilidade do mesmo depende apenas de ferramentas e modelos utilizados na estratégia de comunicação serem pertinentes ao momento vivido de alguma forma pelo consumidor. O grau de intangibilidade é bastante elevado, dependendo do projeto. No caso de estratégias de campanhas, o conceito final é tangibilizado para o cliente através de exemplos e esquetes, mas é difícil para o consumidor ter previsibilidade de resultado garantida.

Na classificação de Lovelock (1996), vale ressaltar que o serviço de propaganda parece ser focado em informação. É bastante grande a necessidade de contatos se for considerada a classificação de Clark e Rajaratnam (1999) e há alto envolvimento e alta interação com o cliente, se for considerada a classificação de Vandermerwe e Chadwick (1989). Isto é ilustrado nos casos pela enorme preocupação com a percepção dos clientes em relação às agências.

A possibilidade de internacionalização por meios eletrônicos viabilizou tanto a expansão para a América Latina alcançada pela agência BB quanto a separação operacional entre as agências AA e CC após a aquisição desta última, ao mesmo tempo que havia apoio quanto à infra-estrutura.

A grande dificuldade da internacionalização para as grandes multinacionais parecia estar relacionada a conseguir manter o caráter criativo original da agência adquirida ou com a qual era realizada a parceria. Não eram ativos físicos o que se estava adquirindo, mas o que havia de mais abstrato possível: idéias, e idéias criativas. Os executivos lembravam-se de forma nítida de vários fracassos de empresas que haviam entrado em mercados externos sem consideração para com a cultura local e haviam terminado "sem nada" do que haviam comprado.

A criatividade era a marca registrada da agência CC, reconhecida pelo mercado. O caráter de inovação da agência BB podia ser percebido, por exemplo, quando em 1985 ela já resolvera ter participação de capital estrangeiro, quatro ou cinco anos antes do "boom" de aquisições de agências por parte de grupos internacionais. A inovação da agência AA parecia vir de forma mais estruturada, ou seja, inovações tecnológicas desenvolvidas através de pesquisas.

Outra possibilidade de analisar a internacionalização das agências de propaganda no Brasil seria pela ótica do fenômeno conhecido como *inward*, em que os efeitos da internacionalização para as empresa locais seriam sentidos pela entrada de outros concorrentes, já internacionais, no mercado nacional. Pela convivência "forçada" com as melhores práticas trazidas pelos competidores internacionais, as empresas brasileiras foram bastante pressionadas a aperfeiçoar suas operações, gestão e processos para continuar niveladas na competição.

Uma constatação feita ao longo das entrevistas foi que os executivos se preocupavam também sobremaneira com a sucessão. Parecia aos mesmos que seria muito difícil delegar a função criativa, sendo este o motivo pelo qual muitos pareciam acreditar que, ao fim, grande parte das médias agências nacionais terminaria por aceitar a associação com uma multinacional. Tendo a infra-estrutura destas últimas, o processo criativo seria menos necessário para a manutenção da agência no mercado, como era para as pequenas agências, que, então, encontrariam seus respectivos nichos no mercado, mas sem grandes pretensões de crescimento.

Considerações finais

Muitas críticas ao estado atual da teoria de internacionalização podem ser encontradas na literatura. Entre outros, Zou e Stan (1998:342) enfatizaram fortemente que "um problema grave é a multiplicidade de fatores e variáveis propostos por pesquisadores... e a falta de uma estrutura teórica consistente para guiar a escolha dos fatores independentes". Se a compreensão de como as empresas se internacionalizam não é satisfatória neste ponto, o problema é agravado quando o objeto de estudo são empresas de serviços (Coviello e Martin, 1999). Além da falta de uma estrutura coerente na área de estudos de internacionalização, um dos fatores complicadores que impedem a extensão das teorias de internacionalização para empresas de serviços é a diversidade existente neste setor. Mas embora haja diferenças significativas entre as indústrias de serviços, parte da teoria pode ser adaptada, como ilustram os casos aqui estudados.

De forma geral, a teoria básica de internacionalização de empresas industriais se aplica à internacionalização de empresas de serviços, sendo entretanto mais difícil fazer generalizações. É necessário, como já foi apontado, fazer considerações relativas às características particulares dos serviços como intangibilidade, perecibilidade e inseparabilidade do consumo, mas vários aspectos da teoria relativa a manufaturas poderiam ser aplicados, necessitando apenas ser mais bem desenvolvidos. Este estudo objetivou ter contribuído para tal.

Referências bibliográficas

BERTHON, P.; PITT, P.; KATSIKEAS, C. S.; BERTHON, P. Executive insights: virtual services go international: international services in the marketspace. **Journal of International Marketing**, Chicago, v. 7, n. 3, p. 84-105, 1999.

BJÖRKMAN, I.; KOCK, S. Inward international activities in service firms: illustrated by three cases from the tourism industry. **International Journal of Service Industry Management**, Bradford, v. 8, n. 5, p. 362-376, 1997.

BRYSON, J. R. Services and internationalisation: annual report on the progress of research into service activities in Europe in 1998. **The Services Industries Journal**, London, v. 21, n. 1, p. 227-236, jan 2001.

BUCKLEY, P. J.; PASS, C. L.; PRESCOTT, K. The internationalization of service firms: a comparison with the manufacturing sector. **Scandinavian International Business Review,** Bradford, v. 1, n. 1, p. 39-56, 1992.

CAVUSGIL, S. T. On the internationalization process of firms. **European Research**, Brentford, v. 8, n. 6, p. 273-281, 1980.

CLARK, T.; RAJARATNAM, D. International services: perspectives at century's end. **Journal of Services Marketing**, Santa Barbara, v. 13, n. 4/5, p. 298-310, 1999.

COVIELLO, N. E.; MARTIN, K. A.-M. Internationalization of service SMEs: an integrated perspective from the engineering consulting sector. **Journal of International Marketing**, Chicago, v. 7, n. 4, p. 42-66, 1999.

DOMKE-DAMONTE, D. Interactive effects of international strategy and throughput technology on entry mode for service firms. **Management International Review**, Wiesbaden, v. 40, n. 1, p. 41-59, First Quarter 2000.

DUNNING, J. H.; KUNDU, S. K. The internationalization of the hotel industry: some findings from a field study. **Management International Review**, Wiesbaden, v. 35, n. 2, p. 101-114, 1995.

EDVARDSSON, B.; EDVINSSON, L.; NYSTROM, H. Internationalisation in service companies. **The Service Industries Journal**, London, v. 13, n. 1, p. 80-91, Jan. 1993.

ENGWALL, L.; WALLENSTAL, M. Tit for tat in small steps: the internationalization of swedish banks. **Scandinavian Journal of Management**, Bradford, v. 4, n. 3/4, p. 147-155, 1988.

ERRAMILLI, M. K. Entry mode choice in service industries. **International Marketing Review**, London, v. 7, n. 5, p. 50-62, 1988.

ERRAMILLI, M. K.; RAO, C.P. Choice of foreign market entry modes by service firms: role of market knowledge. **Management International Review**, Wiesbaden, v. 30, n. 2, p. 135-150, 1990.

ERRAMILLI, M. K.; RAO, C.P. Service firms' international entry-mode choice: a modified transaction-cost analysis approach. **Journal of Marketing**, Chicago, v. 57, n. 3, p. 19-38, jul 1993.

FISK, R. P. Wiring and growing the technology of international services marketing. **Journal of Services Marketing,** Santa Barbara, v. 13, n. 4/5, p. 311-318, 1999.

HAKSEVER, C. et al. **Service management and operations**. 2. ed. New Jersey: Prentice-Hall, 2000.

JARILLO, J. C.; MARTÍNEZ, J. I. The international expansion of spanish firms: towards an integrative framework for international strategy. In: MATTSON, L.G.; STYMME, B. **Corporate industry strategies in Europe**. Cambridge: Elsevier, 1991.

JOHANSON, J.; VAHLNE, J. E. The internationalization process of the firm a model of knowledge development and increasing foreign market commitments. **Journal of International Business Studies**, Basingstoke, v. 8, n. 1, p. 32-44, Spring/Summer 1977.

LOVELOCK, C. H.; YIP, G. S. Developing global strategies for service businesses. **California Management Review**, Berkeley, v. 38, n. 2, p. 64-86, 1996.

MASUREL, E. Export behaviour of service sector SMEs. **International Small Business Journal**, London, v. 19, n. 2, p. 80-84, Jan./Mar. 2001.

O'FARREL, P. N.; WOOD, P. A.; ZHENG, J. Internationalization by business service SME's: an inter-industry analysis. **International Small Business Journal**, London, v. 16, n. 2, p. 13-33, Jan./Mar. 1998.

O'FARREL, P. N.; WOOD, P. A.; ZHENG, J. Internationalization of business services: an interregional analysis. **Regional Studies**, Cambridge, v. 30, n. 2, p. 101-118, 1996.

O'FARREL, P. N.; WOOD, P. A.; ZHENG, J. Regional influences on foreign market development by business service companies: elements of a strategic context explanation. **Regional Studies**, Cambridge, v. 32, n. 1, p. 31-48, 1998.

PATTERSON, P. G.; CICIC, M.; SHOHAM, A. A Temporal sequence model of satisfaction and export intentions of service firms. **Journal of Global Marketing**, New York, v. 10, n. 4, p. 23-43, 1997.

RAMOS, R.; MARCONDES, P. **200 Anos de propaganda no Brasil**: do reclame ao cyber-anúncio. São Paulo: Meio & Mensagem, 1995.

REID, S. The decision-maker and export entry and expansion. **Journal of International Business Studies**, Basingstoke, v. 12, n. 2, p. 101-112, Fall 1981.

ROBERTS, J. The internationalisation of business service firms: a stages approach. **The Service Industries Journal**, London, v. 19, n. 4, p. 68-88, Oct 1999.

ROOT, F. **Entry strategies for international markets**. Lexington, Mass.: Lexington Books, 1987.

SAMIEE, S. The internationalization of services: trends, obstacles and issues. **Journal of Services Marketing**, Santa Barbara, v. 13, n. 4/5, p. 319-328, 1999.

VANDERMERWE, S.; CHADWICK, M. The internationalisation of services. **The Service Industries Journal,** London, v. 9, n. 1, p. 79-93, jan 1989.

WHITE, D. S.; GRIFFITH D. A.; RYANS, J. K. Measuring export performance in service industries. **International Marketing Review**, London, v. 15, n. 3, p. 188-204, 1998.

WIEDERSHEIM-PAUL, F.; OLSON, H.; WELCH, L.S. Pre-export activity: the first step in internationalization. **Journal of International Business Studies**, Basingstoke, v. 9, n. 1, p. 47-58, Spring/Summer 1978.

ZOU, S.; STAN, S. The determinants of export performance: a review of the empirical literature between 1987 e 1997. **International Marketing Review**, London, v. 15, n. 5, p. 333-356, 1998.

Capítulo 5

A CONQUISTA DE MERCADOS EXTERNOS NO SETOR DE SERVIÇOS DE ENGENHARIA E CONSTRUÇÃO CIVIL

Domenica Blundi
Roberto Iglesias
Willy Weisshuhn

Introdução

O presente trabalho tem como objetivo analisar as atividades internacionais do setor brasileiro de serviços de engenharia, particularmente o de construção civil. A idéia é apresentar as características da experiência de internacionalização com base no estudo de caso de duas grandes construtoras. A pesquisa procurou enfatizar as estratégias implementadas por estas empresas para conquistarem o mercado internacional, identificando as facilidades e as barreiras encontradas durante este processo. Os casos foram construídos com base em entrevistas realizadas em 2002, com executivos responsáveis pelo processo de internacionalização das empresas.

Razões do investimento no exterior das empresas de serviços de engenharia

Os chamados serviços de engenharia abrangem três segmentos: (a) engenharia de projetos, (b) construção e (c) montagem industrial.

Algumas empresas do setor podem atuar em mais de um segmento, responsabilizando-se tanto pelo desenvolvimento conceitual do projeto, como também pelo gerenciamento, execução e montagem da obra (Motta Veiga, 2002).

A realização de investimentos no exterior é uma prática muito comum por parte das empresas de serviços de engenharia que buscam sua internacionalização. Pode-se dizer que existem três razões para este fenômeno: a primeira está associada às barreiras legais e regulatórias que os países impõem em seus mercados de construção; a segunda está relacionada à necessidade de reduzir a distância cultural entre a empresa e o país para facilitar e melhorar a realização dos projetos; e a terceira está vinculada à dificuldade de transferir o conhecimento implícito que as empresas de construção acumulam ao longo de sua experiência.

Em relação às barreiras legais, os países costumam regulamentar detalhadamente seu mercado doméstico de serviços de engenharia para garantir condições de segurança (durante a construção da obra e para os futuros usuários) e para permitir que a maior parte da demanda pública por esses serviços seja direcionada às empresas domésticas, de maneira a maximizar a criação de empregos. Como conseqüência dessas regulamentações nacionais, as empresas estrangeiras encontram altas barreiras à entrada em um mercado doméstico determinado. Um mecanismo tradicional de entrada das firmas estrangeiras de construção é a licitação pública internacional, mas, mesmo nesses casos, os países costumam colocar restrições e demandas muito detalhadas, muitas vezes associadas à cultura local. Esses elementos tornam o processo de preparação de uma licitação internacional muito complexo, sendo impossível realizá-lo a distância.

Para vencer essas barreiras regulatórias, as firmas de serviço de construção e montagem recorrem à instalação de um escritório comercial, uma subsidiária ou à constituição de uma nova firma no mercado externo. Dessa maneira, podem entender os detalhes legais, assim como os códigos explícitos e implícitos que moldam as decisões de gastos públicos no país em questão.

O serviço de engenharia raramente é um produto pronto para ser consumido pelo mercado externo. A realização de um projeto de engenharia por parte de uma firma estrangeira é um processo demorado, implicando a interação entre a cultura da empresa e das pessoas locais contratadas. A empresa deve realizar uma aprendizagem das práticas organizacionais e sindicais da cultura local, de maneira a evitar que as diferenças culturais ameacem a implementação do projeto. Para reduzir a distância cultural, os executivos da firma estrangeira devem se instalar no país e realizar uma fusão entre as práticas próprias e as práticas locais.

Por último, a implementação de um projeto de engenharia por parte de uma firma utiliza intensivamente práticas e tecnologias implícitas, acumuladas ao longo de sua experiência. Pela natureza desse conhecimento, é muito difícil para a empresa vender ou licenciar o *know-how* que possui. Por esta razão, as firmas, ao se internacionalizarem, enviam executivos com longa experiência técnica e comercial para gerir as filiais e subsidiárias no mercado externo. Normalmente, esses executivos, ao mesmo tempo que absorvem a cultura local para facilitar a operação do projeto, transmitem as práticas e técnicas implícitas da firma, que provaram dar resultados em outros contextos.

Principais motivos da internacionalização das empresas brasileiras de serviços de engenharia

No caso brasileiro, as empresas viram-se forçadas a diversificar os mercados de atuação, influenciadas pelas oscilações do mercado doméstico de construção pública e pelos ciclos setoriais de investimento. Tal diversificação pode ser considerada uma estratégia de sobrevivência, uma vez que o mercado de serviços de engenharia passou por dificuldades na década de 1980 e por grandes transformações nos últimos anos.

A volatilidade e a estagnação da demanda doméstica, nos anos 1980, foram dois poderosos estímulos para a internacionalização das empresas brasileiras de engenharia. No Gráfico 1, pode-se observar a produção mensal de cimento nos últimos 30 anos. Este é um insumo fundamental da construção e é uma *proxy* adequada do nível dessa atividade no país. Chama-nos a atenção a queda de mais de 25% da produção, entre 1981 e 1985. Isto foi resultado da contração do investimento público e das dificuldades macroeconômicas deste período, coincidindo com a época em que as firmas aqui estudadas se internacionalizaram.

A expansão econômica da década de 1970 – o chamado Milagre Econômico – permitiu o desenvolvimento tecnológico e o crescimento da capacidade produtiva das grandes firmas, estimulando a sua internacionalização. Quando a demanda doméstica recuou nos anos 1980, os excedentes financeiros acumulados na década anterior permitiram financiar parcialmente a exploração dos novos mercados externos, o que foi garantido pelas capacidades produtivas acumuladas. Adicionalmente, a disponibilidade de financiamento público possibilitou uma expansão além da capacidade dada pelo autofinanciamento.

Gráfico 1

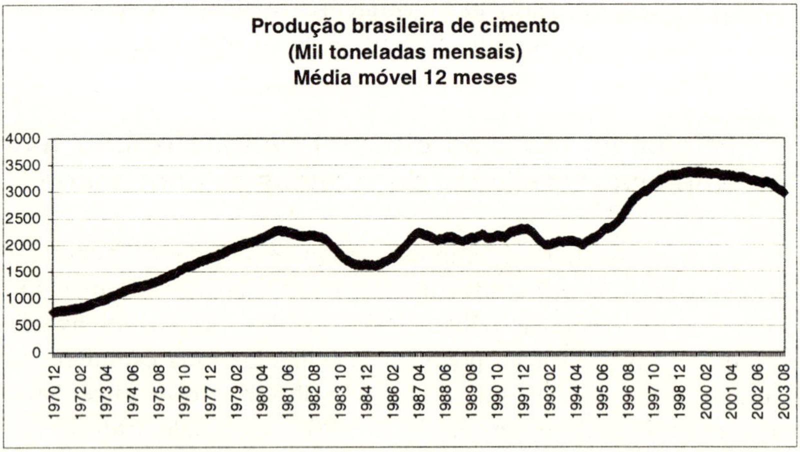

Fonte: Elaboração própria sobre dados do Sindicato Nacional da Indústria do Cimento (SNIC).

No período entre 1985 e 1994, o mercado teve uma pequena recuperação, mas permaneceu estagnado no começo dos anos 80, gerando uma reestruturação das firmas domésticas. A estagnação do mercado doméstico reforçou a experiência de internacionalização das grandes firmas.

A partir do final de 1994, e como resultado da melhora da renda real dos trabalhadores, a produção mensal de cimento cresce de 2,0 milhões de toneladas para quase 3,4 milhões no início de 2000. A queda posterior a essa data está relacionada com a deterioração da renda real e do emprego; já as dificuldades do investimento privado e público são resultado da instabilidade macroeconômica.

No período mais recente, a construção industrial conjugada à privatização compensou a relativa estagnação de demanda de infra-estrutura e da construção pública. Motta Veiga (2002) chama a atenção para a crescente participação de empresas privadas como usuárias dos serviços de engenharia, apontando a privatização de empresas como uma variável relevante neste processo de transformação. Com a privatização, acirrou-se a competição entre setores anteriormente dominados por monopólios estatais, estimulando um novo padrão competitivo entre as empresas de serviços de engenharia. Deste modo, as oportunidades de negócio foram ampliadas tanto do ponto de vista doméstico quanto do ponto de vista internacional, dado que o número de fusões e aquisições cresceu com o processo de privatização.

De acordo com um estudo encomendado pelo Ministério do Desenvolvimento, Indústria e Comércio (MDIC) em 2002, o setor de construção civil brasileiro é bastante concentrado em termos de volume de capital, contribuindo para que exista um influente oligopólio, tanto no que diz respeito às negociações internas quanto às externas. Apesar de apresentarem condições de competir globalmente, as empresas analisadas por este estudo declararam ser inviável o autofinanciamento de experiências internacionais. Tal motivo parece dificultar sua permanência no exterior, sendo mais comum experiências internacionais esporádicas.[1]

[1] Das 150 empresas que participaram da referida pesquisa que já tiveram alguma experiência no mercado externo, apenas duas tinham presença constante (ver "Oportunidades Internacionais para o Setor de Construção Civil Brasileiro", MDIC, 2002).

Mesmo enfrentando dificuldades no que diz respeito ao autofinanciamento de suas operações internacionais, as empresas brasileiras de construção civil caracterizam-se por uma atuação bastante diversificada, o que significa que apresentam condições de competir em praticamente todos os mercados.

Outro fator relevante que também concorreu para transformar o ambiente das empresas de serviços de engenharia no período recente foi o recuo dos mecanismos governamentais de proteção dos mercados nacionais de serviços de engenharia. Esta desregulação também contribuiu para a internacionalização do setor, atenuando as fronteiras entre os mercados interno e externo.

Pode-se dizer, portanto, que como qualquer outro setor da economia, o de serviços de engenharia também sofreu um processo de adaptação nos últimos anos, redefinindo suas estratégias de atuação e procurando corresponder a um novo perfil de demanda, próprio deste novo ambiente de negócios.

A história das construtoras e seu processo de internacionalização

O estudo realizado pelo MDIC apresenta uma lista das dez maiores empresas exportadoras de serviços de construção civil no Brasil, destacando-se duas conhecidas construtoras: a A e a B. Ambas foram objetos de entrevistas por nós realizadas e é com base no depoimento de seus executivos que pretendemos identificar as características e peculiaridades de suas estratégias internacionais. Por serem consideradas as principais empresas brasileiras no que diz respeito à internacionalização de serviços de construção civil, acreditamos que seus depoimentos podem ser considerados exemplares no que diz respeito às práticas desempenhadas pelo setor.

Construtora A

A Construtora A é na realidade o embrião de um grupo, o qual surgiu a partir da diversificação de suas atividades no final dos anos

1970. Atuando hoje em vários continentes, a empresa representa uma valiosa oportunidade de estudo na área de internacionalização do setor brasileiro de construção civil.

O grupo do qual a empresa faz parte atua nas áreas de engenharia e construção, química e petroquímica, infra-estrutura e serviços públicos e surgiu a partir da criação da Construtora A, fundada em 1945, na Bahia. Durante os primeiros anos da construtora, sua atuação se restringiu ao seu local de origem, expandindo-se para localidades próximas durante os anos 1960, quando participou de muitos projetos financiados com recursos do governo brasileiro. No final da década de 1960, a construtora passou a atuar também nas regiões Sudeste e Sul do país, desenvolvendo obras de maior complexidade tecnológica durante as duas décadas seguintes, como metrôs, a usina nuclear de Angra dos Reis, emissários submarinos, aeroportos e grandes pontes.

Atualmente, a Construtora A conta com mais de 24 mil funcionários atuando em diversos países, com cerca de 15 mil funcionários no Brasil e o restante na América do Sul, África, Estados Unidos e Europa. É uma empresa que se destaca pelo uso de tecnologias avançadas, demonstrando também uma política de valorização pessoal e profissional dos funcionários, assim como ações de responsabilidade social nas comunidades onde atua. Em sua política de descentralização, a construtora afirma formar empresários, procurando fazer com que aprendam a decidir e a entender o mercado. O funcionário tem participação nos resultados, sendo considerado um parceiro da empresa, fator motivador para os desafios de dominar o idioma e entender o país onde está trabalhando.

Os primeiros passos para a internacionalização do negócio de engenharia e construção foram realizados em 1978, a partir da criação de um grupo constituído para formular uma estratégia de atuação. A exportação de serviços já era então entendida pela A como uma atividade que exigia muito planejamento.

> (...) você tem que fazer o seu produto na terra dos outros, e produto na terra dos outros demanda uma compreensão muito grande de onde você vai (diretor de Relações Internacionais da Construtora A).

O entrevistado ressaltou a importância de se conhecerem a história e a cultura do local para onde está sendo feito o movimento de internacionalização. Segundo ele, esse conhecimento seria igual ou mais importante do que o conhecimento técnico. O entrevistado defendeu a idéia de que o profissional brasileiro leva grande bagagem profissional quando vai trabalhar no exterior, o que torna a adaptação técnica menos complexa do que a cultural, estando esta última presente nas questões ligadas às relações comerciais, às relações com a sociedade estrangeira e com os recursos humanos.

A estratégia definida pela construtora visava a iniciar sua internacionalização pela América do Sul, o que de fato concretizou-se a partir de 1978 com a construção de uma usina hidrelétrica no Peru. Em seu depoimento, fica claro que a empresa procurou realizar um processo de internacionalização cauteloso, aproveitando as facilidades de uma operação situada no mesmo continente e cuja cultura não apresentava diferenças tão marcantes em relação à brasileira. Em sua estratégia de internacionalização, a empresa defendeu uma postura de permanência e desenvolvimento nos países em que começou a atuar.

> Uma premissa que considero muito importante é dizer para o nosso pessoal que nós só vamos para um país para passar cinqüenta anos. Obviamente o funcionário não vai passar cinqüenta anos no local, mas ele fica sabendo que a organização vai. Ao definir isso, as pessoas ficam sabendo que não é para ir para um país, morder e voltar, ele vai para lá não só para desenvolver a obra, como para desenvolver e perpetuar a organização neste país (idem).

Ao iniciar alguma atividade em outro país, a construtora costuma enviar um grupo para fazer um mapeamento do local, pesquisando sua realidade econômica, política e cultural, as possibilidades de suprimento e os custos da obra. De acordo com o entrevistado, o brasileiro apresenta uma grande capacidade de se adaptar aos diferentes costumes, especialmente na exportação de serviços, em que todo o processo tem de que ser realizado em território estrangeiro. E, segundo ele, a maior dificuldade em se realizar uma obra em outro país é a continuidade da empreitada, ou seja, tornar a obra irreversível. Para isso, é preciso que a comunicação entre os envolvidos seja clara e fluente, em última análise, é preciso que haja uma relação de identificação e confiança entre o contratante e o contratado (Blundi e Rocha, 2001).

> Esse talvez seja o aspecto mais surpreendente do ponto positivo para nós, dessa capacidade do homem brasileiro (....) e no final das contas agrega-se a este fato a facilidade que ele tem de compreender, de entender, de interagir. Isto é uma coisa nata, que para a internacionalização eu acho fundamental, principalmente quando você tem que fazer as coisas no território dos outros (idem).

A escolha dos países era realizada a partir de discussões internas, nas quais os participantes procuravam listar os aspectos positivos e negativos de cada um, sendo visto como fundamental que o país os considerasse necessários. Pode-se notar que a similaridade cultural e de idioma sempre teve peso nos movimentos internacionais da empresa, bem como o surgimento de oportunidades de contratos nesses países.

O primeiro país fora da América do Sul onde a construtora investiu foi Angola, em 1982, também realizando a construção de uma hidrelétrica. Embora do outro lado do Atlântico, a cultura angolana era considerada similar à brasileira, seja nos costumes, seja no idioma. É interessante mencionar o fato de que, em seu depoimento, o entrevistado identifica Angola com a Bahia, local de origem da empresa. A partir desta identificação, a integração com Angola passou a ser considerada fundamental.

A entrada em países de culturas mais distintas foi postergada em função da dificuldade para se realizarem operações nesses locais, principalmente no que diz respeito à questão do estranhamento e da distância cultural. Foi definido que a empresa deveria consolidar-se primeiro nos países onde já estivesse operando para então alçar vôos mais altos. Várias prospecções foram realizadas em países de cultura árabe e islâmica, sendo diagnosticadas diferenças importantes, desde a forma de negociar até os aspectos jurídicos e institucionais. O entrevistado chama a atenção para as dificuldades encontradas nos momentos de negociação com os contratantes. Tal estranhamento comprometia o entendimento do ponto de vista da negociação, de firmamento de contrato e de regras jurídicas.

> (...) eu, por exemplo, estive no Marrocos, estive na Líbia, na Argélia. Outros estiveram no Oriente Médio e, francamente, o que acontecia é que a gente sacava claramente, até no mínimo detalhe, certo tipo de costume... isso que eu te falei, é melhor você conhecer a antropologia local do que saber a engenharia. Pareceu-nos que fazer obra nesses locais era muito difícil (idem).

Após experiências no norte da África, Marrocos e Argélia, a construtora concluiu que era fundamental ter uma posição na Europa, por causa do Mercado Comum Europeu, escolhendo Portugal como sua base para operações na comunidade européia. As experiências anteriores já ofereciam uma certa *expertise* à empresa, contribuindo para que se sentisse preparada para conquistar mercados considerados mais desenvolvidos. Além disso, o entrevistado comenta que a entrada em Portugal coincidiu com um *boom* de investimentos de infra-estrutura naquele país, motivando a empresa a investir lá.

A entrada em Portugal realizou-se em 1988, através da compra de uma construtora que estava falida. Foi o primeiro investimento direto realizado pela A e trouxe alguns ganhos de imagem para a empresa brasileira junto àquele país, visto que estava assumindo uma empresa em dificuldades. Já neste período, participou da construção da ponte Vasco da Gama, uma das mais importantes obras em Portugal.

Os investimentos da Comunidade Européia para a melhoria da infra-estrutura de Portugal e Espanha representavam uma valiosa oportunidade de negócios para a empresa, entretanto a entrada no mercado espanhol foi fortemente dificultada pelas empresas locais, contribuindo para que preferisse manter suas atividades em Portugal, África e América do Sul. Contudo, a construtora continuava acreditando que precisava conquistar mercados no Primeiro Mundo.

> (...) mas faltava para nós a nossa presença no Primeiro Mundo. Isso a gente nunca consolidava e a gente esperava, como terminou acontecendo, uma experiência do nosso pessoal técnico, do pessoal para executar a obra, uma experiência no exterior pra gente poder enfrentar um novo país. Nos anos 1990, 1991, fomos para os Estados Unidos (idem).

A empresa iniciou suas atividades no mercado norte-americano instalando um núcleo na Califórnia e outro na Flórida para disputar concorrências públicas. Embora visasse a começar por obras de porte relativamente pequeno, enviou seus melhores funcionários, declarando considerar óbvio que o mercado americano seria muito mais exigente e competitivo. O primeiro contrato conquistado pela empresa foi um trecho de 2 km do metrô de Miami realizado em 1993. Algum tempo depois, conquistou contrato para a construção da barragem de Seven Oaks, na Califórnia, ganhando um prêmio do corpo de engenheiros do exército dos EUA como "A Empresa de Construção do Ano" em 1999, fato que ajudou a consolidar a sua imagem neste mercado. Atualmente, a empresa conta com obras na Flórida, Geórgia, Carolina do Norte e Carolina do Sul e já faturou cerca de 1,2 bilhão de dólares nos Estados Unidos.

Ao comparar as experiências realizadas, o entrevistado afirmou que os Estados Unidos é um mercado muito mais aberto do que o europeu, onde encontrou certas barreiras, como na Espanha. Daí a competição no mercado americano ser tão grande, o que contribui para que as margens de lucro sejam estreitas, forçando a empresa a investir em eficiência operacional para garantir a sua sobrevivência. Por outro lado, apesar de ser um mercado extremamente competitivo, os EUA foi considerado o melhor lugar para se trabalhar. A mentalidade anglo-saxônica, segundo o entrevistado, facilita a resolução de contendas contratuais, com o efetivo funcionamento dos sistemas de arbitragem, que evitam idas à justiça. As negociações pautam-se pela organização, pela clareza e pela objetividade.

A experiência no mercado americano revelou aspectos interessantes de como uma empresa brasileira e seus profissionais podem sentir-se em relação aos mercados dos países mais desenvolvidos. A conquista do mercado americano foi citada como um grande feito:

> (...) enquanto você fica numa condicionante, culturalmente colonizado pelo fato de só trabalhar no Terceiro Mundo, trabalhar só em casa, na hora em que você chega no mercado mais importante que existe... é o mercado que, no final das contas, todo o pessoal que trabalhou lá voltou com outra cabeça, voltou com a seguinte postura: eu não devo mais nada a ninguém... (idem).

Construtora B

Fundada em 1948, em Minas Gerais, a Construtora B iniciou suas atividades motivada em participar das inovações do mercado, acompanhando as transformações econômicas e tecnológicas da época. Suas primeiras obras, realizadas entre 1948 e 1949, foram pequenos serviços de urbanização em Belo Horizonte. Em 1950, começou no segmento de construção de estradas, estendendo seu campo de atuação aos poucos. Já na década de 1960, a B foi responsável por obras na Região Amazônica, uma das preocupações do governo na época. Foi a partir desta experiência que a empresa desenvolveu tecnologias próprias, dada a dificuldade de se trabalhar em uma região encharcada e com extensa malha hídrica.

A partir de 1970, a empresa já havia diversificado suas atividades, estimulada pelos crescentes investimentos de infra-estrutura no país, fruto do Milagre Econômico. Nesta época, desenvolveu tecnologia para construir usinas hidrelétricas, aeroportos e grandes plantas industriais. Atualmente, é uma das três maiores empresas de construção pesada do Brasil, também atuando em setores como telecomunicações e concessões públicas. Neste último, os principais exemplos são a concessão da Ponte Rio-Niterói e da Via-Dutra, adquiridas nos anos 1990. Em 2000, foi criada a *holding* da B e definidos os negócios do grupo: construção pesada, telecomunicações, concessões públicas e empreendimentos imobiliários.

O primeiro contrato internacional da Construtora B foi assinado em 1983, para a construção de uma rodovia no Congo, na África. Segundo o depoimento do entrevistado, presidente da Área Internacional da empresa, uma das razões que contribuíram para a internacionalização de suas atividades nesta época foi a crise econômica do Brasil na década de 1980. Tal crise afetou o ramo de construção pesada no país, forçando a construtora a tentar novos caminhos, sob pena de diminuir os negócios da empresa caso esta opção não prevalecesse naquele momento. Nesta época, a B viu-se obrigada a reduzir seu quadro de funcionários, ficando com grande capacidade ociosa. O mercado externo passou a ser visto de forma estratégica, como uma alternativa de equilíbrio para os negócios.

O projeto na África foi financiado pelo governo brasileiro, que ofereceu um contrato de financiamento para a República do Congo. A oportunidade foi vista como uma alavanca, motivando a empresa a tentar conquistar o projeto naquele país. A obra foi considerada um sucesso e, de acordo com o entrevistado, a experiência da empresa em locais tropicais e zonas brejosas foi decisiva nesta empreitada. Poucas empresas estavam capacitadas para lidar com este tipo de terreno e, pelo fato de já terem realizado a Rodovia Manaus-Porto Velho no Brasil, a Construtora B foi capaz de realizar a obra sem grandes dificuldades. O sucesso desta empreitada e o diferencial competitivo de saber trabalhar em zonas tropicais e muito úmidas possibilitaram a empresa a desenvolver outros projetos na África. Após a experiência no Congo, foi para a Mauritânia e para o Zaire. Segundo o entrevistado, foram 18 anos de experiência na África, confirmando uma posição internacional bastante consolidada.

Entretanto, apesar de ter sido uma experiência duradoura, o entrevistado chamou a atenção para a dificuldade em lidar com a instabilidade política e econômica daquela região. Esta situação os deixava inseguros, principalmente no que diz respeito ao cumprimento dos contratos. Tal dificuldade acabou inibindo os investimentos da B, forçando a empresa a analisar todos os detalhes antes de travar algum negócio.

> (...) a dificuldade dos países africanos gera uma insegurança muito grande no cumprimento dos contratos, então nós estamos, no momento, praticamente retraídos em relação à África. Podemos, eventualmente, olhar uma coisa se tiver uma garantia muito séria de pagamento, mas fora isso não estamos cogitando continuar na África (presidente da Área Internacional da B).

Em relação às experiências na América do Sul, a empresa iniciou suas atividades na Bolívia e no Equador, países que vinham sendo prospectados desde meados dos anos 1970. Neste continente, teve experiência em todos os países, com exceção do Uruguai e da Venezuela, por falta de oportunidade, segundo o entrevistado. Após a América do Sul, a construtora iniciou atividades no México e, em seguida, nos Estados Unidos, onde construiu um centro escolar na cidade de Miami, a partir de dois contratos de trinta milhões de dólares cada um.

Para se estabelecer nos países em que trabalha, a B cria uma sucursal no local, que na verdade é a própria empresa. Essa estratégia aconteceu em vários países e, de acordo com o entrevistado, estão instalados há 15 anos no Equador, 13 na Ilha da Madeira e oito no México. Em Portugal, a forma de entrada foi distinta, uma vez que era exigência da Comunidade Comum Européia que a empresa fosse européia. Por isso, a B adquiriu, em 1988, uma construtora portuguesa e, desde então, atua neste país com o nome Zagope, com sede em Lisboa. A partir desta incorporação, diversificou suas atividades para atender à demanda de novos mercados na Europa, na África, no Oriente Médio e no Sudeste Asiático.

De acordo com o entrevistado, a B chegou a trabalhar em 22 países, simultaneamente, principalmente na década de 1990. Esta ampliação dos negócios internacionais trouxe maturidade para a empresa, principalmente no que diz respeito às dificuldades de entrosamento das equipes no local. Com base nessas experiências, a construtora adotou uma postura estratégica mais cautelosa, preferindo diminuir seu escopo de atuação a partir de 1997. Dessa forma, suas atividades concentraram-se em países cujo relacionamento fosse mais fácil, contribuindo para que as condições de trabalho fossem mais proveitosas e, conseqüentemente, onde pudesse se destacar competitivamente. Nas palavras do entrevistado,

> Vantagens competitivas são: primeiro, conhecer bem, dominar bem a técnica, conhecer bem o projeto. Segundo, o Brasil oferece financiamentos para diversos países do mundo, o que nos dá uma boa alavanca (...) então a gente usa isso (...) essa é uma vantagem competitiva que nós temos (...) outra é a competência técnica da empresa e das equipes. Outra é uma antecipação comercial de você ir aos países, se estabelecer antes, conhecer os órgãos e a concorrência (...) pra gente entrar num projeto é necessário que você conheça muito bem o país (...) cada projeto, cada negócio é um projeto, é uma grande encomenda e ela tem características próprias e resultados próprios (idem).

De acordo com o depoimento do entrevistado, com a experiência internacional a Construtora B aprendeu a valorizar cada vez mais o planejamento de sua atuação, o qual se baseia, antes de tudo, no conhecimento dos passos a serem implementados no processo. Acrescenta-se a isso a consciência por parte da empresa de que este conhecimento só é possível instalando-se no país onde o projeto será realizado. Em outras palavras, a capacidade competitiva nas atividades internacionais só é possível quando a empresa constrói este elo com a realidade em que está atuando. O entrevistado chega a defender uma customização do serviço prestado, afirmando que cada projeto deve ser visto de forma individualizada e de acordo com as peculiaridades nele inerentes. Além disso, parece ser uma preocupação da empresa a garantia oferecida pelos financiamentos governamentais, que são vistos como uma motivação importante no processo de internacionalização de seus negócios.

Para fazer esta prospecção, ponto de partida de sua atuação internacional, a B envia um engenheiro maduro, que tenha experiência técnica e comercial. Por meio dele, a empresa se estabelece no país, ficando lá durante um ano, até ter as informações necessárias para apresentar uma proposta consistente e garantir a aquisição do projeto. É assim que adquire capacidade competitiva, conhecendo o "terreno em que está pisando". Outra preocupação da empresa nesta fase prospectiva é que, além de experiente, é importante que o engenheiro responsável por essa investigação tenha alguma identificação com a cultura do país em questão, seja em relação ao idioma, seja no que diz respeito ao costumes locais.

Ainda sobre a designação das equipes, a construtora faz questão de que o grupo de pessoas que dará o ponto de partida inicial em um novo país seja de profissionais brasileiros. Dependendo do tamanho do projeto, este grupo pode ser de até vinte pessoas. São engenheiros especializados, gerentes, administradores, enfim, um grupo com capacidade executiva e de implementação do projeto, que participa de todo o estudo. Em relação aos trabalhadores braçais e à mão-de-obra operacional, são contratados funcionários do local onde será realizada a obra. De acordo com o entrevistado, é uma exigência dos próprios países que a mão-de-obra seja 90% do local. Sobre este tópico, o entrevistado chamou a atenção para a necessidade de se adaptar aos costumes locais, como nos mostra o depoimento abaixo:

> Você tem que respeitar, né? Se você trabalha num país islâmico, você tem que respeitar a cultura islâmica, não pode beber, certo? Na Bolívia nós tínhamos uma dificuldade grande, o pessoal tinha o hábito de tomar sopa antes da refeição, nós não dávamos sopa... então tivemos que aprender a dar sopa antes da refeição (idem).

Outra estratégia utilizada pela construtora para atuar no exterior é a realização de parcerias com empresas brasileiras ou estrangeiras.

Segundo o entrevistado, é bastante comum a existência de consórcios entre empresas do mesmo ramo ou de segmentos complementares.

Identificando as estratégias de cada caso: semelhanças e diferenças

Após este breve relato sobre o processo de internacionalização das Construtoras A e B, cabe agora identificar em que ponto as estratégias se encontram ou se distanciam. Apesar de estarmos apresentando apenas dois casos, vale lembrar que ambos são exemplares no que diz respeito à atuação de empresas brasileiras de serviços de construção civil no exterior, uma vez que ocuparam os dois primeiros lugares na lista das dez maiores empresas brasileiras exportadoras de serviços, apresentada em 2002.[2]

Analisando os dois casos é possível perceber que ambas as empresas enfatizam a questão do planejamento como uma parte essencial de seu processo de internacionalização. Segundo os depoimentos, a entrada em um novo país deve ser precedida por um mapeamento do local, onde são investigados todos os tópicos que possam influenciar, positiva ou negativamente, o projeto de internacionalização. Para realizar esta investigação, as duas empresas enviaram executivos de confiança e muito bem capacitados para viver o dia-a-dia da realidade em questão. Ou seja, *proteção* e *precaução* parecem ter sido posturas levadas a cabo nestes dois casos, o que confirma que ambas as construtoras mostraram-se bastante cuidadosas em relação a esta etapa, principalmente após experiências problemáticas.

Este tipo de preocupação parece adequar-se às considerações apresentadas no início deste trabalho, particularmente as que traçam comentários sobre a complexidade inerente aos processos de licitação dos contratos. Em outras palavras, sem se estabelecerem no exterior, as firmas não têm acesso às regras impostas pelos países de forma adequada, perdendo a oportunidade de conhecê-las de perto. Daí a cautela com a etapa do mapeamento das características locais.

---

[2] Ver o já citado estudo "Oportunidades Internacionais para o Setor de Construção Civil Brasileiro", MDIC, 2002.

Pode-se dizer, portanto, que as construtoras entrevistadas adquiriram maturidade no decorrer de suas experiências no exterior, mostrando-se capazes de reconhecer os pontos fracos que poderiam comprometer o processo em questão. É interessante observar que muitas destas falhas dizem respeito à questão do estranhamento cultural, o qual nem sempre se revela de forma clara e transparente. Em outras palavras, os entrevistados mostraram estar atentos a detalhes e sutilezas do processo que, em muitos casos, podem passar despercebidos. Tais peculiaridades, apesar de sutis, correm o risco de se tornarem sérias ameaças ao cumprimento de contratos e acordos entre os envolvidos.

Outra semelhança que pode ser identificada entre os dois casos diz respeito ao período e aos países em que as construtoras iniciaram as suas experiências internacionais. A década de 1970, época conhecida como Milagre Econômico, foi marcada por uma política de apoio e investimentos a projetos de infra-estrutura, o que beneficiou empresas do setor. No início dos anos 1980, a situação econômica se inverte e, ameaçadas pela crise que então se instala no país, as empresas começam a considerar como estratégia de sobrevivência a ida para o mercado internacional. Os dois casos analisados parecem se enquadrar neste contexto, uma vez que a A iniciou o seu processo em 1978, e a B, em 1983.

Ao considerarmos o local para onde as empresas inicialmente levaram os seus negócios, notamos que a América do Sul e a África foram os continentes escolhidos. A América do Sul representava uma boa escolha inicial por ser próxima cultural e geograficamente. Já o continente africano, apesar de também ser identificado como um continente próximo culturalmente, apresentou dificuldades do ponto de vista político, devido às guerras internas. Entretanto, o governo brasileiro mantinha políticas de financiamento que, conjugadas às demandas daquela região, acabou criando oportunidades para as empresas interessadas em internacionalizar os seus negócios. Experiências como essas, apesar de aparecerem como problemáticas nos depoimentos dos entrevistados, podem ser consideradas o caminho que os forçou a repensar suas estratégias de atuação no exterior, particularmente no que diz respeito ao planejamento estratégico.

Uma outra coincidência nos casos apresentados foi a primeira aquisição no exterior das duas construtoras ter sido em Portugal, através da compra de uma outra construtora com problemas. Após experiências em países da África e da América do Sul, as empresas almejavam alcançar mercados mais desenvolvidos e Portugal parecia ser uma boa forma de entrada na Europa. Além de ser um país diretamente identificado com o Brasil (mesmo que apenas do ponto de vista do senso comum), era uma região que também representava uma boa oportunidade de investimento, fruto da política da Comunidade Comum Européia.

O fato de conseguirem se estabelecer em países do Primeiro Mundo (vide o depoimento da A em relação à conquista dos Estados Unidos) representa, antes de tudo, uma forma de a empresa confirmar sua competência no mercado doméstico. Consolidar esta imagem é uma forma de garantir poder de barganha junto ao governo e às outras empresas do mesmo setor. E este pareceu ser o último estágio da internacionalização das duas empresas que precisava ser conquistado.

Conclusões

Os casos aqui apresentados são relevantes no que diz respeito à atuação internacional do setor brasileiro de construção civil, uma vez que tratam de duas grandes construtoras brasileiras que entraram no mercado externo, permanecendo nele durante mais de duas décadas. Mais do que se internacionalizar, as empresas analisadas consolidaram-se no mercado externo, concretizando uma experiência duradoura.

Para que alcançassem tal posição, algumas posturas adotadas pelas construtoras foram fundamentais e conclusivas. O trabalho mostrou, por exemplo, o papel central do planejamento estratégico para superar as barreiras regulátorias e a distância cultural na entrada nos novos mercados. O planejamento permitiu às empresas conhecer a fundo os mercados onde iriam atuar, identificando suas regras burocráticas e institucionais. Além disso, o planejamento também teve como objetivo maximizar a adaptação da firma à cultura externa, apreendendo os comportamentos e costumes para garantir a permanência e o sucesso do empreendimento no exterior. As duas empresas enfatizaram a necessidade de se adaptar à lógica de cada mercado externo.

Um projeto ou serviço de engenharia é, por sua natureza, um empreendimento de longo prazo. A sua natureza torna central o respeito aos contratos realizados, uma vez que as obras não duram menos de quatro anos. A experiência em alguns países mostrou que o risco do não cumprimento pode ser alto, elevando os custos das firmas e produzindo prejuízos, dado o fato de que a empresa disponibiliza um alto investimento para conquistar projetos no exterior. Por isso, o estabelecimento de contratos com regras claras, assim como mecanismos de arbitragem e seguros, é central para reduzir os custos do não cumprimento dos contratos, garantindo uma maior segurança no negócio.

No caso da A, o entrevistado identificou como a melhor experiência de internacionalização a ida para os Estados Unidos, afirmando que a cultura do país propiciava uma negociação direta e objetiva, reduzindo as incertezas. Já a B comentou esta questão através dos problemas ocorridos com as experiências na África, identificando o não cumprimento dos contratos e a falta de garantias devido às incertezas políticas do local como os principais problemas enfrentados.

Finalmente, a experiência vivida por cada uma das empresas analisadas trouxe-lhes o amadurecimento necessário para driblar as vicissitudes encontradas no caminho, confirmando que ambas tiveram competência e sensibilidade para alterar rotas, repensar escolhas e realizar novas conquistas.

Referências bibliográficas

BLUNDI, D.; ROCHA, E. da. Franquia, etnocentrismo e alteridade: um estudo sobre diferença cultural. In: Encontro Anual da ANPAD, 25., 2001, Campinas. **Anais...** Campinas: ANPAD, 2001.

MINISTÉRIO DO DESENVOLVIMENTO, INDÚSTRIA E COMÉRCIO EXTERIOR. **Oportunidades internacionais para o setor de construção civil brasileiro**. Brasília, 2002.

MOTTA VEIGA, P. **Estudos setoriais para subsidiar as negociações de acesso aos mercados na ALCA**: setor de serviços de engenharia: Relatório Final: versão preliminar. Brasília: FUNCEX, 2002.

Capítulo 6

A INTERNACIONALIZAÇÃO DE EMPRESAS BRASILEIRAS DE MODA PRAIA

Monique Rubin
Angela da Rocha

Introdução

As exportações de têxteis são tão antigas quanto o comércio entre as nações. A preferência por produtos têxteis originários de certas regiões, tais como a seda da China e o algodão do Egito, existem desde os tempos antigos e construíram a riqueza de nações. Mais recentemente, à medida que países como a França e a Itália tornaram-se líderes do mercado ocidental de moda, os fabricantes de têxteis originários desses países têm oferecido seus produtos a preços diferenciados.

O negócio da moda tem sido internacional, portanto, quase desde os seus primórdios. No entanto, a maior parte dos produtos de moda é produzida principalmente nos grandes mercados desenvolvidos do mundo ocidental. Mercados emergentes e periféricos têm sido tradicionalmente importadores de moda, ainda que uma grande parcela das exportações mundiais de têxteis seja originária desses mercados. Como conseqüência, as exportações de têxteis oriundas de mercados emergentes são forçadas a competir à base de preço mais do que por diferenciação.

O Brasil não é exceção nesse contexto. Os exportadores brasileiros de têxteis competem com os de outros países, tais como China e Indonésia, que apresentam custos de mão-de-obra mais baixos. No caso do maior mercado-alvo das exportações mundiais, os Estados Unidos, os países asiáticos detêm a maior fatia de suas importações, enquanto que o Brasil participa apenas com 1,3% do total de importações norte-americanas de têxteis. Para escapar da competição por preço, arena na qual é difícil ganhar, dadas as vantagens competitivas de custo dos concorrentes, as empresas brasileiras precisam competir baseadas em sua identidade de marca. Até o momento, as marcas brasileiras não foram capazes de estabelecer uma reputação sólida no mercado internacional da moda. Uma oportunidade para mudar esses padrões aparece no caso dos fabricantes brasileiros de moda praia, que vêm conquistando com sucesso o mercado norte-americano. Este estudo teve por objetivo investigar o processo de internacionalização de algumas dessas empresas.

Arcabouço Teórico

As pesquisas sobre a internacionalização da firma baseiam-se, em sua maior parte, em duas abordagens distintas: a abordagem comportamental e a econômica. Este estudo adota a abordagem comportamental, mais especificamente aquela desenvolvida pela escola de Uppsala e seus seguidores (Johanson e Vahlne, 1977, 1990). Esta escolha se justifica, entre outros aspectos, pelo fato de as empresas estudadas encontrarem-se ainda no estágio empreendedor, aplicando-se melhor a elas a abordagem comportamental.

Por que internacionalizar?

A questão sobre os motivos associados à internacionalização de empresas tem sido intensamente examinada pela literatura. Dois tipos de explicações concorrem entre si: de um lado, motivos "objetivos" ou "racionais"; de outro, razões "subjetivas" ou "não-racionais". O primeiro leque de motivações é fortemente apoiado por economistas como Hymer (1976), que identificou três razões pelas quais as empresas deveriam investir em produção internacional: para neutralizar concorrentes, para explorar vantagens competitivas únicas e para diversificar.

Vários estudos empíricos, no entanto, têm mostrado que empresas não tomam a decisão de investir em mercados internacionais de maneira racional e sistemática. As primeiras pesquisas sobre processos de investimento estrangeiro direto (Aharoni, 1966) revelaram que o processo de tomada de decisão para internacionalização não poderia ser descrito como a consideração cuidadosa e racional de alternativas, mas sim como decisões isoladas tomadas com base na crença de que uma dada alternativa seria satisfatória. Sendo assim, o processo de tomada de decisão seria influenciado por um sem-número de elementos externos, e que acabariam por afetar fortemente seu resultado.

Elaborando a partir do trabalho pioneiro de Aharoni e das teorias sobre o crescimento da empresa de Penrose, os teóricos de Uppsala propuseram um modelo evolucionista que enxerga a internacionalização de empresas como um processo gradual através do qual uma empresa aumenta seu comprometimento com os mercados estrangeiros baseada nas influências cotidianas e seus efeitos de aprendizagem, assim como em outras influências situacionais. De acordo com esta visão, a internacionalização não é "... o resultado de uma estratégia de alocação ótima de recursos a diferentes países..." mas sim "... a conseqüência de um processo de ajustes incrementais às condições mutantes da empresa e de seu ambiente" (Johansson e Vahlne, 1977, p.26). Os executivos considerariam cada problema como único e tomariam decisões com base em seus contextos específicos. Quando colocados diante de dada oportunidade de ingresso em um mercado estrangeiro, "... comprometimentos com outros mercados não são explicitamente levados em consideração, alocações de recurso não concorrem entre si" (Johansson e Vahlne, 1977, p. 26).

Outro estudo reforçou estas propostas teóricas. Maignan e Lukas (1997, p.8), por exemplo, observaram que executivos de duas empresas internacionais "não se basearam em processos sofisticados para escolher a forma de penetração em mercados estrangeiros; ao contrário, percepções e experiências passadas pareciam guiar suas ações no cenário internacional". Kutschker e Bäurle (1997, p.110) afirmaram que "... o grau pelo qual a internacionalização é dirigida por razões deliberadas ou por ações erráticas pode sofrer fortes variações". Em alguns casos, a internacionalização pode de fato seguir um planejamento e estar sujeita a um rigoroso processo analítico; em outros, ela pode se constituir "... muito mais em um quebra-cabeça gradual, incremental e acidental".

Outro aspecto importante no processo de internacionalização é a forma como as empresas decidem penetrar em mercados estrangeiros. O modelo de internacionalização de Uppsala propõe que as empresas tenderão a iniciar pela escolha de mercados que são psicologicamente ou culturalmente próximos a elas e, à medida que amadurecem em seu processo de internacionalização, penetrarão mercados mais distantes. Este fenômeno tem sido chamado de distância psicológica ou cultural e vem sendo objeto de inúmeros estudos (por exemplo, O'Grady e Lane, 1996; Stöttinger e Schlegelmilch, 1998, 2000; Child, Ng e Wong, 2003).

Que modo de entrada escolher?

Para entrar em um mercado estrangeiro, uma empresa pode escolher entre várias alternativas, tais como exportação, licenciamento ou estabelecimento de uma *joint venture* ou de uma subsidiária. Se a escolha for por estabelecer uma subsidiária, isto pode ser feito a partir do zero ou através da aquisição de uma empresa já estabelecida.

A escolha de modos de entrada tem sido observada sob várias óticas. Uma dessas perspectivas é proposta pela teoria de internacionalização de Uppsala e seus seguidores e advoga um padrão incremental no qual uma empresa se movimenta de um modo de penetração de baixo comprometimento (tal como a exportação) para modos de penetração de maior comprometimento (por exemplo, uma subsidiária inteiramente constituída por capital próprio), à medida que adquire mais experiência em mercados internacionais. Outros, tais como Okoroafo (1997), sugeriram um padrão não-incremental ou em ziguezague, no qual uma empresa escolheria o modo de entrada mais adequado de acordo com cada situação específica.

Outra perspectiva é a dos teóricos dos custos de transação, que propuseram que incertezas do ambiente, imprevisibilidade dos resultados a serem obtidos ou a dificuldade em se verificar a obediência a acordos internacionais (Rindfleisch e Heide, 1997) afetariam a escolha do modo de entrada. A decisão da escolha do modo de entrada é vista como envolvendo questões associadas a risco, retorno e controle. Maiores níveis de controle implicam comprometimento mais elevado de recursos e, assim sendo, maior risco. Por outro lado, modos de baixo controle podem afetar o retorno, embora não requeiram o mesmo comprometimento de recursos. Sendo assim, as empresas devem buscar equilibrar os aspectos controle, risco e retorno quando da escolha de um modo de entrada (Anderson e Gatignon, 1986). Kumar e Subramaniam (1997) adicionaram aspectos ligados à integração (além de controle, risco e retorno) na decisão de modo de entrada. Os teóricos da internacionalização, na mesma linha, propuseram a seguinte seqüência de modos de penetração: exportação, investimento estrangeiro direto e licenciamento (Rugman, 1981). Eles acreditavam que as empresas prefeririam o investimento estrangeiro direto ao licenciamento em função dos riscos associados à perda de controle por parte da firma proprietária do *know-how* ao licenciar um concorrente estrangeiro.

O impacto da incerteza sobre a escolha de modos de entrada de empresas de serviços foi testado empiricamente por Erramili e D'Souza (1995). Os autores verificaram que graus mais elevados de incerteza externa pareciam estar relacionados com modos de investimento direto no exterior de baixo controle, quando a intensidade do capital era maior e no caso de empresas menores; entretanto, a probabilidade do uso de modos de entrada de alto controle aumentava, de fato, quando as incertezas externas aumentavam, quando havia baixa intensidade de capital e no caso de empresas maiores. Também foi observado no estudo que as empresas moviam-se de modos de entrada de baixo controle respondendo ao aumento das incertezas internas.

Outros autores analisaram a decisão de modo de entrada sob uma perspectiva estratégica, pressupondo que, se os decisores são livres para escolher a estrutura societária quando da entrada em um novo mercado internacional, sua escolha "deveria depender de suas estratégias para gerir as habilidades da empresa e sua abrangência geográfica" (Gomes-Casseres, 1989:, p.19). Madhoc (1997) combinou a abordagem de custos de transação com a visão das competências organizacionais, com o objetivo de explicar por que as empresas escolhem um determinado modo de entrada ao invés de outro. Ele propôs que a escolha de investimento direto seria preferível quando *o know-how* detido por uma empresa pudesse ser facilmente copiado, e quando a probabilidade de o *know-how* ser imitado fosse percebida como sendo maior do que as dificuldades de adaptação ao país hospedeiro. Modos de entrada cooperativos seriam preferíveis se as vantagens apresentadas pela empresa fossem inerentes ao seu país e não pudessem ser facilmente transferidas, e quando a motivação para a entrada fosse o desenvolvimento de habilidades futuras que pudessem ser mais bem assimiladas em combinação com um parceiro.

Finalmente, a cultura parece ser um aspecto importante da escolha do modo de entrada. De fato, alguns estudos estabeleceram a existência de uma associação entre modos de entrada e distância psíquica. Por exemplo, Kogut e Singh (1988) descobriram que quanto maior distância cultural, maior é a probabilidade de uma *joint venture* ser escolhida como modo de entrada, em contraposição à constituição de uma subsidiária inteiramente nacional. Barkema, Bell e Pennings (1996) determinaram que novos entrantes tenderiam a permanecer por mais tempo no mercado quando a distância cultural fosse menor.

Estudando a escolha de modo de entrada por empresas brasileiras, Barretto e Rocha (2001) perceberam que o impacto da distância psíquica na escolha da estrutura societária dos investimentos internacionais destas empresas seguia um padrão distinto daquele proposto pela literatura. Os autores sugeriram que a preferência por modos de entrada de maior controle por empresas brasileiras que optavam por realizar investimentos diretos no exterior deveria estar associada ao fato de que na cultura brasileira "poder e controle não são facilmente compartilhados com estrangeiros". Eles sugeriram que, em culturas relacionais, a relação entre distância psíquica e modos de entrada deveria ser inversa: quanto maior a distância psíquica, maior a probabilidade de a escolha ser por uma subsidiária de propriedade integral. Ao mesmo tempo, à medida que a distância psíquica se reduzia ao longo do tempo, as empresas poderiam optar por retornar a modos de entrada de menor controle. De fato, em pesquisas recentes (Veiga e Rocha, 2003), realizadas a partir de estudos de caso, foram coletadas evidências de empresas brasileiras mostrando que os executivos poderiam escolher movimentar-se de um modo de entrada de maior controle para um modo de operação de menor controle depois de terem obtido experiência em um mercado estrangeiro e uma vez que sentissem poder confiar em seus parceiros locais.

Quando penetrar um mercado estrangeiro?

A questão relativa à decisão sobre quando iniciar um processo de internacionalização também tem sido abordada pela literatura, uma vez que uma das preocupações das políticas públicas dos governos é exatamente acelerar o movimento das empresas em direção às exportações. Uma série de mecanismos tem sido usada para estimular as empresas a exportarem, tais como incentivos e subsídios e remoção de barreiras tarifárias. No caso de muitas empresas, a formação de blocos comerciais tem claramente influenciado a decisão de internacionalização e determinado o momento de fazê-lo. Por exemplo, a data-limite de 1992 para ingressar em mercados europeus ou a da segunda metade dos anos 90 para ingresso no Mercosul têm sido apontadas como as maiores propulsoras da decisão de internacionalização de grande número de empresas (Barretto e Da Rocha, 2001; Malhotra, Agarwal e Ulgado, 2003).

Durante a última década, uma nova abordagem surgiu na literatura, tratando das chamadas empresas que já nasceram globalizadas. Estudos realizados por Oviatt e McDougall (1994), Madsen e Servais (1996), e Knight e Cavusgil (1995) exploraram a existência de um novo tipo de empresa, aquela que está envolvida com atividades internacionais desde a sua constituição. Mudanças tecnológicas, assim como a globalização e suas conseqüências, estimularam o aparecimento destes novos negócios internacionais, tipicamente empreendedores. Embora essas empresas sejam mais facilmente encontradas em indústrias de alta tecnologia, podem igualmente ser identificadas em grande variedade de outros segmentos (Oviatt e McDougall, 1994). O início das atividades internacionais acontece bem cedo no processo de estabelecimento dessas empresas; algumas já começam suas operações explorando mercados internacionais, enquanto outras levam de um a cinco anos para internacionalizarem-se. Alguns pesquisadores verificaram que a internacionalização não se constituía em objetivo estratégico para essas empresas, mas sim em conseqüência natural do seu tipo de negócio, produto-mercado ou segmento de indústria (Rasmussan, Madsen e Evangelista, 2001).

Metodologia

Este estudo valeu-se do método de pesquisa de estudo de caso. Originalmente usado em estudos sociológicos e antropológicos, o método de estudo de caso é freqüentemente escolhido quando evidências empíricas disponíveis a respeito do problema de pesquisa são limitadas, quando o problema sob investigação é desestruturado e quando o propósito do pesquisador é gerar novas proposições para serem testadas em estudos futuros.

A maior limitação deste método de estudo é o fato de os resultados obtidos não poderem ser generalizados para a população da qual foram extraídos os casos estudados, ficando restritos aos mesmos. Aspectos ligados à validade e confiabilidade também podem ser levantados, em função da inexistência de um protocolo científico devidamente estabelecido para análise de dados e de vieses originados pela interpretação subjetiva por parte do pesquisador (Yin, 1989). Ao mesmo tempo, a premência de que estudos de caso e pesquisas qualitativas sejam realizados para proporcionar um melhor entendimento sobre o fenômeno da internacionalização de empresas tem sido advogada por autores tais como Andersen (1993), Morosini, Shane e Singh (1998), e Stöttinger e Schlegelmilch (2000).

Três casos de fabricantes brasileiros de moda praia foram selecionados: Salinas, Lenny e Blue Man. Estas empresas encontravam-se ainda no estágio empreendedor e estavam envolvidas em atividades internacionais no mercado norte-americano. Encontravam-se também entre os fabricantes líderes de moda praia no Brasil. A sede das três empresas localizava-se na cidade do Rio de Janeiro. As perguntas de pesquisa abordadas neste estudo cobriram quatro aspectos básicos: a natureza e o momento dos processos de internacionalização implementados por essas empresas, a seqüência dos modos de penetração, e as motivações que levaram ao processo de internacionalização.

As seguintes fontes de dados secundários foram usadas: *websites* e relatórios das empresas, artigos em jornais e revistas especializadas. A principal fonte de informação, no entanto, foram as entrevistas pessoais conduzidas com executivos de topo e proprietários das três empresas, assim como com um distribuidor nos Estados Unidos. As entrevistas duraram entre uma e duas horas e foram gravadas. Foram feitas transcrições com o objetivo de facilitar a análise dos dados. Um relatório detalhado de cada caso foi preparado, em ordem cronológica, utilizando-se de toda a informação disponível através das diferentes fontes. A segunda etapa da análise consistiu em selecionar partes do texto e classificá-las de acordo com a lista de aspectos a serem examinados. Foram elaboradas tabelas com os dados extraídos dos casos, realizando-se comparações entre tabelas e entre aspectos selecionados extraídos das entrevistas.

Resultados

A seguir são apresentadas algumas evidências derivadas dos casos estudados e discutidas as implicações teóricas e conceituais para o entendimento do processo de internacionalização de uma firma empreendedora. A Tabela 1 mostra a cronologia dos processos de internacionalização estudados.

A sede das empresas estava estabelecida na cidade do Rio de Janeiro, que é o centro de moda praia no Brasil. As três empresas contavam com fábrica própria e rede de lojas para venda sob sua marca própria. As empresas começaram suas operações com um intervalo de pelo menos dez anos entre cada uma delas: a Blue Man foi fundada em 1973, a Salinas em 1982 e a Lenny em 1993.

A abertura da primeira loja, depois de a produção já ter sido iniciada, levou três anos no caso da Salinas, dez anos no caso da Blue Man e aconteceu simultaneamente no caso da Lenny. As três empresas estudadas encontravam-se ainda no estágio empreendedor; seus presidentes eram os próprios fundadores. Todos haviam sido originalmente estilistas e ainda detinham a palavra final sobre o desenho das coleções e a produção. A estrutura administrativa parecia ser incipiente no caso das três empresas estudadas. O processo de tomada de decisão era bastante informal e um número muito pequeno de executivos conduzia toda a operação.

Motivações ligadas à internacionalização

Por que essas empresas escolheram internacionalizar-se? Uma série de motivos parecia envolver as diferentes etapas de seu processo de internacionalização.

No caso da Salinas, o primeiro movimento em direção a um fluxo regular de exportações foi resultado de dois fatores: a existência de capacidade ociosa durante os meses de inverno e o fluxo de pedidos inesperados, sobretudo vindos de clientes brasileiros vivendo no exterior. A decisão de estabelecer um escritório nos Estados Unidos ocorreu, no entanto, em razão da percepção de que esta seria a melhor maneira para atender a um mercado estrangeiro em bases regulares.

No caso da Lenny, a principal razão para dar início a um fluxo regular de exportações parece ter sido a percepção de que a empresa se encontrava diante de uma oportunidade, associada a um fluxo de pedidos inesperados. A decisão de abrir uma loja durante os meses de verão em Portugal baseou-se na percepção de que tal atitude possibilitaria à empresa desenvolver sua marca naquele mercado.

No caso da Blue Man, os primeiros pedidos também desempenharam papel importante em estimular a empresa a encarar mais seriamente os mercados internacionais. A motivação para seguir em frente no processo de internacionalização estava associada ao envolvimento do presidente da empresa no processo, devido, segundo ele próprio, ao orgulho de ver sua marca no mercado norte-americano. À medida que ele se envolvia mais e mais no processo, aumentava o seu comprometimento, levando ao estabelecimento de uma loja da empresa em Miami Beach, na Flórida. Considerações estratégicas não parecem ter se constituído em elemento importante da decisão de deflagrar o processo de internacionalização da firma.

As razões que justificavam o início do processo de internacionalização, no caso das três empresas, eram bastante similares e seguiam o padrão preconizado nos primeiros estudos sobre o tema (veja-se, por exemplo, Bilkey, 1978). O primeiro contato com mercados internacionais surgiu dos "pedidos inesperados", sobretudo vindos de brasileiros no estrangeiro, turistas que haviam visitado o Brasil ou contatos pessoais dos executivos das empresas. As empresas não deram atenção, nem tampouco dedicaram esforços especiais no sentido de atender a esses pedidos. No entanto, à medida que o fluxo inicial de pedidos inesperados aumentava, os executivos começaram a considerar as exportações como uma oportunidade. Tal sentido de oportunidade era reforçado pelo fato de que a temporada de venda de moda praia era invertida nos mercados norte-americano e europeu, permitindo, assim, o uso da capacidade ociosa durante os meses de inverno no Brasil. Nos três casos estudados, a despeito de alguns eventuais problemas relativos a pagamentos não honrados enfrentados por uma das empresas, o desempenho das exportações mostrou-se bastante positivo, aumentando o interesse e o comprometimento dos executivos com as atividades internacionais.

No que se refere às razões ligadas à opção pelo investimento estrangeiro direto, os executivos das empresas foram claramente motivados a prosseguir em seus processos de internacionalização graças aos resultados obtidos com as atividades de exportação.

Escolha de mercados estrangeiros

A escolha dos mercados estrangeiros parecia seguir em duas direções: Estados Unidos e Portugal. De fato, outros estudos brasileiros determinaram que os padrões mais comuns para os primeiros mercados de exportação e para a primeira incursão de investimento direto no caso de empresas brasileiras eram consistentemente: Portugal, Argentina ou Estados Unidos (Barretto e Rocha, 2001; Freire e Rocha, 2003).

Portugal tem sido visto como a localização "natural" para operações de uma firma brasileira no exterior, dadas as similaridades culturais, incluindo o mesmo idioma. Tendo sido Portugal a metrópole e, também, a maior fonte de imigrantes para o Brasil, é natural que sejam grandes as similaridades percebidas entre os dois países pelos brasileiros. Outro estudo (Freire e Rocha, 2003) mostrou, no entanto, que o paradoxo da distância psicológica (O'Grady e Lane, 1996) parecia se aplicar à experiência das empresas brasileiras entrando no mercado português: as similaridades percebidas tornavam-se um impeditivo ao sucesso do empreendimento, uma vez que os executivos fracassavam em adaptar suas estratégias a um mercado tão similar.

No que concerne aos Estados Unidos, é possível argumentar que a globalização da cultura norte-americana reduziu a distância psicológica em relação a outros países, como, por exemplo, o Brasil. De fato, o inglês é a primeira língua estrangeira falada por brasileiros letrados, e a presença de ícones da cultura norte-americana é bastante forte no Brasil.

Apesar das observações em favor dos argumentos relativos à distância psíquica, a seqüência de mercados escolhidos pelas empresas estudadas não adere perfeitamente ao padrão esperado e previsto pelo modelo de Uppsala.

Seqüência de modos de entrada e operação

Os processos de internacionalização das três empresas aconteceram de maneira bastante similar. A primeira entrada em mercados internacionais ocorreu por intermédio das exportações. No entanto, como preconizado pelo modelo de internacionalização de Uppsala (Johanson e Vahlne, 1977, 1990), as exportações ocorriam de maneira irregular, à medida que chegavam pedidos inesperados. Tipicamente, os clientes de exportação eram brasileiros, parentes ou amigos dos fundadores das empresas, que levavam os produtos para outros mercados. À medida que o fluxo de pedidos tornou-se mais interessante, os executivos passaram a considerar a possibilidade de proceder a uma abordagem mais séria e comprometida junto aos mercados internacionais.

No caso da Salinas e da Lenny, a passagem de um fluxo irregular de exportações para uma atividade mais sistemática ocorreu a partir da contratação de profissionais para gerenciar o processo de internacionalização, enquanto que, no caso da Blue Man, era o presidente que estava à frente do processo. Na Salinas, o processo pareceu ocorrer de maneira bem mais estruturada do que no caso das outras duas empresas, com a condução e implementação de um planejamento formal.

A Salinas começou a exportar regularmente para a Venezuela e para o Chile, embora seu verdadeiro alvo fosse o mercado norte-americano. O processo recebeu impulso em função da publicidade dada aos produtos da empresa quando a revista norte-americana *Sports Ilustrated* estampou os biquínis da Salinas na capa de uma de suas edições de 1997. Este fato originou uma série de pedidos e forçou a empresa a considerar a implantação de instalações nos Estados Unidos, o que acabou acontecendo em 1988, quando, então, a empresa abriu um escritório comercial na Califórnia para atender ao mercado norte-americano.

No caso da Lenny, depois de ter vivenciado por alguns anos problemas com pagamentos não honrados por clientes estrangeiros, a empresa decidiu estabelecer uma parceria com um distribuidor norte-americano para venda de seus produtos no mercado norte-americano. Esta empresa norte-americana tornou-se, posteriormente, distribuidor exclusivo da Lenny nos EUA. À medida que os negócios se desenvolviam nos Estados Unidos, começou-se a analisar a possibilidade de abertura do mercado europeu, utilizando um distribuidor. Praticamente em seguida, foi aberta, em Portugal, uma loja sazonal para venda da moda praia produzida pela Lenny, durante o verão de 2003.

No caso da Blue Man, o presidente da empresa envolveu-se pessoalmente, realizando visitas aos países estrangeiros. Depois de ter passado a exportar regularmente para os Estados Unidos, a empresa abriu uma loja em Miami Beach, no estado da Flórida, nos Estados

Unidos, mas o empreendimento não foi bem-sucedido e a loja foi fechada seis anos mais tarde. Tal fato fez com que as atenções do presidente da empresa se voltassem novamente para o mercado doméstico, onde a firma estava obtendo mais lucros. Com o fechamento da loja de Miami, tornou-se necessário buscar novos canais de exportação para os Estados Unidos. O primeiro movimento realizado ocorreu no sentido de efetuar exportações diretamente aos clientes norte-americanos, sem utilizar agentes ou distribuidores. Posteriormente, foi decidido celebrar um contrato com uma cadeia norte-americana para a venda dos produtos da Blue Man nos Estados Unidos.

A passagem dos pedidos irregulares para um fluxo regular de exportações se deu de forma bastante fácil nos três casos estudados. As empresas operavam com volumes pequenos e não precisavam estabelecer muitos contatos e conexões no exterior para viabilizar o desenvolvimento de um negócio regular de exportações. Este movimento deixou também claramente de ser passivo para ser proativo: nos três casos alguma espécie de mudança organizacional foi realizada para garantir a gestão das atividades de exportação, usualmente por intermédio da contratação de profissionais experientes.

A etapa seguinte consistiu na passagem de um fluxo regular de exportações para a efetivação de investimento direto nos países estrangeiros. À medida que as exportações se desenvolviam, o comprometimento com as atividades internacionais aumentava e as empresas também passaram a alocar mais recursos a estas atividades. Um primeiro movimento em direção ao investimento internacional direto foi feito por cada uma das empresas analisadas, embora ainda que de maneira bastante preliminar. De toda forma, esses movimentos eram consistentes com o tamanho das empresas. Em um dos casos, a firma abriu um escritório no exterior. Nos dois outros, foi aberta uma loja para vender os produtos sob a marca das empresas.

A forma de operação em termos de investimento direto caracterizou-se, nos três casos examinados, pela escolha de modos de entrada de alto controle, com o estabelecimento de instalações utilizando-se apenas de capital próprio. Estas escolhas pressupunham a tentativa de reduzir os riscos a serem incorridos. Isto ficou particularmente claro no caso da

Lenny, quando a empresa optou pela abertura de lojas sazonais na Europa. A intenção estratégica por trás da abertura de lojas sazonais era a de introduzir e fixar a marca Lenny no mercado, reduzindo assim o risco através da diferenciação. Mais ainda, a solução pouco comum de optar pela abertura de loja apenas durante os meses de verão economizava dinheiro e era consistente com as características apresentadas pelo mercado estrangeiro. Esta solução era igualmente consistente com a experiência no Brasil, onde as lojas de moda praia eram bastante comuns, embora permanecessem abertas por todo o ano. A intenção era a de reabrir a loja no verão seguinte. A decisão por realizar a experimentação com apenas uma loja também permitiu que fosse reduzido o risco, através da aquisição de conhecimento experimental, antes que recursos de maior vulto fossem aplicados nos empreendimentos internacionais.

A preferência pelo estabelecimento de subsidiárias de propriedade integral tem sido consistentemente verificada em estudos brasileiros sobre internacionalização de empresas (veja-se, por exemplo, Barreto e Rocha, 2001): as empresas brasileiras parecem preferir modos de entrada e de operação de alto controle. Compartilhar o controle com estrangeiros ou terceiros não é visto como desejável na cultura brasileira. Os fabricantes brasileiros de moda praia, a despeito de seu pequeno tamanho, não apresentam um padrão diferente quando se movimentam em direção ao exterior.

De maneira geral, essas empresas adotaram um comprometimento gradual em relação às suas atividades internacionais (Johanson e Vahlne, 1977, 1990), como previsto pelo modelo de internacionalização de Uppsala. Um maior envolvimento nas atividades internacionais permitiu subseqüentes avanços nos processos de internacionalização, levando as empresas a movimentarem-se em direção a uma próxima etapa. A seqüência de modos de entrada seguiu muito de perto os padrões previstos pela literatura nórdica.

Um dos casos estudados, entretanto, apresentou também uma diminuição do comprometimento e um movimento, proveniente de estágios mais avançados, em direção a estágios menos avançados de internacionalização. A empresa Blue Man, depois do fracasso de sua loja estabelecida em Miami, retrocedeu, voltando a exportar diretamente e, depois, indiretamente, através de um agente. Este comportamento não é incomum entre empresas que acabam de se internacionalizar, quando as operações internacionais geram retorno negativo. O presidente da empresa indicou claramente o seu desapontamento com o desempenho obtido com a loja nos Estados Unidos e decidiu voltar seus esforços para o mercado interno, que parecia estar proporcionando maior rentabilidade. Entretanto, a firma não abandonou por completo a arena internacional e planejava iniciar um processo de vendas diretas pela internet em futuro próximo.

Momento da internacionalização

Nenhum padrão específico foi identificado no que se refere à duração dos processos de internacionalização das empresas estudadas. O intervalo de tempo entre as várias etapas do processo de internacionalização foi bastante diferente no caso de cada uma das empresas. O número de anos entre o início das operações domésticas da empresa e o estabelecimento de um fluxo regular de exportações variou de simultaneamente a até nove anos; o intervalo de tempo entre o início das exportações e o estabelecimento de um fluxo regular levou de um a sete anos; e a passagem das exportações regulares para algum tipo de investimento estrangeiro direto variou de dois a 16 anos.

Duas das companhias estudadas devem ser consideradas como globalizadas desde o seu nascimento, uma vez observada a cadência de seus processos de internacionalização: Lenny e Blue Man. Entretanto, elas não se encaixam no padrão de comportamento específico sugerido pela maior parte da literatura sobre empresas que já nascem globalizadas, uma vez que se internacionalizaram basicamente por causa de pedidos inesperados vindos de mercados estrangeiros.

Ao mesmo tempo, o momento escolhido para a efetivação do investimento direto seguiu um padrão já identificado em outros estudos brasileiros (Barretto e Rocha, 2001). O primeiro investimento direto nos três casos só aconteceu nos primeiros anos da década de 1990: o estabelecimento de instalações no exterior foi realizado pela Blue Man em 1990, pela Salinas em 1998 e pela Lenny em 2003. Este comportamento é consistente com a visão de que a experiência de investimento estrangeiro direto das empresas brasileiras, com raras exceções, começou tipicamente nos anos 90 (Barretto e Rocha, 2001).

É igualmente possível formular a hipótese de que o movimento no sentido de efetivar investimentos diretos no exterior não foi somente estimulado por fatores ambientais, tais como a liberalização da economia brasileira, incluindo aí a abertura dos mercados domésticos à competição estrangeira (início dos anos 90) e a criação do Mercosul (1995), como indicado por Barreto e Rocha (2001). Há também algumas evidências de que fatores específicos da indústria de moda praia tenham desempenhado papel importante na decisão dessas três empresas de buscar mercados estrangeiros. A crescente descoberta da moda brasileira pelos consumidores estrangeiros, particularmente no segmento de moda praia, como resultado do também crescente reconhecimento recebido pelos estilistas e *top models* brasileiros, por parte da indústria internacional da moda, parece ter tido importância significativa no sentido de impulsionar estas empresas em direção à realização de investimentos diretos no exterior. Uma explicação poderia ser a percepção de que os riscos inerentes a esses investimentos seriam reduzidos em função do reconhecimento obtido pela moda brasileira no exterior.

Ao mesmo tempo, não restam dúvidas de que o efeito *bandwagon* teve sua importância no caso dos fabricantes brasileiros de moda praia. A partir do momento em que uma dessas empresas passou a exportar ou abriu lojas fora do país, tal fato tornou-se fonte de inspiração para as outras, assim como se configurou em um sinal de que havia uma oportunidade à vista. Mais ainda, à medida que executivos do setor adquiriram experiência internacional, alguns foram contratados pela concorrência, permitindo que as outras empresas se beneficiassem de seus conhecimentos específicos sobre mercados estrangeiros.

Internacionalização e a firma empreendedora

As características de firma empreendedora puderam ser identificadas à medida que seus processos de internacionalização eram investigados. A natureza empreendedora das empresas pareceu ter influência em pelo menos três aspectos principais: nos processos de tomada de decisão e de aprendizagem, nas redes de relacionamento e no papel desempenhado pelo fundador da empresa.

O processo de tomada de decisão nestas empresas, em consonância com seu tamanho, estágio de seu ciclo de vida e estilo gerencial, era bastante rápido. Decisões sobre entrada ou saída de determinado mercado, estabelecimento de escritório no exterior ou contratação de distribuidor local, para vender sob marca de terceiros ou sob suas próprias marcas, eram tomadas de maneira muito mais fácil e rápida do que seria o caso, se essas empresas fossem mais antigas, ou melhor estruturadas. Tal fato devia-se à existência de um centro decisório muito bem definido, assim como à maneira quase desestruturada pela qual as decisões eram tomadas.

Neste sentido, experiência e intuição, muito mais do que pesquisas de mercado, eram as bases sobre as quais se assentava a maioria das decisões de marketing. O método de tentativa e erro parecia ser o processo de aprendizagem mais comumente presente nestas empresas. Outra estratégia adotada para possibilitar a aprendizagem era baseada na contratação de profissionais experientes. De fato, a aquisição de *know-how* gerencial e de mercado era muitas vezes efetivada através da contratação de executivos mais experientes oriundos de outras empresas do setor. No que se refere às exportações, essa era uma estratégia comumente utilizada por estas empresas para reduzir os riscos envolvidos em operações internacionais. A contratação de um executivo de outra firma do setor permitiu tanto à Salinas quanto à Lenny penetrar em mercados internacionais de maneira mais organizada e menos arriscada.

A aprendizagem originava-se, portanto, de duas fontes principais. Uma das fontes de aprendizagem era a contratação de executivos mais experientes de empresas que já se haviam estabelecido em um mercado estrangeiro. A segunda fonte de aprendizagem parecia ser a aplicação do método de tentativa e erro no mercado internacional. Em ambos os casos, as empresas deram passos cuidadosos em direção a maior comprometimento das operações internacionais. Até mesmo no caso da Blue Man, em que o presidente da empresa retrocedeu em seu comprometimento com o processo de internacionalização em andamento, a firma parecia estar se reorganizando para realizar uma nova tentativa, adotando modos de entrada e de operação de maior controle. Tais intenções se evidenciaram a partir do desejo de explorar a Internet como canal de exportação, assim como lançar uma nova linha de produtos adaptada especialmente ao mercado norte-americano.

As redes de relacionamento também desempenharam papel importante nos estágios iniciais dos processos de internacionalização dessas firmas empreendedoras. Nos estágios iniciais de exportação irregular, a maioria dos pedidos era proveniente de parentes, amigos ou amigos de amigos. Estas foram as bases para a entrada das empresas brasileiras de moda praia em mercados estrangeiros, tais como Portugal e Estados Unidos. Os contatos pessoais, entretanto, tornaram-se menos importantes quando as empresas avançaram do estágio de pedidos inesperados para aquele de exportações regulares e, posteriormente, para o de investimentos diretos no exterior.

Outro achado interessante desta investigação relaciona-se ao papel desempenhado pelos presidentes das empresas estudadas. É freqüentemente citado na literatura que o papel do presidente no processo de internacionalização da empresa se constitui em um dos elementos mais importantes para o sucesso em mercados estrangeiros (Westhead, Wright e Ucbasaran, 2001). Nos casos estudados, foi evidente a participação dos presidentes e fundadores das empresas na tomada de decisão de internacionalização do negócio, mas em apenas um caso ficou claro ter o mesmo assumido a liderança do processo. Na Blue Man, o envolvimento pessoal do presidente foi fundamental para o processo de internacionalização. Internacionalizar-se se tornou, para ele, questão de orgulho pessoal. Avaliando o desempenho de sua empresa no mercado norte-americano, no entanto, ele parecia se dar conta de que seu envolvimento pessoal talvez tivesse sido excessivo e, em muitas situações, contraproducente para o desempenho da empresa.

Considerações finais

Discute-se, na literatura sobre o processo de internacionalização da firma, se tal processo ainda seguiria o modelo gradual proposto pelos estudiosos de Uppsala nos anos 1970. Outras explicações têm sido propostas, tais como as teorias relativas às empresas que já nascem globalizadas. Este estudo sugere, no entanto, que o modelo de Uppsala ainda detém importante poder explanatório quando se trata de entender os movimentos internacionais feitos por pequenos negócios empreendedores oriundos de certos mercados emergentes, como, por exemplo, o do Brasil.

Os fabricantes brasileiros de moda praia estudados adotaram o ciclo clássico de aprendizagem e comprometimento gradual no processo de internacionalização. A seqüência de etapas do processo também seguiu estritamente aquela ditada pelo modelo: começaram com exportações indiretas passando, a seguir, ao estabelecimento de um fluxo regular de exportações e, finalmente, migrando para o estágio de investimento direto. De fato, esta investigação mostrou que o movimento realizado em direção aos mercados internacionais por esses pequenos empreendedores brasileiros, fabricantes de moda praia, respeitou a maioria das previsões feitas pelo modelo de Uppsala, com exceção do fenômeno da distância psicológica, o qual foi apenas parcialmente corroborado pelos resultados deste estudo.

Observando os processos de internacionalização dessas firmas empreendedoras, um aspecto chama a atenção do pesquisador: a facilidade e rapidez com que as decisões eram tomadas, contrastando com os processos significativamente estruturados de planejamento e de tomada de decisão encontrados em empresas mais antigas e já há mais tempo estabelecidas. As empresas eram, portanto, capazes de lançar mão do método de tentativa e erro como o principal elemento de seus processos de aprendizagem. Erros eram aceitos e considerados como parte natural e integrante do aprendizado inerente à decisão de internacionalização. O aprendizado foi obtido, também, pela contratação de executivos oriundos da concorrência que já haviam vivenciado a entrada em mercados estrangeiros. Esta prática permitiu que o conhecimento experimental adquirido fosse compartilhado por essas empresas.

Em razão dos movimentos relativos aos investimentos diretos efetuados pelas três empresas serem ainda incipientes e recentes, não seria possível predizer se elas irão desenvolver suas atividades internacionais de forma mais agressiva e se se tornarão verdadeiras multinacionais no futuro. Muitos desafios se colocam em relação à sua sobrevivência, incluindo aqueles relativos à sua natureza empreendedora e à dependência dos fundadores.

Uma questão interessante que surgiu no decorrer do estudo foi a seguinte: em que medida a entrada destes fabricantes nos mercados internacionais estaria associada a um efeito positivo ligado à imagem do país de origem desses produtos (efeito "*made in*")? Executivos das três empresas acreditavam que este fosse o caso. Uma imagem positiva do Brasil como país de origem de artigos de moda praia teria ajudado a introduzir e fixar suas marcas e a preservar sua identidade, a despeito de seu pequeno tamanho em comparação àquele de seus distribuidores. A Victoria's Secret, por exemplo, uma grande e muito bem-sucedida empresa norte-americana, que vende roupas íntimas femininas por meio de lojas, internet e catálogo, incluiu em seus catálogos tanto os produtos da Salinas quanto os da Lenny, mantendo suas marcas e a referência ao país de origem. *Top models* brasileiras eram geralmente escolhidas para apresentar estes produtos no catálogo, um reforço óbvio ao efeito "país de origem". A parceria da Blue Man com a Universal Gear, operação comercial norte-americana que vende através de lojas e da internet, tornando-a sua distribuidora naquele país, também obteve resultados similares.

Os executivos acreditavam que a mística da moda praia brasileira estaria associada a características do país, tais como praias tropicais, carnaval e mulheres bonitas. No segmento de artigos femininos de moda praia, eles acreditavam que os produtos brasileiros, tais como tangas e biquínis, já haviam fixado sua imagem no mercado norte-americano, levando a que consumidoras sofisticadas, preocupadas com moda, manifestassem sua preferência por estes produtos.

Uma vez que os fabricantes brasileiros de moda praia não fixaram suas marcas como resultado de investimentos em marketing e comunicação, é possível supor que efeitos do país de origem tiveram um papel facilitador no processo de penetração dessas empresas em mercados estrangeiros sob suas próprias marcas. À medida que os consumidores tornaram-se mais atentos à moda praia brasileira, essas empresas foram empurradas em direção aos mercados internacionais. Foram bem-sucedidas em preservar a marca de seus produtos, compartilhando uma vantagem competitiva através da associação favorável de uma categoria de produto à imagem do Brasil. Poucos produtos brasileiros exportados para o mercado norte-americano obtiveram sucesso similar.

Referências bibliográficas

AHARONI, Y. **The foreign investment decision process**. Boston, MA: Harvard Graduate School of Business Administration, Division of Research, 1966.

ANDERSEN, O. On the internationalization process of firms: a critical analysis. **Journal of International Business Studies**, Basingstoke, v. 24, n. 2, p. 209-231, 1993.

ANDERSON, E.; GATIGNON, H. Modes of foreign entry: a transaction cost analysis and propositions. **Journal of International Business Studies**, Pennsylvania, v. 17, n. 3, p. 1-26, Sept. 1986.

BARKEMA, H. G.; BELL, J. H. J.; PENNINGS, J. M. Foreign entry, cultural barriers and learning. **Strategic Management Journal**, New Jersey, v. 17, n. 2, p. 151-166, 1996.

BARRETTO, A.; ROCHA, A. Patterns of internationalization of Brazilian firms: the decision to establish subsidiaries abroad. **Advances in International Marketing**, Amsterdam, v. 11, n. 1, p. 79-132, 2001.

BILKEY, W. J. An attempted integration of the literature on the export behavior of firms. **Journal of International Business Studies**, Basingstoke, v. 9, n. 1, p. 33-46, 1978.

CHILD, J.; NG, S. H.; WONG, C. Psychic distance and internationalization: evidence from Hong Kong firms. **International Studies of Management and Organization**, New York, v. 32, n. 1, p. 36-56, 2003.

ERRAMILLI, M. K.; D'SOUZA, D. E. Uncertainty and foreign direct investment: the role of moderators. **International Marketing Review**, London, v. 12, n. 3, p. 47-60, 1995.

FREIRE, C.; ROCHA, A. O paradoxo da distância cultural: O Boticário em Portugal. In: ROCHA, A. (Ed.). **As novas fronteiras**: a multinacionalização das empresas brasileiras. Rio de Janeiro: Mauad, 2003.

GOMES-CASSERES, B. Joint ventures in the face of global competition. **Sloan Management Review**, Cambridge, v. 30, n. 3, p. 17-26, Spring. 1989.

HYMER, S. H. **The international operations of national firms**: a study of foreign direct investment. Cambridge, MA: The MIT Press, 1976.

JOHANSON, J.; VAHLNE, J. E. The internationalization process of the firm: a model of knowledge development and increasing foreign market commitments. **Journal of International Business Studies**, Basingstoke, v. 8, n. 1, p. 23-32, 1977.

______; VAHLNE, J. E. The mechanism of internationalization. **International Marketing Review**, Yorkshire, v. 7, n. 4, p. 11-24, 1990.

KNIGHT, G. A.; CAVUSGIL, S. T. The born global firm: a challenge to traditional internationalization theory, 1995, Odense, Denmark. In: **Proceedings of the Third CiMar Symposium**. Odense, Denmark: Odense University, 1995.

KOGUT, B.; SINGH, H. The effect of national culture on choice of entry mode. **Journal of International Business Studies**, Pennsylvania, v. 19, n. 3, p. 411-432, Fall 1988.

KUTSCHKER, M.; BÄURLE, I. Three + one: multidimensional strategy of internationalization. **Management International Review**, Wiesbaden, v. 37, n. 2, p. 103-125, 1997.

KUMAR, V.; SUBRAMANIAM, V. A contingency framework for the mode of entry decision. **Journal of World Business**, Amsterdam, v. 32, n. 1, p. 53-72, 1997.

MADHOC, A. Cost, value and foreign market entry: the transaction and the firm. **Strategic Management Journal**, New Jersey, v. 18, n. 1, p. 39-61, 1997.

MADSEN, T. K.; SERVAIS, P. The Internationalization of born globals: an evolutionary process? 1996, San Diego, CA. In:

Proceedings of the fourth CIMaR symposium. San Diego, CA: Consortium for International Marketing Research, 1996.

MAIGNAN, I.; LUKAS, B.A. Entry mode decisions: the role of managers' mental models. **Journal of Global Marketing**, New York, v. 10, n. 4, p. 7-22, 1997.

MALHOTRA, N. K.; AGARWAL, J.; ULGADO, F. M. Internationalization and entry modes: a multitheoretical framework and research propositions. **Journal of International Marketing**, Chicago, v. 11, n. 4, p. 1-31, 2003.

MOROSINI, P.; SHANE, S.; SINGH, H. National cultural distance and cross-border acquisition performance. **Journal of International Business Studies**, Basingstoke, v. 29, n. 1, p. 137-158, 1998.

O'GRADY, S.; LANE, H. The psychic distance paradox. **Journal of International Business Studies**, Basingstoke, v. 27, n. 2, p. 309-333, 1996.

OKOROAFO, S. C. Strategic and performance issues associated with mode of entry substitution patterns. **International Marketing Review**, London, v. 14, n. 1, p. 20-38, 1997.

OVIATT, B. M. E MCDOUGALL, P. P. Toward a theory of international new ventures. **Journal of International Business Studies**, Hampshire, v. 25, n. 1, p. 45-64, 1994.

RASMUSSAN, E. S.; MADSEN, T. K.; EVANGELISTA, F. The founding of the born global company in Denmark and Australia: sensemaking and networking. **International Marketing Review**, London, v. 13, n. 3, p. 75-107, 2001.

RINDFLEISCH, A.; HEIDE, J. B. Transaction cost analysis: past, present and future applications. **Journal of Marketing**, Birmingham, v. 61, n. 4, p. 30-54, Oct. 1997.

RUGMAN, A. **Inside the multinationals**: the economics of internal markets. New York: Columbia University Press, 1981.

STÖTTINGER, B.; SCHLEGELMILCH, B. Explaining export development through psychic distance: enlightening or elusive?

International Marketing Review, London, v. 15, n. 5, p. 357-72, 1998.

______. Psychic distance: a concept past its due date? **International Marketing Review**, London, v. 15, n. 5, p. 169-173, 2000.

VEIGA, L.F.A.; ROCHA, A. Expansão internacional de grandes empresas: estabelecendo relacionamentos no mercado internacional. In: ROCHA, A. (Ed.) **As novas fronteiras**: a multinacionalização das empresas brasileiras. Rio de Janeiro: Mauad, 2003.

WESTHEAD, P.; WIGHT, M.; UCBASARAN, D. The internationalization of new and small firms: a resource-based view. **Journal of Business Venturing**, Amsterdam, v. 16, n. 4, p. 333-358, 2001.

YIN, R. K. **Case study research**: design and methods. Newbury Park, CA: Sage, 1989.

Tabela 1

Cronologia da internacionalização das empresas

Ano	Salinas	Lenny	Blue Man
1973			Inicia-se a produção no Brasil.
1974			Início das exportações: exposição irregular em loja de departamentos no Reino Unido. Viagem para os EUA/Europa.
1982	Inicia-se a produção no Brasil.		
1983			Primeira loja aberta no Brasil.
1985	Primeira loja aberta no Brasil.		
1990			Primeira loja aberta nos EUA.
1991	Início das exportações: fluxo irregular.		
1993		Primeira loja aberta no Brasil. Início das exportações: fluxo irregular.	
1996	Contratado Gerente de Exportações. Planejamento das atividades internacionais. Exportações regulares: Chile, Venezuela .		Fechada a loja nos EUA. Exportação direta a consumidores estrangeiros.
1997	Exposição em loja de departamentos nos EUA.		
1998	Escritório comercial nos EUA. Grandes clientes norte-americanos vendem os produtos sob a marca Salinas.	Problemas com recebimento de clientes externos.	
2000	Escritório norte-americano coordena as operações européias.	Parceria com grandes empresas norte-americanas para vender sob a marca Lenny.	Celebrado contrato com grande cliente norte-americano.
2002		Contrato com Victoria's Secret para vender sob a marca Lenny.	
2003		Parceiro torna-se distribuidor. Distribuidor na Europa. Loja sazonal em Portugal.	
2004	Nova linha de produto para incrementar vendas em novos mercados internacionais.		Plano para introduzir nova linha de produto em mercados internacionais.
Futuro	Abertura de franquias nos EUA.	Lojas sazonais na Europa.	Uso da internet para exportação.

Capítulo 7

EMPRESAS QUE NASCEM GLOBAIS: ESTUDO DE CASOS NO SETOR DE *SOFTWARE*

Angela da Rocha
Renato Cotta de Mello
Luis Antonio Dib
Anne Marie Maculan

Introdução

Os modelos de internacionalização da empresa encontrados na literatura de negócios internacionais foram concebidos, em sua maior parte, entre a segunda metade dos anos 1970 e a primeira dos anos 1980. Ao buscar explicar como a empresa iniciava e expandia seu envolvimento com os mercados internacionais, tais modelos se propunham, fundamentalmente, a orientar a ação governamental no sentido do estímulo às exportações, e também a trazer subsídios aos dirigentes de empresas que desejassem ingressar na arena internacional. O mais importante e duradouro desenvolvimento nesse campo foi a contribuição dos teóricos da Escola de Uppsala, particularmente através de Johanson e Vahlne (1977, 1990), que se insere entre as chamadas teorias comportamentais de internacionalização da firma, em oposição às teorias ditas econômicas (Räisänen, 2003).

A teoria de internacionalização da firma de Uppsala foi desenvolvida a partir de estudos de casos de empresas suecas, particularmente aquele realizado por Johanson e Wiedersheim-Paul (1975) sobre o processo de internacionalização de quatro empresas suecas, inspirando-se ainda na teoria comportamental da firma de Cyert e March e nas teorias de crescimento de Penrose. De acordo com os teóricos de Uppsala, os movimentos de internacionalização da firma se iniciariam em mercados semelhantes, ou próximos, a seu mercado de origem. À medida que a empresa adquirisse conhecimento e experiência nas operações internacionais, ela comprometeria maiores recursos e avançaria para mercados psicologicamente mais distantes. Inicialmente apresentada em 1977, a teoria serviu como ponto de partida para toda uma linha de desenvolvimentos teóricos de cunho comportamental (Andersen, 1993) e dominou as discussões acadêmicas da área, particularmente quando se estudavam empresas menores e os passos iniciais no processo de internacionalização.

No entanto, à teoria comportamental da internacionalização da firma vêm-se opondo, mais recentemente, evidências empíricas sobre empresas que já surgem para servir o mercado internacional, não passando, então, pelos processos graduais previstos na literatura e confirmados por diversos estudos empíricos. Dado o grande número de trabalhos que descrevem e analisam as teorias comportamentais de internacionalização da firma (por exemplo, Hemais e Hilal, 2002) e os artigos recentes que comparam essa abordagem à análise das empresas nascidas globais (por exemplo, Harveston, Kedia e Davis, 2000; Moen e Servais, 2002; Chetty e Campbell-Hunt, 2004), este capítulo não se deterá na abordagem comportamental, analisando, a seguir, o conhecimento existente sobre as empresas nascidas globais.

Born globals: um novo fenômeno

A investigação sobre o fenômeno das empresas que já nascem voltadas para o exterior data de pouco mais de uma década, atribuindo-se o primeiro estudo específico sobre o tema a McDougall (1989). A autora identificou um segmento de novos empreendimentos mais comprometidos com a internacionalização, verificando que os perfis estratégicos das empresas e os perfis estruturais das indústrias em que atuavam diferiam em relação aos empreendimentos voltados unicamente para o mercado doméstico. Também Ganitsky (1989, p.50) fez referência, em seu estudo sobre exportadores israelenses, a empresas "estabelecidas expressamente desde a sua criação para atender mercados estrangeiros".

No entanto, a denominação por que o fenômeno passou a ser conhecido – *born globals* – só foi utilizada em 1993, em um estudo de exportadores de produtos de alto valor agregado, conduzido pela firma de consultoria McKinsey, na Austrália (Rennie, 1993). O termo foi geralmente adotado para designar esses novos empreendimentos com vocação global desde a sua criação (por exemplo, Knight e Cavusgil, 1995, Madsen e Servais, 1997, Autio, Sapienza e Almeida, 2000; Rasmussan, Madsen e Evangelista, 2001; Bell, McNaughton e Young, 2001; Moen, 2002; Zuchella, 2002; Chetty e Campbell-Hunt, 2004), embora outros autores se tenham referido aos mesmos como "novos empreendimentos internacionais", ou "*international new ventures*", (por exemplo, Oviatt e McDougall, 1994, 1997 e 1999; Bloodgood, Sapienza e Almeida, 1996; Zahra e George, 2002), "*start-ups* globais" (Jolly, Alahuhta e Jeannet, 1992; Oviatt e McDougall, 1994, 1995), "exportadores inatos" (Ganitsky, 1989), ou ainda, "exportadores instantâneos" (Preece, Miles e Baetz, 1999).

Não há, ainda, uma única definição ou conceituação para o fenômeno *born global*, que tem sido assim descrito pelos autores:

- empresas que, desde seu nascimento, buscam obter vantagem competitiva significativa através do uso de recursos e de vendas para múltiplos países, utilizando, desde o início, uma estratégia internacional proativa (Oviatt e McDougall, 1994);

- pequenas empresas empreendedoras que, desde o início das suas operações, são orientadas para o mercado internacional, para as quais as teorias mais difundidas sobre negócios internacionais aparentemente falham em explicar a sua existência e comportamento (McDougall, Shane e Oviatt, 1994);

- empresas que têm por objetivo os mercados internacionais ou mesmo o mercado global desde seu nascimento ou logo após (Madsen e Servais, 1997);

- empresas menores e empreendedoras que se internacionalizam desde a sua formação ou logo após, estando a sua principal fonte de vantagem competitiva relacionada a uma base de conhecimento mais sofisticada para explorar as dinâmicas de um ambiente de negócios crescentemente global (Bell, McNaughton e Young, 2001);

- empresas operando em condições de compressão de tempo e de espaço que lhes permitiram, ou forçaram, assumir escopo geográfico global desde o nascimento (Zucchella, 2002).

Embora se reconheça que existiram empreendimentos criados expressamente para a atuação internacional desde o início do comércio entre as nações (Roberts, 2002; Oviatt e McDougall, 1994), o que chama a atenção dos pesquisadores é a freqüência com que o fenômeno tem ocorrido e o fato de se aplicar não só a grandes como também a pequenos e microempreendimentos.

Diversas evidências sugerem que as *born globals* sejam, efetivamente, um fenômeno em expansão. Por exemplo, Moen e Servais (2002) verificaram que, em três países europeus, cerca de um terço dos exportadores de pequeno e médio portes entrevistados havia iniciado atividades internacionais em período inferior a dois anos após a sua fundação.

A crescente ocorrência das *born globals* nos negócios internacionais parece estar associada a uma série de fatores. O principal e mais abrangente é o processo de globalização, particularmente sua aceleração a partir do final da década de 1980. No bojo desse processo, inscrevem-se a homogeneização dos mercados, a facilitação do acesso aos mercados internacionais e as inovações tecnológicas recentes, particularmente no campo das telecomunicações e transportes, além da microeletrônica (Madsen e Servais, 1997; Knight e Cavusgil, 1995).

Por conta disso, o mercado global deixou de estar restrito às grandes empresas multinacionais, de tal forma que o tamanho da empresa deixou de ser obstáculo à atuação internacional (Oviatt e McDougall, 1994). O custo de transações internacionais diminuiu consideravelmente (Porter, 1990) pela redução dos custos de transporte, permitindo o deslocamento de executivos internacionais (Oviatt e McDougall, 1994), e pela maior eficiência dos sistemas de comunicação, tornando o mercado mundial acessível a maior número de empresas. Paralelamente, outros elementos favoráveis seriam a crescente especialização dos mercados e o conseqüente surgimento de nichos passíveis de serem explorados por pequenas empresas, e a globalização dos mercados financeiros, permitindo o acesso a capital para novos negócios em várias partes do mundo. Novas tecnologias de produção também teriam tornado economicamente viáveis operações de pequena escala, e o desenvolvimento de redes internacionais de suprimento e parcerias entre empresas de vários países teria admitido o desenvolvimento de relações entre empresas e indivíduos de vários países (Madsen e Servais, 1997).

Essas mudanças no ambiente internacional de negócios teriam sido paralelas a desenvolvimentos no âmbito das próprias empresas. Por exemplo, haveria disponibilidade maior de pessoas com experiência internacional em gestão (Knight e Cavusgil, 1995), mais capazes de operar em ambientes culturais distintos e com maior mobilidade geográfica (Madsen e Servais, 1997). Em particular, teriam surgido, no âmago desse processo, novos empreendedores com perfis diferenciados dos empreendedores tradicionais. Madsen e Servais (1997) consideraram que o papel do empreendedor, ou fundador da empresa, as suas capacitações pessoais e as suas características seriam fundamentais para o entendimento do fenômeno.

Os pesquisadores divergiram quanto à influência da indústria específica no surgimento das *born globals*. Rennie (1993) concluiu que o aparecimento das *born globals* não parecia estar ligado a determinadas tecnologias ou indústrias. Na mesma linha, Oviatt e McDougall (1994, p.48) afirmaram encontrarem-se tais empresas "em ampla gama de indústrias", embora em trabalho posterior (Oviatt e McDougall, 1997) tenham sugerido que as forças da indústria poderiam ter forte influência na internacionalização dessas empresas. Por sua vez, alguns pesquisadores consideraram que características comuns a esses empreendimentos seriam a atuação em setores de tecnologia de ponta (Knight e Cavusgil, 1995) ou setores intensivos em conhecimento (Bell, 1995; Sharma e Blomstermo, 2003). No entanto, comparando empresas tradicionais e *born globals* em dois países, Moen (2002) não encontrou diferenças significativas em termos de vantagem tecnológica entre os dois grupos, observando, porém, que boa parte das *born globals*, tanto na Noruega quanto na França, tendiam a operar em indústrias fortemente internacionalizadas.

Há divergências, também, no que se refere à importância do fator geográfico. Por exemplo, Bloodgood, Sapienza e Almeida (1996) consideraram que os novos empreendimentos com vocação internacional ocorreriam mais facilmente na Europa e na Ásia do que nos EUA, devido à extensão do mercado americano e ao fato de as empresas norte-americanas participarem menos de redes internacionais de suprimento do que suas congêneres européias e asiáticas. Assim, para esses autores, a inserção em um amplo mercado doméstico seria um fator contrário ao aparecimento das *born globals*. Essa opinião parece ser partilhada por Zuchella (2002), que observou o surgimento desses novos empreendimentos com atuação internacional em mercados domésticos muito limitados, de tal forma que a busca de segmentos de usuários ou consumidores globais seria inevitável. Nesse sentido, ser uma *born global* seria mais uma necessidade para a sua própria sobrevivência do que uma escolha ou uma vocação.

Em geral, Rasmussan, Madsen e Evangelista (2001) encontraram poucas semelhanças no processo de fundação de *born globals* estudadas. Curiosamente, a principal conclusão do estudo foi a de que a internacionalização não havia sido um objetivo principal na criação dessas empresas, ocorrendo secundariamente. As razões para criar essas empresas estavam mais associadas aos motivos tradicionais que levavam os indivíduos a empreender do que a algum interesse pelos mercados internacionais. A internacionalização não se mostrou, então, um objetivo estratégico dessas empresas, mas uma necessidade em função do tipo de firma, produto ou mercado. Também Kotha, Rindova e Rothaermel (2001), estudando empresas norte-americanas de Internet, verificaram que nem todas essas empresas eram *born globals*, mas que a busca da internacionalização dependia de seus ativos intangíveis e da sua atividade estratégica.

Vários estudos, como os de Bloodgood, Sapienza e Almeida (1996) e Harveston, Kedia e Davis (2000), verificaram que os dirigentes de *born globals* eram, em média, mais orientados para o mercado internacional do que os dirigentes de empresas tradicionais. Além disso, obtiveram evidências de que a vocação internacional desse tipo de empresa não se esgotava na sua criação, mas era elemento diferenciador ainda em fases posteriores da sua existência. Por exemplo, Moen e Servais (2002) verificaram que as empresas que exerciam atividades internacionais praticamente desde a sua criação apresentavam, mais tarde, maior intensidade de exportação, medida pela percentagem das vendas provenientes de exportação sobre as vendas totais, do que aquelas que se internacionalizavam mais tardiamente.

Outra controvérsia refere-se ao papel exercido pela distância psicológica. Moen (2002) concluiu que a teoria comportamental de internacionalização de Uppsala não se aplicaria adequadamente às empresas nascidas globais, uma vez que a escolha de mercados não seguia o construto da distância psicológica. Ele observou que 74% das *born globals* tinham seu mercado mais importante fora dos países considerados psicologicamente mais próximos, o que contrariava as previsões do modelo de Uppsala. Além disso, 67% dos novos empreendimentos, que não se classificavam como *born globals* por terem baixo envolvimento com exportação, tinham seu principal mercado externo em países psicologicamente próximos, como previsto pelo modelo comportamental de internacionalização da firma. No entanto, em estudo de casos da Nova Zelândia, Chetty e Campbell-Hunt (2004, p.72) verificaram que "a lógica da distância psicológica continua a se aplicar a empresas que classificamos como *born globals*", salientando, porém, que essa lógica era pouco importante, dada a velocidade de passagem de um a outro mercado.

As escolhas estratégicas dos novos empreendimentos internacionais, comparativamente às empresas tradicionais, também foram analisadas por vários autores. Chetty e Campbell-Hunt (2004, p.63) afirmaram que a abordagem de *born globals* considerava explicitamente o conteúdo estratégico da decisão de internacionalização, dado que "o foco e o ritmo da internacionalização eram ditados por imperativos competitivos para conquistar uma posição de liderança em mercados emergentes ou de nicho". Em seu estudo de casos, os autores observaram, porém, que tais preocupações estratégicas não pareciam exclusivas dessas empresas, ocorrendo também entre as de perfil tradicional. Sharma e Blomstermo (2003) encontraram indicações específicas de que os novos empreendimentos nascidos globais estariam mais dispostos a adaptar sua estratégia de internacionalização às necessidades dos clientes. No entanto, Moen (2002) não achou diferenças significativas entre *born globals* e empresas tradicionais no que se referia a algumas escolhas estratégicas.

De forma geral, as pesquisas sobre internacionalização e pequenas empresas, independentemente de serem ou não enquadradas como *born globals,* mostraram fortes evidências do relevante papel exercido pelas *networks* em seu processo de internacionalização (por exemplo, Bonaccorsi, 1992; Jones, 1999). Esse aspecto foi considerado fundamental por muitos autores, na formação da *born global.* Por exemplo, Rialp-Criado, Rialp-Criado e Knight (2002) confirmaram a existência de redes de relacionamento como fator relevante para o sucesso das *born globals*. Foram obtidos resultados contraditórios, porém, por Rasmussan, Madsen e Evangelista (2001). Examinando casos de empresas dinamarquesas e australianas, os autores verificaram que as *networks* haviam desempenhado papel relevante em apenas três dos cinco casos estudados.

De que forma as *networks* atuariam para propiciar a inserção internacional dos novos empreendimentos? A partir de evidências empíricas colhidas em estudos de casos, Sharma e Blomstermo (2003) sugeriram que as redes de relacionamento no exterior teriam o papel de suprir os novos empreendimentos com conhecimento de mercados e clientes, reduzindo assim o risco envolvido nas operações internacionais. No entanto, a maior parte dos relacionamentos estabelecidos com instituições e indivíduos no exterior se caracterizaria por vínculos "indiretos e fracos" (p.748), uma vez que "tanto a intensidade como a duração da interação com cada mercado e ator individual no exterior seriam limitadas" (p.749). A participação em redes de relacionamento externas também proporcionaria às *born globals* a legitimidade e as referências necessárias para seu crescimento. Com maior comprometimento de recursos, os laços com o exterior poderiam passar de fracos a fortes, e de indiretos a diretos.

McDougall, Shane e Oviatt (1994) também consideraram que, por disporem os novos empreendimentos internacionais de poucos recursos, adotariam com maior freqüência formas híbridas de internacionalização, acelerando o processo. Para Oviatt e McDougall (1994), essas redes de relacionamento facilitariam as operações internacionais, ao permitirem o acesso dos novos empreendimentos a recursos no exterior para produção ou comercialização, sem a necessidade de investir em ativos. Em princípio, tais parcerias e alianças estratégicas também implicariam vulnerabilidade, pelo risco de comportamento oportunista do parceiro. No entanto, os relacionamentos pessoais seriam uma forma de proteção para os novos empreendimentos, já que se baseariam "não em contratos formais, mas no controle social do comportamento, através da confiança e obrigação moral" (Oviatt e McDougall, 1994, p.55).

Estudando em profundidade quatro casos de empresas de *software*, Coviello e Munro (1997) verificaram que seu processo de internacionalização era muito rápido e que essas empresas já iniciavam as suas operações com o propósito de se internacionalizarem. O primeiro parceiro internacional era tipicamente uma empresa grande, normalmente para desenvolvimento de produto, mas essa ligação possibilitava novos contatos e o estabelecimento de relacionamentos que, por sua vez, permitiam o ingresso em novos mercados e o aumento das vendas. Isso levava a maior visibilidade e acúmulo de experiência em mercados internacionais. Com o crescimento e a experiência, a empresa eventualmente se tornava mais independente da sua *network* original, por diversificação para outros mercados, outros produtos, ou até mesmo pelo estabelecimento de filiais de controle integral. Em alguns casos, no entanto, a parceira maior continuava a exercer controle, impedindo a maior autonomia desejada pela direção do novo empreendimento.

O Quadro 1 apresenta uma caracterização das *born globals* a partir de resultados de estudos empíricos de vários autores. Algumas dessas características foram derivadas empiricamente, enquanto outras resultaram da forma específica de operacionalização dos estudos.

Quadro 1

Características das *born globals* segundo vários autores

Característica	Autores	Observações
Data de criação da firma.	Moen (2002), Moen e Servais (2002).	Após 1990.
Início das atividades internacionais.	Moen (2002); Moen e Servais (2002).	Menos de dois anos após a fundação.
	Zahra, Ireland e Hitt (2000).	Até seis anos.
	Jolly, Alahuhta e Jeannet (1992).	Até sete anos.
	McDougall, Shane e Oviatt (1994).	Até oito anos.
Envolvimento com atividades Internacionais.	Moen (2002); Knight e Cavusgil (2004).	Mais que 25% das vendas.
	Chetty e Campbell-Hunt (2004).	Mais que 75% das vendas.
Abrangência da internacionalização.	Chetty e Campbell-Hunt (2004).	Mercados por todo o mundo.
Orientação internacional do dirigente.	Moen (2002); Harveston, Kedia e Davis (2000).	
Experiência internacional do dirigente anterior à fundação.	Harveston, Kedia e Davis (2000).	Diferença positiva e significativa entre BGs e firmas tradicionais.
	Chetty e Campbell-Hunt (2004).	Pouca diferença das empresas tradicionais.
Maior tolerância a risco.	Madsen e Servais (1997); Knight e Cavusgil (1995); Harveston, Kedia e Davis (2000).	
Maior inovatividade.	Autio, Sapienza e Almeida (2000); Knight e Cavusgil (2004).	
Especialização ou foco.	Moen (2002); Chetty e Campbell-Hunt (2004).	
Vantagem tecnológica.	Knight e Cavusgil (2004).	
	Chetty e Campbell-Hunt (2004).	Liderança mundial em seus produtos.
Uso mais ativo de tecnologia da informação.	Kotha, Rindova e Rothaermel (2001); Moen (2002.	Diferença positiva e significativa entre BGs e firmas tradicionais.
	Chetty e Campbell-Hunt (2004).	Não se mostrou uma fonte importante de discriminação.
Forte uso de parcerias.	McDougall, Shane and Oviatt (1994); Coviello e Munro (1997); Sharma e Blomstermo (2003).	
Importância de *networks.*	Oviatt e McDougall (1994); Knight e Cavusgil (1995); Coviello e Munro (1997); Rialp-Criado, Rialp-Criado e Knight (2002); Sharma e Blomstermo (2003).	
Modo de entrada mais comum: via exportação	Knight e Cavusgil (2004).	

Metodologia

A questão de pesquisa que orientou o estudo foi: como se comportam empresas brasileiras do setor de *software* que desde sua criação já atuam no mercado internacional?

Este estudo utilizou a metodologia de estudo de casos. Foram estudadas duas empresas de *software*, cujo processo de internacionalização encontrava-se ainda em fase inicial: Fujitex e Xseed. As empresas estudadas estão localizadas no Estado do Ceará. O Governo do Estado vem desenvolvendo esforços para apoiar o desenvolvimento do setor de *software*, através da iniciativa Ce@rá Digital. Encontravam-se, em 2004, mais de cem empresas de *software* no Estado, embora fosse ainda muito modesto o número de empresas com atuação internacional significativa.

Os casos foram levantados a partir de entrevistas pessoais com os empreendedores que iniciaram esses negócios. Foram realizadas entrevistas em meados de 2002 e no final de 2004, com o propósito de obter uma visão dinâmica do desenvolvimento do negócio. Em cada empresa, foram entrevistados dois sócios fundadores do negócio. Embora os informantes fossem os mesmos, a realização de duas entrevistas, no espaço de dois anos, permitiu verificar as informações coletadas, além de ampliar o entendimento do problema em estudo. Foram ainda utilizadas informações relativas ao setor de *software*, colhidas de diversas fontes, que permitiram complementar o entendimento das questões estudadas.

As entrevistas em profundidade tomaram entre uma e duas horas, sendo gravadas e, posteriormente, transcritas, para fins de análise. A análise consistiu de duas etapas. Na primeira, os casos foram elaborados seguindo a ordem cronológica dos fatos, organizando-se ainda as informações por grandes temas. Na segunda etapa, foram elaborados quadros comparativos para auxiliar a análise.

Locus da pesquisa: setor de *software*

De acordo com o Ministério do Desenvolvimento, Indústria e Comércio Exterior (2002), o Brasil é considerado um dos cinco principais mercados de *software* no mundo, tendo um potencial estimado em 15 bilhões de dólares. No período de 1991 a 2001, a participação do setor de *software* na economia brasileira cresceu expressivamente, passando de 2,6 bilhões de dólares para 7,7 bilhões de dólares em 2001, fazendo do Brasil o sétimo maior produtor mundial de *software*. Desse total, 6,7 bilhões de dólares destinaram-se ao mercado doméstico, com cerca de 1 bilhão de dólares resultantes de receitas de exportação. As exportações, por sua vez, evoluíram de cerca de 1 milhão de dólares para 100 milhões de dólares, valor ainda modesto, quando se considera que, no mesmo período, as importações brasileiras de *software* passaram de 72 milhões para pouco mais de 1 bilhão de dólares. Para efeitos comparativos, a indústria de *software* da Índia produziu, no mesmo ano, 8,2 bilhões de dólares, estando um posto à frente do Brasil no *ranking* mundial. Já, em 2002, as vendas do setor de *software* brasileiro cresceram para 8,5 bilhões de dólares (Paduan, 2003). Em 2002, as exportações atingiram 115 milhões de dólares e, em 2004, cerca de 200 milhões de dólares, segundo a Associação Brasileira das Empresas de Software (ABES). Para 2005, a expectativa era de que as exportações de *software* atingissem o valor de 500 milhões de dólares. O setor de *software* é uma das prioridades da política industrial do Governo brasileiro, tendo como meta atingir o valor de 2 bilhões de dólares em exportações até 2007.

Estimou-se que as pequenas empresas representem quase 60% do setor de *software* no País. Segundo Paduan (2002), cerca de 53% das empresas de *software* brasileiras haviam sido criadas após 1990, e um terço delas, entre 1999 e 2001. Do total de empresas produtoras de *software*, 55% empregam menos de 25 funcionários, e apenas 3,2% têm mais de 300 empregados. Seus fundadores são geralmente jovens com formação técnica nas principais universidades brasileiras e com formação no exterior. De forma geral, essas empresas são altamente especializadas, atuando em nichos de mercado bastante delineados, seguindo estratégias de foco (Paduan, 2002). Esse padrão não difere essencialmente do encontrado em outros países (veja-se, por exemplo, Coviello e Munro, 1997).

Caso 1: FUJITEC

Criada em uma capital do Nordeste, em 1991, a Fujitec atua no ramo de informática e tem, como principal área de negócios, o desenvolvimento de *software* e *hardware* para a validação de cartões, com foco na área de automação e bilhetagem. Em 2004, a empresa faturava cerca de 4 milhões de dólares, sendo, aproximadamente, metade proveniente das atividades internacionais.

A empresa que deu início à Fujitec pertencia a dois engenheiros com pós-graduação em uma das mais reputadas escolas de engenharia paulistas, o Instituto Tecnológico da Aeronáutica (ITA). Posteriormente, agregou-se a eles outro sócio, proveniente de uma empresa de beneficiamento de granito. A relação entre o novo sócio e os demais provinha de antiga camaradagem do Colégio Militar, que os havia levado a uma consultoria à empresa de beneficiamento de granito, na área de automação industrial. O capital da empresa estava igualmente dividido entre os três sócios, que eram responsáveis, cada um, pelas diretorias de novos negócios, comercial e técnica.

A empresa

Os empreendedores que deram início ao negócio já traziam consigo, da sua estada em São Paulo, "aquele sonho de criar uma empresa" no Ceará. A oportunidade inicial surgiu quando a Assembléia Legislativa do Ceará decidiu instalar um painel eletrônico de votação em seu plenário, e os dois engenheiros perceberam haver chegado a hora de criar a sua própria empresa e participarem desse projeto, de forma independente. A esse respeito, um dos sócios comentou: "Nós demos uma de doidos mesmo. Nenhum de nós tinha experiência nisso, era somente a cara e a coragem. Trabalhamos dois meses virando as noites e acabamos montando o painel eletrônico".

Estava, assim, criada a Fujitec, "uma empresa de tecnologia no Ceará, o que já era uma ousadia na época, porque não havia nenhuma". Não encontraram, na ocasião, apoio governamental para a nova empresa, "porque, no Brasil, ainda havia um apoio muito pequeno para empresas de tecnologia", talvez por ser esse tipo de empresa "coisa de moleque", ou seja, de jovens que ousavam empreender.

O nome Fujitec tinha uma origem curiosa. Em uma fase preliminar da vida da empresa, houvera outro sócio, cujo nome era Fujita. A esse nome foi agregado o sufixo "tec" para indicar tratar-se de empresa de tecnologia. Posteriormente, esse sócio deixou a empresa, mas o nome ficou. Na opinião de um dos sócios, o nome era bem visto no exterior, pela associação entre tecnologia e Japão, facilitando a inserção internacional da empresa.

A partir do projeto inicial, os empreendedores expuseram a empresa ao mercado e, logo em seguida, receberam a encomenda para o desenvolvimento de um *software* para a classificação eletrônica de carteiras de estudantes, destinadas ao controle do transporte gratuito dos alunos nos ônibus urbanos da capital.

Esse projeto foi o embrião para a criação do carro-chefe da empresa: a bilhetagem eletrônica. Os dois sócios tinham conhecimento de que já existia na Europa, na ocasião, tecnologia bastante difundida de *smartcards*, para os sistemas de telefonia pública de diversos países do continente. Os sócios perceberam, então, que haveria espaço para a inovação aplicando a tecnologia a sistemas de transporte público, a partir de uma combinação de *hardware* e de *software*. O *hardware* dizia respeito ao equipamento, tipo catraca, que faria a leitura dos cartões a partir de um *software* desenvolvido pela empresa.

Como primeira etapa do projeto, os empreendedores se concentraram no desenvolvimento do equipamento com uma empresa de São Paulo. Esse fornecedor foi contatado, desenvolvendo-se uma parceria com base em um acordo de confidencialidade. Uma vez desenvolvido o equipamento, foi criado o *software* adequado.

Havia consciência, entre os dirigentes, de que seu negócio encontrava-se inserido em um mercado restrito: "O mercado interno brasileiro é finito para esse tipo de produto. Pode levar uns quatro anos, mas, uma vez feita a automação das cidades, não vai haver mais espaço".

Percebendo que "a empresa era meramente técnica" e que, para ser bem-sucedida no exterior, precisaria dispor de quadros gerenciais mais bem preparados, os empreendedores iniciaram, a partir de 2000, um processo de profissionalização, complementando seus conhecimentos técnicos com desenvolvimento gerencial. Uma das principais dificuldades detectadas, àquela época, era "como traduzir o que o cliente quer para a área de desenvolvimento". Assim, os empreendedores buscaram adquirir conhecimentos em cursos específicos: um cursou um programa de especialização em *Marketing*; outro formou-se em Administração, apesar de já ter formação universitária em Engenharia.

Nos planos futuros da empresa constava a ampliação do uso dos cartões magnéticos que a empresa distribuía para seus clientes. Conforme afirmou um dos sócios,

> Nossos clientes, as empresas de ônibus, distribuem em torno de 500 a 600 mil cartões para os seus usuários. Isso eu estou falando para uma cidade. É um número bastante significativo. Assim, nós devemos, no futuro, vender outras aplicações adicionais para esses cartões, tais como programas de fidelização, controle de saúde... É claro que o público que você atinge no transporte público urbano é de baixa renda, mas tem produtos para esse pessoal, tanto aqui no Brasil como em outras partes do mundo.

Em 2004, a Fujitec contava com cerca de 40 funcionários, sendo oito em funções administrativas e o restante, técnicos. Praticamente a totalidade do pessoal técnico tinha nível de instrução superior. Seus funcionários eram recrutados junto às três universidades de Fortaleza. Além disso, a Fujitec fornecia bolsas de estudos para alunos dessas instituições de ensino, como forma de atrair novos cérebros para a empresa. Os equipamentos – as catracas – eram fabricados por uma empresa com sede em São Paulo, cabendo à Fujitec a instalação do *chip* para a leitura do *software*.

Processo de internacionalização

A empresa fez a sua primeira parceria internacional em 1994 com um fornecedor suíço, que produzia os cartões magnéticos e percebera que a tecnologia desenvolvida pela Fujitec disporia de um grande mercado para ser explorado ("o Brasil era um mercado virgem, não tinha empresa nenhuma") e, por conseqüência, as vendas dos cartões também aumentariam. "Trouxemos ele aqui, ele nos conheceu, ficou impressionado por já termos desenvolvido o nosso produto..." O movimento seguinte foi o convite para que os sócios da Fujitec dessem um treinamento na empresa suíça.

O interesse da parceira derivava do fato de a mesma "vender *chips*", o que a motivava a "alavancar provedores de tecnologia locais, para desenvolver as aplicações". Os sócios da Fujitec, por sua vez, acreditavam que a aproximação com essa empresa possibilitaria a formação de uma *network* internacional, o que facilitaria a venda do seu produto: "Foi muito importante o *networking* deles para que pudéssemos começar a ter acesso ao pessoal que tinha a tecnologia...". Além disso, ter sido selecionado por essa empresa para uma parceria foi "motivo de orgulho, porque ela só tinha parceria com quatro empresas, na América Latina inteira".

O primeiro resultado prático da parceria foi o convite feito pela empresa suíça para que a Fujitec participasse, em conjunto com ela, de uma licitação que estava sendo levada a efeito pelo Governo suíço para o transporte público sem contato, ou seja, os passageiros adquiririam cartões magnéticos, em lugar de bilhetes de papel, e passariam os mesmos em catracas instaladas nos ônibus, sem necessidade de cobradores. Na opinião dos empreendedores, esse convite se devia a vantagens diferenciais do produto da Fujitec: "Nossos parceiros gostaram do nosso produto, e como toda a tecnologia era nossa, nosso custo era muito mais baixo, até porque a mão-de-obra era barata, comparativamente à européia e à americana".

Para adaptar seus equipamentos aos *chips* da parceira suíça, foram feitas diversas viagens dos técnicos da Fujitec para a Suíça, bem como de engenheiros da parceira para o Brasil a fim de realizar os ajustes técnicos necessários. Os gastos envolvidos, além de viagens, originavam-se da necessidade de customização do produto: "O *chip* era só deles, era preciso adaptar a nossa aplicação, mudar de língua para fazer a aplicação multilíngua..." A parceria foi aprovada na primeira rodada da licitação, mas, apesar de ter apresentado os preços mais baixos, a concorrência foi vencida pela Swatch, fabricante suíça de relógios, que prestou o serviço e instalou os equipamentos em troca de propaganda *bus door*, nos ônibus que receberam a nova tecnologia.

Essa primeira experiência internacional foi "digamos, teórica", consistindo de "gastar dinheiro e não ganhar nada". No entanto, na percepção dos sócios, permitiu à empresa adquirir experiência e amadurecer para a internacionalização. A experiência não levou a uma parceria formal com a empresa suíça, mas manteve-se a colaboração em termos de troca de informações.

Logo em seguida, o Governo do Estado do Rio de Janeiro abriu uma licitação internacional para a bilhetagem de cerca de 16.000 ônibus de transporte urbano em todo o Estado. A Fujitec, por considerar que o projeto era muito grande – algo em torno de 100 milhões de dólares –, que excedia a capacidade da empresa, não se candidatou a essa licitação, mas foi procurada por uma empresa australiana, que estava interessada em participar da concorrência, mas queria que a Fujitec fizesse o *software* das catracas.

Assim, estabeleceu-se a segunda parceria da empresa. A relação com a empresa australiana foi desde o início direta: "Eles disseram: 'Queremos saber o seguinte: somos competidores ou vamos ser parceiros?' Nós respondemos: 'Olha, do nosso lado, nós queremos ganhar dinheiro'." Ficou resolvido então que a empresa australiana entraria com o *hardware,* e a Fujitec, com o *software*:

> No fundo, eles tinham um equipamento que eles haviam desenvolvido na empresa deles, e precisavam do *software*. Nós já tínhamos todo o *back office* desenvolvido para a situação brasileira, já tínhamos uma experiência de sete anos em *software* adequado às condições nacionais, ou seja, tínhamos um negócio robusto, já testado em campo.

A empresa australiana, além do *hardware*, oferecia financiamento do Governo da Austrália, a juros de 4% ao ano, e a Fujitec entraria com o *software*, já testado e reconhecido no mercado brasileiro como de alta qualidade. Embora a licitação acabasse sendo suspensa, a parceria com a empresa australiana evoluiu para outros projetos.

> Então, nós fechamos essa parceria com a [empresa australiana], e o diretor de *marketing* deles tem uma experiência fantástica, é assim um cidadão do mundo. Ele é inglês, morou um tempo na África do Sul, trabalhou em Hong Kong, trabalhou na China, trabalhou na Europa, trabalhou nos Estados Unidos, foi diretor de multinacional. É fantástico em termos de *networking*, de experiência. E eu acredito que, quando fechamos esse elo, ele gostou muito de nossa competência técnica, da nossa agilidade e de nossa flexibilidade. No início, eles estavam com o foco no Brasil, mas depois eles mostraram interesse em nos ter como parceiros no resto do mundo.

A relação com os parceiros evoluiu, no correr dos anos, para amizade e confiança: "Esse inglês é uma pessoa que fez amizade conosco. Interessante, quando essas pessoas fazem amizade, é amizade verdadeira. Sabemos que ele está brigando pela empresa".

Assim, a empresa australiana fechou o escritório que mantinha no Brasil, e a Fujitec passou a representá-la no País, da mesma forma que a Fujitec passou a ser representada pela empresa australiana em outros mercados.

O primeiro fruto dessa representação para a Fujitec surgiu na Itália, onde a empresa australiana e a Fujitec, consorciadas, fecharam um contrato com uma empresa especializada em transporte de ônibus urbanos. Nessa negociação, a Fujitec vendeu licenças para a utilização de seu *software* no sistema de bilhetagem dos ônibus de Roma. No projeto, a Fujitec prestou consultoria internacional, possibilitando a transferência de tecnologia para o cliente. A consultoria implicou cerca de quatro viagens à Itália para "passar experiência", "treinando o pessoal deles, escrevendo as especificações junto com eles e tirando dúvidas".

Em 2002, toda a receita de exportação da empresa era proveniente da Itália. Os empreendedores pretendiam criar um escritório na Itália, o que lhes possibilitaria alavancar novos negócios, particularmente devido aos contatos já existentes. No entanto, isso não se concretizou até o final de 2004.

Em 2004, os mercados tinham-se diversificado: a empresa tinha um projeto em andamento nos Estados Unidos, no Estado do Havaí, e outro no Colorado. Dispunha ainda de um projeto em Quito, Equador, cujo contato inicial se fizera através de feira realizada em São Paulo.

Os negócios no Havaí também haviam surgido por meio da empresa australiana. Por ocasião da segunda entrevista, dois funcionários da empresa encontravam-se no Havaí fazendo a implantação do sistema e a configuração e customização dos computadores e do *software*. Quanto ao projeto no Colorado, a Fujitec recebera uma indicação do diretor da empresa australiana, que encaminhou a Fujitec a uma grande empresa de consultoria norte-americana, que, por sua vez, participou da primeira fase do projeto em Denver.

As ambições internacionais da empresa, em cinco anos, estendiam-se a mais de um continente:

> Queremos, em cinco anos, se Deus quiser, estar na Europa e nos Estados Unidos, ter sede lá. O desafio em si força você a melhorar e, melhorando, você começa a se distanciar do concorrente nacional. Hoje, por exemplo, não temos nenhum concorrente que tenha a metade da tecnologia que temos.

No entanto, a idéia para o futuro era manter a administração central e o P&D no Brasil e criar unidades de negócio comerciais no exterior.

Estratégia internacional

Estar presente no mercado internacional era claramente visto como tendo importância estratégica para a Fujitec, o que acarretava vários desdobramentos.

Acreditavam os entrevistados que um problema, para empresas brasileiras na área de *software*, era o da credibilidade, uma vez que o Brasil não era visto como fornecedor desse tipo de produto. Essa falta de credibilidade, achavam, estendia-se aos próprios clientes no mercado brasileiro:

> O brasileiro tem mentalidade de índio. O que quer dizer 'mentalidade de índio'? É que tudo que vem de fora é bom. Se chega um produto de uma empresa da Europa ou americana, é mais bem aceito. Então, estar no exterior serve até como *marketing* no mercado interno, ou seja, na hora que eu exportei, minha cotação no mercado nacional subiu terrivelmente. Então, mesmo não tendo uma lucratividade tão grande nos negócios lá fora, posso me posicionar como 'a única empresa que exportou'.

Outros motivos explicavam ainda a importância estratégica das exportações na empresa, entre eles a busca permanente de competitividade exigida por uma inserção internacional: "Além disso, você torna a empresa mais competitiva porque, querendo ou não, você tem de estar mais atualizado nas tecnologias, tem de estar buscando melhoria contínua, melhorar os processos..."

Estava claro para eles que "estar no mercado internacional" significava investir recursos: "Ou você gasta dinheiro realmente para exportar e vai atrás, ou então não sai nada". A presença contínua junto ao mercado externo era vista como a forma de aumentar o comprometimento internacional da empresa: "Não adianta se enganar, ir à feira e querer acertar com um só tiro... Tem que ser um negócio constante, tem de haver uma estrutura operacional, você tem de estar sempre viajando para ir buscar novos negócios. Oportunidades existem." O período típico de estada no exterior de um funcionário era de 20 dias, mas podia estender-se a 60. Os custos de vigem eram vistos como pesados, mas, uma vez obtido o negócio, esse investimento inicial era mais do que recuperado.

Para gerenciar a presença da empresa nos países da América Latina foi contratado um uruguaio, que havia atuado em uma multinacional do setor, e que tinha "o domínio da língua e da cultura deles". Um entrevistado observou: "Se você quer entrar no mercado, não adianta querer chegar na praia dos outros e não estar aculturado. É preciso ir com alguém que tenha a linguagem dessas pessoas".

A participação em feiras vinha recebendo algum suporte governamental, mas, na opinião dos empreendedores, os recursos obtidos foram mal empregados, "não por má intenção, mas por inexperiência". É que o Brasil, em sua percepção, não deveria investir em *software* de massa, como no caso de sistemas operacionais, porque isso era "coisa de gigantes", empresas de grande porte consolidadas no mercado, e as empresas de *software* brasileiras não teriam a "menor chance" de concorrer com as mesmas. As empresas brasileiras de *software* só teriam oportunidade em nichos específicos, como em transporte, medicina, agroindústria, etc. Os investimentos feitos pelo Governo brasileiro deveriam, então, se concentrar em empresas que atuassem em determinados nichos, congregando essas empresas e reunindo-as em feiras e estandes específicos. Especificamente, os sócios consideravam que a participação em feiras generalistas não agregava nada em termos de negócio. No entanto, o custo de participar em feiras especializadas era alto e eram poucas as empresas brasileiras que poderiam participar em cada caso, o que levava a que o Governo brasileiro não apoiasse a participação nesse tipo de feiras, em que, de fato, era possível gerar negócio.

Apesar disso, as feiras permitiam, em sua visão, "fazer contatos, parcerias, *networking*", além de possibilitar contato com concorrentes locais, que poderiam tornar-se, futuramente, parceiros. Embora as feiras não trouxessem benefícios imediatos do ponto de vista comercial, através de fechamento de negócios, foi possível aprender que "não há outra maneira para uma empresa do nosso tamanho se não for através de parceiro local".

A atratividade da Fujitec para parceiros internacionais se devia, na percepção dos empreendedores, ao fato de ser uma porta de acesso ao mercado brasileiro, o que fez com que os sócios, para "fazer o *networking* e as parcerias", procurassem deliberadamente vender a imagem da Fujitec como forma de ingresso no mercado doméstico.

A assistência técnica ficava "por conta de um parceiro local". Nessa relação, a Fujitec implantava o sistema, dava o treinamento e entregava toda a literatura necessária. O parceiro realizava a manutenção dos equipamentos. Se ocorresse algum problema sério, a

Fujitec destacava técnicos para irem ao local. Um exemplo típico era a operação no Havaí, envolvendo a automação de 600 ônibus, em que foi feita uma parceria com uma empresa local. Nessa parceria, a Fujitec se encarregava do desenvolvimento técnico e da implantação do projeto; o parceiro local recebia treinamento e literatura técnica, cabendo-lhe realizar a manutenção dos equipamentos. Quando era necessário o envio de técnicos da empresa ao exterior, cabia ao parceiro local a responsabilidade de designar as acomodações e a estrutura de trabalho. Isto era visto como vantagem no sistema de parcerias.

Eram feitas parcerias, ainda, com empresas nacionais, em áreas nas quais havia complementaridade de produtos, para atender clientes internacionais. Por exemplo, a Fujitec tinha uma parceria com uma grande empresa de *software* de Fortaleza.

Desde a primeira experiência internacional da empresa, a possibilidade de usar a internet havia sido fundamental: "Se não fosse a internet, seria impossível estarmos no Ceará e ter feito isso". Uma vez estabelecida a *network* de relacionamentos com parceiros no exterior, a internet permitia o contato constante sem a necessidade de presença física. A internet também permitira à empresa manter-se atualizada do ponto de vista tecnológico. Antes da internet, o acesso a informações técnicas era muito difícil ("Ficávamos esperando que um amigo nosso enviasse informações dos Estados Unidos").

A Fujitec registrava seu *software* no INPI, mas não o fazia em organismos internacionais de proteção à propriedade intelectual. Os empreendedores acreditavam que a melhor proteção residia na criptografia, dispondo para tal de um especialista, considerado um dos melhores na área no País.

Não restavam dúvidas aos sócios de que a internacionalização trouxera à empresa novos e importantes conhecimentos:

> Nessas interações aprendemos muito com os australianos, e até mais ainda com os americanos. Nós, brasileiros, executamos, às vezes, os projetos muito rápido, mas não temos uma sistemática de reaplicabilidade: vamos muito no talento, na criatividade... Trabalhamos de uma forma muito desorganiza-

> da: sem documentação, sem passos, sem sistematização, mas os americanos dominam melhor os processos. Eu não aprendi nada com eles de tecnologia, mas aprendi de processos. Nessa parte de normatização de procedimentos, eles são bem melhores. Aprendemos com eles a não reinventar a roda. Eles já têm muita experiência e, se você pega gente competente e dá a metodologia, fica muito mais dinâmico.

Um dos principais aspectos aprendidos com a experiência norte-americana referia-se à questão da documentação, que era mais flexível, na Fujitec, antes dessas experiências, tornando-se bem mais rígida e completa posteriormente, de modo a adequar a empresa aos padrões internacionais. Os sócios também acreditavam que a qualidade do produto, tanto no que se referia ao *software* quanto ao *hardware*, havia aumentado substancialmente em função das exigências no mercado norte-americano.

O aprendizado, então, referia-se à forma de trabalhar, à profissionalização, ao *marketing*: "Um aprendizado muito grande, principalmente desse tipo de mercado, de como a coisa funciona lá, de como você vende..."

Os sócios acreditavam que a principal barreira enfrentada pelo empresário brasileiro, ao se voltar para o exterior, era uma espécie de complexo de inferioridade local:

> Eu acho que o difícil é você quebrar a barreira, acreditar em você mesmo. Hoje em dia, se aparece uma oportunidade aqui, no Equador, vamos em frente. Antigamente, há três anos, pensávamos: 'Não, isso é muito complicado'. É difícil demais. Não vai dar certo. É melhor ficar aqui.' Então, o que muda é você acreditar no seu potencial, que você é capaz de concorrer com qualquer um lá fora.

A primeira operação internacional de venda não era fácil para uma empresa de tecnologia brasileira, na visão dos empreendedores, isso porque havia uma desconfiança natural de clientes externos diante de uma pequena empresa de um país em desenvolvimento, sem credenciais de venda e serviços no exterior. Por esse motivo, ao entrar no projeto do Havaí, a Fujitec fez um orçamento bastante convidativo, de modo a tornar a sua oferta extremamente atrativa, pagando assim o cacife inicial de entrada no mercado americano:

> A Fujitec foi a primeira empresa brasileira a conseguir entrar no mercado americano vendendo o *hardware* dela e o *software* dela. Então, isso tem um preço. Fizemos a conta: 'Dá para fazer?' 'Dá'. ' Dá para pagar?' 'Dá.' 'Então, vamos entrar.' Isso foi bom para o *marketing* da empresa – estar no Havaí. O nosso lucro talvez seja o retorno indireto desse projeto.

Havia ainda barreiras internas, no Brasil, que eram percebidas como dificultando enormemente a atuação da empresa no exterior. Entre os entraves relatados estavam a falta de financiamento, particularmente de capital de giro, e a excessiva burocracia governamental.

Os empreendedores pretendiam prosseguir em suas operações internacionais, até pelo tipo de negócio em que atuava a empresa. Caso a segunda etapa do projeto em Denver se cristalizasse, a expectativa era a de abrir um escritório local, para cujo efeito já havia sido criada uma empresa "no papel", que, se tudo corresse bem, existiria "realmente, no sentido físico".

Caso 2: XSEED

A Xseed é uma empresa do setor de informática, que atua no desenvolvimento de *software*. Seu faturamento anual girava, em 2004, em torno de R$ 4 milhões.

A empresa foi fundada em 1991 em Fortaleza, Ceará, por três sócios, dois dos quais possuíam experiência anterior em empresa multinacional. O outro sócio era um empresário local, que financiou a criação do novo empreendimento, tendo como motivação o desenvolvimento de *software* para sua empresa. Assim, a nova empresa surgiu tendo já um grande cliente para o qual trabalhar, o que viabilizou seus primeiros passos. Esse sócio, posteriormente, deixou a Xseed e, em 2000, ingressou um novo sócio, que ocupou a diretoria técnica.

Os dois sócios fundadores remanescentes eram oriundos da mesma empresa multinacional, também atuante na área de *software*. Um deles havia ocupado, naquela empresa, uma gerência regional responsável pela área Norte-Nordeste do Brasil, estando habituado a gerenciar projetos a distância. A experiência desses dois sócios fundadores era eminentemente técnica, voltada para projetos e para consultoria. A sua experiência internacional provinha da multinacional em que anteriormente trabalharam, mas era limitada a aspectos técnicos e não-administrativos ou comerciais. A convivência com técnicos de outros países se dava, na multinacional, de três formas: informalmente, dentro da própria multinacional; através de participação em cursos no exterior; e em grupos de trabalho internacionais, na área de tecnologia.

A empresa

Desde sua criação, a Xseed tinha seu foco na prestação de serviços de *downsizing*, mais precisamente em serviços para migração de plataformas de *mainframe* para plataformas beta. Os empreendedores definiam seu negócio como "uma fábrica de *software* de conversão". Os clientes típicos da Xseed eram as grandes empresas e os órgãos de governos, tanto federais quanto estaduais e municipais que possuíam grandes instalações de informática. Acreditavam os empreendedores que, em 2004, o potencial do mercado brasileiro era constituído por cerca de 20 clientes potenciais para migração do ambiente Unysis e 150 a 200 do ambiente IBM. No Chile, a título de comparação, haveria cerca de 50 clientes potenciais e nos Estados Unidos de três a quatro mil.

Em sua avaliação, a solução de *software* oferecida pela Xseed fora, durante cinco anos, a única no mundo voltada para o ambiente Unisys. Após esse período, começaram a surgir alguns concorrentes diretos. Nas palavras de um dos sócios:

> Desenvolvemos um *software* que extrai um aplicativo que esteja rodando em um *mainframe* e aplica em uma tecnologia de plataforma *beta*. No início aplicávamos em uma ferramenta *Cobol*, depois passamos a fazer isso em uma ferramenta *Visual Basic*, e agora estamos fazendo isso em Java. Temos tecnologia para, a partir de um programa *Cobol*, filtrar, traduzir, ajustar e colocar em *Java*, em outro lugar.

O rápido desenvolvimento tecnológico obrigava a Xseed a investir pesadamente em novas aplicações e fundamentos técnicos. Além disso, seus sócios estavam, constantemente, participando de feiras e congressos no exterior. Um dos sócios relatou, em 2002, que costumava viajar, em média, 15 vezes por ano para o exterior, para acompanhar as discussões sobre os caminhos tecnológicos que estavam sendo desbravados em várias partes do mundo, tais como nos Estados Unidos, Japão, Índia e em diversos países da Europa. Em entrevista em junho de 2002, um dos fundadores observou:

> A tecnologia que usamos está na 'crista da onda'. Passamos três anos discutindo qual seria a tecnologia de Internet que iríamos adotar, até que surgiu uma que consideramos ser confiável. E o nosso faro, mais uma vez, mostrou-se correto. A tecnologia Java, que está presente hoje como suporte essencial para a Internet, para a telefonia celular, para o forno de microondas, para o automóvel.

Foram consumidos dois anos, desde o início de 1999 até o final de 2000, e muitos recursos financeiros para adaptar e ajustar a tecnologia aos processos da Xseed. Em 2001, considerou-se, por fim, que a mesma se encontrava devidamente consolidada. Para destacar a forma rápida com que a empresa realizou esse processo, um dos sócios comentou que a IBM, a gigante do setor, teria obtido o mesmo resultado somente um ano após a Xseed, em 2002, com investimentos muito maiores.

Em 2002 a empresa enfrentou algumas dificuldades, embora passageiras, devido a problemas de demanda:

> Tivemos um descompasso com o mercado em termos de contratações. Ficamos quase um ano sem qualquer contrato expressivo. Ficamos queimando reservas e continuamos investindo em tecnologia, porque isso é uma coisa em que não se pode parar.

Este período foi visto como "conturbado", forçando certa profissionalização do negócio:

> Amadurecemos mais como condutores de negócio, por conta da crise que vivenciamos nesse período... Se isso vai resultar em melhores dias para a empresa, eu não sei, mas temos hoje –

> eu acho – uma outra visão de negócios... Estamos mais conservadores, do ponto de vista da administração de recursos. Do ponto de vista de inversão, de novas atividades, ou de novas oportunidades, estamos muito mais preocupados com a questão do retorno. Antes, pensávamos 'Ah, vamos fazer isto'. Tínhamos recursos e fazíamos, sem nos preocupar muito se o retorno daquilo estava garantido. A nossa administração de pessoal também passou a ser mais rigorosa. Nós, no passado, chegamos a sustentar dez engenheiros no sistema sem projeto nenhum durante quase um ano e, hoje, nós não fazemos mais isso. A cada três meses a gente está reavaliando cada um, se a pessoa está-se pagando, se não se está pagando, ou procuramos atividades para fazer aquela pessoa se pagar ou, em mais um pouquinho de tempo, ela está fora da empresa.

Ao final de 2002, novos contratos com uma grande rede de supermercados, uma operação de cartões de crédito e com o Banco Central da Colômbia permitiram à empresa acelerar seu desenvolvimento.

Era para o negócio principal que se voltavam todos os recursos da empresa: "Continuamos evoluindo com as ferramentas e a tecnologia que permite esse tipo de migração, estamos em constante evolução". Nesse sentido, ao final de 2004, a empresa estava finalizando o desenvolvimento de nova tecnologia de migração para ambiente IBM:

> A solução anteriormente era totalmente focada em ambiente Unysis, que é um universo, vamos dizer assim, um vigésimo do que é o universo IBM. Agora estamos nos voltando para o universo IBM. Então, apesar de nosso negócio ser extremamente finito – transformar tecnologia velha em nova, e essa tecnologia velha está acabando – existem muitos grandes usuários ainda em ambiente Unysis e IBM, então ainda temos alguns anos pela frente de solução.

De forma geral, os empreendedores acreditavam que a sua solução para o problema de migração continuava a ser singular no mercado, ainda em 2004: "Nossa solução continua sendo quase única, desconhecemos soluções similares à nossa, ainda hoje". Percebiam os empreendedores que seu produto principal tinha futuro limitado, ou seja, que os processos de migração não excederiam entre cinco a dez anos. Por esse motivo, além desses serviços, a empresa também estava trabalhando em desenvolvimento de sistemas para empresas, mas essa atividade era ainda incipiente.

Um novo concorrente que surgia no mercado era a Índia, mas a solução de migração das empresas de *software* indianas era intensiva em mão-de-obra, aproveitando-se dos baixos salários naquele país.

Em 2004, o quadro da empresa era de cerca de 30 pessoas na área técnica, sendo três na área administrativa, e o restante, em atividades técnicas. Do total, cerca de 12 a 13 eram funcionários, e o restante, estagiários. Todos os funcionários da empresa eram de Fortaleza e possuíam cursos de graduação realizados em uma das três universidades da cidade. A empresa mantinha, desde 1992, um programa de recrutamento e treinamento bastante intenso.

Quando surgia um novo projeto a ser desenvolvido, a Xseed recrutava técnicos no mercado. Anualmente – e algumas vezes mais de uma vez por ano, a depender da demanda pelos serviços da empresa – a Xseed colocava anúncios nas instituições de ensino superior para recrutamento de candidatos. A essa chamada costumavam responder cerca de 200 profissionais, dos quais eram selecionados em torno de 20% para serem entrevistados. Desses, cerca de 50% recebiam treinamento na empresa e, em média, 50% dos treinados eram contratados para o projeto. A política de expansão de pessoal foi descrita da seguinte forma:

> Nosso processo desde a criação da empresa tem sido o seguinte: oferecemos um ciclo de estágios e, terminado o estágio, que é mais ou menos de um a dois anos, pinçamos os melhores. Fazemos isso quando sentimos que temos chance de expandir o negócio. Porque há, digamos assim, um compromisso de seriedade com o mercado, com as universidades. Além do investimento de tempo nosso na formação dessas pessoas. Esperamos que o negócio cresça o suficiente para absorvermos pelo menos a metade desse grupo que está aí.

No que se refere a recursos financeiros, a empresa obteve, em diferentes momentos da sua existência, dois empréstimos, mas a percepção dos sócios era de que, embora tais empréstimos tivessem sido importantes para a empresa se estabelecer e sobreviver, particularmente no período turbulento relatado, o esforço para pagá-los teria reduzido seu ritmo de crescimento. Dessa experiência, os empresários aprenderam a dispor de maior volume de capital de giro, para fazer face a eventuais períodos de faturamento mais baixo, o que trouxe "mais tranqüilidade".

Processo de internacionalização

Em 1996, a Xseed abriu uma empresa nos Estados Unidos, no Estado da Flórida. Essa empresa era uma incubada, dentro da estrutura da Sociedade de promoção ao *Software* Brasileiro (Softex). Um dos sócios ficou nos EUA, ocupando-se dessa nova empresa. O produto principal era um *software* desenvolvido pela Xseed, que havia sido premiado no Brasil como o melhor *software* em importante feira do setor. No entanto, logo depois, a Microsoft lançou um produto competitivo, o que forçou a Xseed a desistir de comercializar o similar. Isso levou a que a empresa norte-americana fosse inicialmente desativada e posteriormente fechada, em 2000.

Em uma feira, no ano de 1997, a Xseed foi visitada por um funcionário de uma empresa estatal colombiana, que gostou do serviço prestado pela mesma e, mais tarde, visitou a empresa no Brasil. Nessa ocasião, esse funcionário visitou também alguns clientes brasileiros da Xseed, para certificar-se da qualidade do serviço prestado pela empresa, bem como a aplicação, na prática, da solução por ela desenvolvida. Em 1998, a empresa vendeu seu primeiro serviço para a Colômbia. Para a execução desse projeto, a Xseed destinou 15 técnicos para trabalhar no Brasil e dois para a Colômbia.

De certa forma, a venda à Colômbia projetou a Xseed no mercado internacional e despertou a atenção de uma empresa holandesa que prestava o mesmo tipo de serviço, mas não possuía as diferentes aplicações que a empresa brasileira já havia desenvolvido, conforme explicou um dos empreendedores:

> Eles tinham uma solução similar à nossa, porém não a mesma tecnologia. Se imaginarmos um leque de quatro opções, eles têm uma que nós não temos, e nunca quisemos ter, e nós temos três que eles não têm.

Essa empresa holandesa recebeu recursos financeiros de um grupo de investidores e estava abrindo escritórios de vendas nos Estados Unidos e na Europa e, pelo acordo delineado em 2002, passaria a representar a Xseed nessas regiões. Por outro lado, a Xseed ofereceria os serviços dos holandeses no Brasil, e fora dessas áreas as duas empresas concorreriam diretamente uma com a outra. Vale notar que, em julho de 2002, às vésperas da assinatura do acordo, a Xseed e a empresa holandesa estavam concorrendo para a assinatura de dois contratos para prestação de serviços a empresas estatais colombianas.

Os sócios se sentiam confortáveis em assinar o acordo de representação com seu concorrente holandês, conforme explicou um deles na entrevista em 2002:

> Não temos por que não fazer esse acordo... Isso poderá representar uma alavancagem muito grande para as nossas vendas. Se, por acaso, fecharmos cinco contratos em um ano, teremos entre dez e 15 milhões de dólares de faturamento anual, com um retorno médio de 30 ou 40%, pois nossos preços no exterior costumam ser até 50% mais altos do que os praticados no Brasil...

Esta parceria, no entanto, acabou não produzindo os frutos desejados, deixando os sócios mais experientes e cuidadosos na condução de parcerias: "Daí aquele receio com relação a parceiros..."

Em 2002, a Xseed obteve outro contrato com a Colômbia, dessa vez com o Banco Central daquele país. Seu interesse por aquele país prosseguia, havendo ainda perspectiva de fechar novos contratos. Em 2003, a empresa participou de uma licitação em um país da América Central e, embora se percebessem "como muito próximos de fechar um contrato", o negócio não foi adiante:

> Estávamos superbem posicionados para ganhar um negócio grande lá, no Governo, mas passaram a rasteira na gente, nitidamente um processo de corrupção, tanto é que até afastaram a direção da empresa... E esse era um contrato que estava na mão, e teria sido um excelente negócio... Era um contrato de três milhões de dólares, para fazer migração.

Outra parceria importante iniciou-se com uma empresa espanhola. O contato inicial foi feito por um representante da empresa espanhola, que havia recebido boas referências da Xseed através de clientes na Colômbia. Um dos sócios relatou:

> Exatamente por conta das nossas referências na Colômbia, essa pessoa nos procurou e disse que tinha negócios em perspectiva. Aí começamos a conversar, fazer viagens, fazer contatos e estamos com perspectivas de trabalhar em parceria no México. No ano que vem estamos discutindo a possibilidade de ir para a Espanha, junto com essa empresa. É uma empresa muito grande na Espanha, tem mais de três mil funcionários, e nossa solução encaixa no leque de solução deles.

Ao final de 2004, a Xseed planejava ingressar no mercado do México, em parceria com essa empresa espanhola. Seus planos incluíam, a longo prazo, o próprio mercado espanhol, a ser prospectado através da nova parceira.

Além disso, pretendiam "voltar ao mercado americano", uma vez que se concretizassem algumas oportunidades de negócios pendentes, provavelmente no segundo semestre de 2004. Também era possível que fosse feito um contrato com uma empresa da Nova Zelândia, chegando-se, talvez, a uma parceria para cobrir os mercados da Nova Zelândia, Austrália e parte do Sudeste Asiático.

Estratégia internacional

Para a empresa, desde a sua criação, o mundo era o seu mercado. Essa foi a razão principal para a escolha da marca: "O nome da empresa hoje já foi criado pensando no mercado exterior. Desde o início, nós pensamos em ir perturbar os outros no quintal deles, porque em outro momento eles iriam nos perturbar". Os empreendedores viam como fundamental "estar com o pé lá fora", porque a presença no exterior permitia a atualização tecnológica e a melhoria dos processos internos, inclusive dos processos decisórios, o que levaria a ganhos de competitividade. O início da internacionalização era visto como "uma espécie de MBA de exportação", em que os dirigentes aprendiam sobre os mercados externos através de freqüentes viagens ao exterior, estabelecendo relacionamentos.

A atuação da Xseed no mercado internacional não seguia um padrão de vendas que visasse, especificamente, um mercado em particular, ou um conjunto deles. Vários motivos pareciam explicar esse comportamento. Um deles derivava da própria natureza do mercado em que competia a empresa, que se constituía em segmento estreito, mas que podia ser encontrado em qualquer país do mundo: "Mercado para nossa solução é muito pontual, não é um mercado muito amplo..." Os empreendedores se percebiam atuando em "um nicho muito específico, que requer uma necessidade grande, um investimento grande. Não é um projeto barato, de decisão fácil, de ciclo de venda barato." Assim, eram poucos os clientes disponíveis em cada país, com interesse e capacidade para realizar o investimento necessário para a migração.

O acesso aos mercados internacionais era viabilizado, em boa parte, pela possibilidade de uso da internet. A empresa recebia, via internet, consultas das mais variadas partes do mundo: "Com esse mundo 'internetizado', na realidade, nós não precisamos estar necessariamente presentes no local. Os contatos são feitos pela internet, de uma forma mais virtual". A prestação de serviços e a assistência técnica também eram feitas por telefone e internet. A internet exercia, portanto, importante papel não só no pré-venda, como no pós-venda.

Outra forma de acesso a clientes internacionais tinha sido através de feiras. Desde a sua criação, a empresa havia participado de feiras no exterior, como, por exemplo, na Alemanha e nos Estados Unidos. Isso havia sido, em grande parte, facilitado pelo apoio governamental, através do Softex. Esse apoio incluía a organização e a logística do evento, de tal modo que as empresas participantes apenas tinham de trabalhar no espaço físico que lhes era reservado. No entanto, posteriormente, as verbas federais se esgotaram, não sendo mais oferecido esse tipo de suporte.

A participação em feiras no exterior foi o principal gerador de negócios externos para a Xseed: "Nossos negócios internacionais, tanto parceiros quanto contratos, foram conseguidos nessas feiras".

No entanto, a falta de apoio governamental dificultava muito a continuidade da participação em feiras no exterior, tanto pelo custo envolvido quanto pela dificuldade prática: "'É muito complicado você participar de feiras isoladamente. Estamos até buscando algumas feiras específicas. No ano que vem, devemos participar de dois eventos nos Estados Unidos interessantes para nós, mas é difícil ir sozinho, é difícil e custoso..."

Finalmente, as parcerias eram fundamentais na estratégia internacional da empresa, pois permitiam chegar a várias partes do mundo sem que fossem necessários investimentos em infra-estrutura física no exterior.

> Nas parcerias, uma empresa consegue um contrato, nós fazemos uma parte desse contrato, que é a transformação do código, e a parceira executa a parte de serviços associada. Então, é uma parceria interessante. Fazemos um núcleo de negócio aqui, em Fortaleza, e eles concluem o trabalho lá.
>
> É uma parceria comercial e técnica. Tem dois pólos. O comercial é conjunto porque quem sabe qual é a solução somos nós, então o outro consegue o negócio e nós ajudamos a fechar. Uma vez fechado o negócio, o parceiro tem participação no negócio em si, na produção, e tem participação na execução da parte que diz respeito ao cliente. Nós executamos na retaguarda.
>
> Para nós isso é interessante. É um modelo de negócio que estamos tentando perseguir, para ficarmos como uma fábrica de *software* de conversão, de modo que não tenhamos tanto desgaste viajando e que os parceiros possam executar 30%, 40% do contrato...

Os critérios para escolha ou aceitação de um parceiro pareciam bastante claros para os empreendedores, incluindo a identificação com o parceiro, o estabelecimento de relações de confiança e a ausência de exclusividade.

Para os empreendedores, um ponto fundamental para o desenvolvimento de uma parceria era a identificação com o parceiro: "Somos extremamente conservadores no que diz respeito a relacionamento com parceiros... Não temos tido muitas parcerias porque, ou nos identificamos com o parceiro, ou a parceria não evolui." Essa identificação podia surgir da percepção de valores semelhantes, objetivos ou propósitos semelhantes, ou, ainda, de semelhanças na estrutura e tamanho da empresa:

> Por exemplo, nós estamos com uma parceria com uma grande multinacional do setor de informática, e essa parceria deve se estender para as Américas. E aí sim, teremos acesso a uma expansão muito grande. E a parceira, nesse ponto, é interessante, porque, pelo conservadorismo deles – que é ainda maior que o nosso –, eles não vão fazer afirmações que possam sujar o nome deles. Na realidade, no início da nossa parceria, eles até tinham receio de falarmos alguma coisa que viesse a comprometê-los. Como as duas empresas são conservadoras, nós também temos espírito de multinacional – se dissermos que vamos transformar pau em pedra, vamos fazer, nem que quebre o negócio – então a relação vem-se amoldando.

Com relação à primeira parceria, com a empresa holandesa, a percepção também havia sido de semelhanças, como declarado em 2002: "As nossas empresas têm um perfil muito parecido... eles também têm vinte e poucos funcionários... Têm um comprometimento com a empresa muito similar ao nosso..." No entanto, o comportamento oportunista desse parceiro levou ao rompimento dos laços anteriormente estabelecidos, como detectado em 2004.

Da identificação com o parceiro chegava-se a uma relação de confiança, que era construída por conexões com pessoas específicas na organização:

> Mas é uma parceria que estamos fazendo com alguns executivos da multinacional, porque é difícil domar um touro desse tamanho... Então, essa parceria depende muito desse relacionamento pessoal, e é assim que temos tratado o negócio, não sabemos tratar de forma diferente, entendeu? Não temos tratado o negócio como negócio – e isso pode ser um erro nosso –, esse negócio requer mais aproximação, requer mais confiança...

O desenvolvimento de confiança era necessário exatamente porque era o parceiro quem interagia com o cliente, e era fundamental que as promessas pudessem ser cumpridas, e não que se prometessem "coisas impossíveis de serem feitas":

> Vendemos um serviço que não tem valor definido, depende da dificuldade, depende de uma série de coisas. Estamos vendendo a credibilidade do nosso nome, e como é um negócio muito específico, de muita tecnologia, se o parceiro não estiver muito conectado conosco, não existir muita confiança, ele pode, para fechar o negócio, fazer afirmativas de soluções que não temos e que nos queimariam.

Outro ponto importante em uma parceria era a questão da exclusividade. Era um verdadeiro "dogma", na empresa, a não-concessão de exclusividade para qualquer parceiro. A justificativa era de que a experiência de exclusividade, nos primeiros anos de existência da empresa, havia sido bastante negativa.

As parcerias e os contratos internacionais rendiam como fruto o aumento da credibilidade da empresa: "Dizer quc tenho clientes na Colômbia, uma empresa pública de porte e o Banco Central, isso quebra muitas barreiras, porque somos uma empresa pequena que trabalha com empresas grandes."

A empresa tinha uma postura essencialmente reativa em sua atuação internacional. Ela era procurada por clientes e parceiros, mas não desenvolvia esforços de prospecção de mercado. Por exemplo, no caso dos contatos via internet, eles eram comumente iniciados por interessados externos. Para se fazer acessível, os empreendedores buscavam "abastecer nosso *site* com informações que, nos mecanismos de busca, levem à empresa", de modo a possibilitar que os clientes localizassem a Xseed pela internet. A empresa dispunha também de folhetos institucionais, que serviam de apoio na fase de prospecção e pré-venda.

O problema de prospecção de vendas no exterior era decorrente da própria lentidão do ciclo de vendas: "A maturação da venda, num projeto de migração, é de seis meses a dois anos, não é menos do que isso; é um negócio que demora muito." Esse longo ciclo de vendas fazia com que fosse necessária uma presença constante no exterior. A percepção era de que o trabalho comercial era muito cansativo, "estafante", e que "não adianta fazer um esforço de comercialização a não ser com parcerias interessantes".

Em mercados externos em que a empresa dispunha de parceria, podia ser realizado algum esforço adicional de vendas, conjuntamente com o parceiro: "Na Costa Rica, temos uma parceria, quase ganhamos uma licitação. Temos feito visitas ao cliente lá. Pelo menos uma, duas vezes ao ano, estamos batendo na porta deles, junto com o representante".

A alternativa seria trazer alguém de fora para cuidar da parte comercial, mas os empreendedores consideravam que a empresa ainda não tinha o tamanho necessário para contratar um executivo comercial: "Estamos num patamar de empresa que ainda não admite a contratação de executivo para administrar parcerias." No entanto, com o crescimento futuro da empresa, essa contratação possivelmente ocorreria.

Outra possibilidade vislumbrada para o futuro era ter a sua própria representação no exterior. Caso a empresa se dispusesse a abrir filiais no exterior, esse processo deveria ser apoiado pela contratação de pessoal local: "Abrir um negócio lá fora demanda a existência de um nativo para tocar. Porque é quem sabe fazer negócio, é quem entende o aspecto psicológico do relacionamento." Esse conhecimento do mercado local era visto como muito importante, só podendo ser adquirido pela empresa através de contratação de executivo local: "Passei quase um ano indo e vindo dos Estados Unidos, mas senti que não tenho traquejo para fechar negócio naquela cultura. Se você quer abrir um negócio lá fora, você tem que contratar um executivo lá de fora.".

No que se referia à execução dos serviços de migração, a maior parte do trabalho era executada no Brasil, segundo explicou um dos sócios:

> Como temos uma tecnologia de transformação automática, o maior volume de processo de serviço é feito aqui, mas o maior volume de atividade manual é feito no cliente. Temos um processo que, se fosse feito manualmente, iria demandar um mundo de tempo, mas o acabamento desse processo demora. Quer dizer, vamos supor que um processo de conversão requeresse mil quilos de processamento: 99% são feitos por máquinas aqui, é rápido, muito rápido, e o 1% restante vai levar alguns meses para ser feito na casa do cliente.

Operações por internet também eram realizadas, no decorrer da prestação do serviço: "No caso da internet, pegamos uma conexão para a máquina do cliente. Assim, podemos fazer muita coisa aqui, diretamente para a máquina do cliente".

O envio de funcionários ao exterior era feito por um sistema de revezamento, de modo a evitar que as pessoas fossem forçadas a ficar longos períodos de tempo fora. O período típico de estada no exterior, para apoio a um projeto, era de três semanas. Normalmente, era feita uma negociação com um hotel para obter custos mais baixos de estada durante o período do projeto. Os funcionários enviados ao exterior recebiam uma gratificação que podia variar entre 50 e 100% do salário.

De modo geral, porém, um dos sócios salientou que a situação ideal seria a de que o parceiro no exterior realizasse todos os serviços locais: "Gostaríamos de nos concentrar só em atividade local, e que a atividade externa fosse feita pelo parceiro".

No que se refere à aquisição de conhecimento pela Xseed, nas suas experiências internacionais, havia dois tipos de fonte de conhecimento principais: a experiência internacional direta, adquirida pela presença no estrangeiro, e a experiência adquirida através dos parceiros.

A aquisição de experiência direta ocorreu fundamentalmente, na opinião de um dos sócios, no ano em que esteve morando nos Estados Unidos, para atender a um cliente. O conhecimento adquirido era fundamentalmente de cunho técnico, incluindo os avanços tecnológicos no setor. Já a interação inicial com os holandeses permitiu à Xseed compartilhar experiências que auxiliaram em seu aprendizado internacional. Por exemplo, a gerência da empresa tomou conhecimento de diferenças de comportamento dos clientes europeus, norte-americanos e latino-americanos no uso de seus produtos, que derivavam da experiência da empresa holandesa.

A experiência de operar a distância não era nova para a Xseed, em função da sua localização geográfica no território brasileiro: "Operamos no Brasil todo a partir de Fortaleza, temos clientes no Rio Grande do Sul, em Santa Catarina, em Goiás e onde mais houver negócios". Dessa forma, a experiência internacional foi uma extensão natural das operações domésticas, "operando remotamente e viajando".

Problemas de adaptação de produto e serviço às necessidades locais praticamente não existiam, já que o produto era tecnologicamente avançado. O que ocorria, sim, era a customização, ou seja, a adequação do produto às necessidades de clientes específicos, independentemente do país em que eles se encontrassem. A documentação era traduzida para o idioma do país do cliente pela Xseed, mas cabia ao parceiro fazer os ajustes para as peculiaridades locais.

Expressando a vocação internacional da empresa, um dos sócios observou:

> Onde aparecer negócio, nós iremos... Porque esse processo da empresa é um processo que realmente não tem pátria. A tecnologia é uma só, que está no mundo inteiro. Onde surgir um projeto cujo valor justifique, nós vamos fazer. Independente de onde for.

Comparação dos dois casos

Uma análise comparativa dos dois casos, contrastando-os com a literatura existente, pode proporcionar maior compreensão do fenômeno estudado: as empresas de alta tecnologia nascidas globais. Os casos estudados mostram fortes semelhanças com os de outras empresas investigadas em estudos internacionais.

Início da internacionalização

Um dos pontos fundamentais na caracterização das *born globals* refere-se ao início do processo de internacionalização dessas empresas e às motivações subjacentes à internacionalização.

As duas empresas foram criadas em 1991, fora do eixo Rio – São Paulo. Ambas iniciaram as atividades internacionais em prazo relativamente curto. A Xseed abriu uma empresa incubada nos EUA em 1996, e a Fujitec iniciou a sua primeira parceria internacional em 1994.

A atividade internacional, de certa forma, "aconteceu" no início do processo de desenvolvimento de uma dessas empresas (Fujitec), enquanto, na outra (Xseed), parece já haver sido assim concebida, desde o início, provavelmente em função de os empreendedores serem oriundos de empresa multinacional.

O nome Xseed foi escolhido por projetar uma imagem internacional, e a marca Fujitec, embora não concebida para ser internacional, mostrou-se útil à empresa quando esta passou a se preocupar com a inserção em mercados externos.

Os mercados de atuação das duas empresas eram bastante limitados, considerando-se apenas o Brasil. Curiosamente, em entrevistas nas duas empresas, a expressão utilizada pelos empreendedores para definir seus respectivos mercados era que os mesmos eram "finitos". A motivação para a internacionalização parece decorrer, ao menos em parte, de limitações no tamanho do mercado doméstico, visto como "finito".

A característica de tamanho reduzido do mercado brasileiro para o tipo de produto desenvolvido pelas duas empresas, porém, apresenta peculiaridades distintas. Para a Xseed, a "finitude" derivava tanto de ser uma tecnologia de aplicação limitada no tempo – migração de sistemas de base Unysis e IBM para outra base – quanto do número limitado de clientes potenciais que a empresa poderia conquistar no Brasil ("um nicho muito específico"). Já para a Fujitec, decorria fundamentalmente do reduzido número de clientes potenciais no país. Essas observações corroboram as colocações feitas por Zuchella (2002) quanto às pressões para a internacionalização exercidas por um mercado doméstico limitado. Nos casos estudados, a limitação do mercado doméstico não era estrutural, como ocorre em pequenos países exportadores, mas era resultado de peculiaridades do produto-mercado específico a que cada empresa servia.

O fator geográfico não se mostrou relevante para as duas empresas, uma vez que ambas surgiram no Ceará, um estado sem tradição de tecnologia, especialmente no início da década de 1990. No entanto, observe-se que se formou, no Ceará, um *cluster* de empresas de *software* e que o Governo local vem apoiando e estimulando fortemente o desenvolvimento dessas empresas.

As duas empresas enquadram-se claramente na categoria *born global*. Isso é mais evidente no caso da Xseed, dada a presença de intenção estratégica de internacionalização desde a sua fundação e o fato de internacionalizar-se em prazo muito curto, abrindo uma empresa incubada nos EUA, há apenas cinco anos após sua fundação. A Fujitec não mostra, à primeira vista, o mesmo perfil. Claramente, a internacionalização "aconteceu" no decorrer do processo, sendo o primeiro passo para a internacionalização dado por uma empresa de fora do País, que buscou parceria com a empresa brasileira, ainda em fase preliminar da vida desta última, ou seja, apenas três anos após a sua criação. Assim, nos dois casos, a internacionalização ocorre antes de a empresa completar cinco anos, enquadrando-se nos critérios de vários autores (Zahra, Ireland e Hill, 2000; Jolly, Alahuhta e Jeannet, 1992; McDougall, Shane e Oviatt, 1994). Em um caso, assume caráter de objetivo estratégico, mas em outro, não, como verificaram Rasmussan, Madsen e Evangelista (2001).

Perfil dos dirigentes

Outra dimensão das *born globals* é a presença de empreendedores ou dirigentes com orientação internacional e experiência no exterior (Moen, 2002; Harveston, Kedia e Davis, 2000). Esses dirigentes apresentariam, ainda, maior tolerância a risco (Madsen e Servais, 1997; Knight e Cavusgil, 1995; Harveston, Kedia e Davis, 2000) e maior inovação (Autio, Sapienza e Almeida, 2000; Knight e Cavusgil, 2004).

Os empreendedores iniciais tinham perfil bastante diferenciado: enquanto a Fujitec foi criada por jovens engenheiros com pouca experiência profissional e internacional, a Xseed foi formada por sócios que traziam experiência como executivos de empresas multinacionais.

A visão dos dirigentes, nos dois casos, era de que as empresas atuavam em um mercado restrito, mas de natureza global. Assim, os clientes poderiam estar em qualquer canto do mundo, como observou um dos dirigentes da Xseed: "É um processo que realmente não tem pátria".

A aceitação de riscos encontra-se presente no discurso dos entrevistados, ao relatarem a forma como as decisões eram tomadas com relação aos projetos. Na Fujitec, por exemplo, a entrada no projeto do Havaí foi tomada, segundo relatado, como uma decisão de avançar em uma direção desconhecida com poucas salvaguardas. Na Xseed, a empresa investiu em tecnologia em um período em que não tinha nenhum "contrato expressivo".

A inovação pode ser avaliada pela aceitação dos produtos das duas empresas no mercado internacional. Isso adquire especial relevância quando se observa que ambas surgiram em um Estado que apresentava, até então, pouca incidência de empresas de alta tecnologia. Mesmo assim, ambas dispunham de produtos capazes de competir internacionalmente, tendo as suas atividades de P&D concentradas em Fortaleza.

Em linhas gerais, pode-se dizer, portanto, que o perfil dos empreendedores reúne elementos próximos daqueles descritos nos estudos internacionais.

Características das empresas

A literatura chama a atenção para algumas características típicas das empresas nascidas globais: especialização ou foco (Moen, 2002; Chetty e Campbell-Hunt, 2004), vantagem tecnológica (Knight e Cavusgil, 2004; Chetty e Campbell-Hunt, 2004) e uso mais ativo da tecnologia de informação (Kotha, Rindova e Rothaermel, 2001; Moen, 2002). Essas características são facilmente detectadas nas empresas estudadas:

As duas empresas atuavam em nichos estreitos de mercado, sendo altamente especializadas. Sua linha de produtos era muito limitada em escopo.

As duas empresas tinham vantagens competitivas substanciais, o que lhes permitia uma inserção no mercado internacional. No caso da Fujitec, os produtos da empresa caracterizavam-se por ser muito competitivos em custo, comparativamente aos dos concorrentes. Além disso, a aplicação da tecnologia de *smartcards* ao transporte público, como realizada, constituía uma inovação, de tal forma que, apesar da existência de concorrentes, os empreendedores eram claros: "Não temos nenhum concorrente que tenha a metade da tecnologia que temos". Na Xseed, os empreendedores acreditavam que a sua solução de migração fora, por cinco anos, a única existente no mundo voltada para ambiente Unisys e, posteriormente, apesar da concorrência de outros tipos de soluções, a empresa mantinha sua singularidade e diferencial competitivo: "Desconhecemos soluções similares à nossa".

A tecnologia da informação era utilizada pelas empresas de forma bastante variada. Devido às características dos produtos ofertados pelas empresas, a internet permitiu o acesso aos clientes, além de facilitar o atendimento e a prestação de serviços pós-venda, sem a necessidade de presença física nos mercados externos para o desenvolvimento dessas atividades. A internet permitia ainda o acesso ao que se fazia em qualquer parte do mundo, facilitando a atualização tecnológica.

Processo de internacionalização

A continuidade do processo de internacionalização das empresas estudadas também segue algumas das indicações existentes na literatura.

Apesar de as empresas haverem iniciado seu processo de internacionalização desde praticamente a sua criação, o que as caracteriza como *born globals*, esse processo parece apresentar características graduais, com maior envolvimento com mercados e parceiros internacionais à medida que essas empresas adquiriam mais conhecimento e experiência com relação a esses mercados e parceiros.

A escolha de mercados de atuação das empresas acabava refletindo a sua visão do mundo como um único mercado. As empresas não seguiam um padrão regular de escolha de mercados de atuação, tanto no que se refere àqueles onde efetivamente atuavam ou em que haviam tentado, sem sucesso, atuar quanto aos que ainda tencionavam abordar no futuro (como indicado nas duas ocasiões em que foram realizadas entrevistas). Não se concretizou, nos dois casos estudados, a lógica da distância psicológica, confirmando as observações de Moen (2002), mas contrariamente ao constatado por Chetty e Campbell-Hunt (2004).

O envolvimento com atividades internacionais, medido pela percentagem do faturamento proveniente dessas atividades, variou substancialmente, dependendo do período examinado. Por se tratar de empresas pequenas, com pouca capacidade de atender à demanda, a atuação internacional era maior ou menor dependendo do projeto específico de que a empresa se ocupasse no momento.

A internacionalização assumiu importância estratégica para ambas as empresas, por permitir manterem-se à frente no processo de atualização tecnológica e desenvolver diferenciais competitivos, inclusive no mercado doméstico. Era importante conquistar clientes internacionais como referência no mercado doméstico, como sugerido por Sharma e Blomstermo (2003).

As feiras internacionais parecem ter tido papel importante no processo de internacionalização das duas empresas estudadas, o que pode ser específico do setor de *software*. As feiras geraram algum negócio, como no caso do contato feito por cliente colombiano com a Fujitec. No entanto, reconheciam os empreendedores que as feiras eram um dos mecanismos de acesso ao mercado internacional, sendo úteis para encontrar parceiros locais com os quais fosse possível trabalhar em conjunto. Apesar disso, consideravam o custo de participação muito elevado, vendo como importante o apoio governamental.

Parcerias e *networks*

Praticamente toda a literatura existente sobre o tema realça a importância do papel exercido por parcerias e *networks* na internacionalização dessas empresas.

As parcerias tiveram papel relevante no início do processo de internacionalização de apenas uma das duas empresas. As parcerias não foram o ponto de partida da Xseed, embora tenham sido no caso da Fujitec.

Já no que se refere à continuidade do processo de internacionalização, as parcerias tiveram papel fundamental em ambas as empresas. No caso da Fujitec, as parcerias estavam na essência mesma de seu processo de internacionalização. Já para a Xseed, o papel das parcerias parecia menos central como impulso à internacionalização, embora não menos útil a sua continuidade.

O processo de internacionalização de uma das empresas, do ponto de vista das parcerias, assumiu tanto características *outward* (exportação, licenciamento) quanto características *inward* (representação e venda de produtos do parceiro no mercado doméstico), já que as parcerias internacionais também facilitavam o acesso do parceiro internacional ao mercado brasileiro. Tratava-se, então, de uma via de duas mãos, em que ambos os parceiros se beneficiavam de acesso a mercados específicos.

A confiança surgiu claramente como elemento diferencial nas parcerias. Nas duas empresas, confiança e identificação com o parceiro apareceram como critérios fundamentais na escolha e aceitação do parceiro. A forma pela qual essa confiança se construía era através de vínculos pessoais com pessoas da outra empresa. Isso fica bem claro nos relatos dos dirigentes da Fujitec e da Xseed. No caso da Xseed, a identificação com os valores do parceiro mostrou-se recorrente no discurso dos empreendedores, como critério fundamental para o sucesso de uma parceria.

As parcerias no exterior também eram vistas, nas duas empresas, como forma de prestar atendimento local a clientes sem ter de estar fisicamente presentes no exterior. Isso era fundamental pela natureza dos produtos e serviços oferecidos e pelo pequeno tamanho das empresas, que, dificilmente, teriam recursos para abrir escritórios no exterior. De certo modo, esse uso das parcerias era necessário para que as empresas pudessem exportar seus produtos e serviços.

As parcerias geravam conhecimento, nas empresas estudadas, sobre a forma de operar em outros mercados e nos processos de negócio. O contato com os parceiros servia como veículo para a aprendizagem de mercado e do negócio. No caso da Fujitec, um elemento aparentemente importante do aprendizado foi a introdução de procedimentos mais cuidadosos de documentação, além de melhoria na qualidade do produto, tanto no que se referia ao *software* quanto ao *hardware*. Outro aspecto importante referia-se ao aprendizado relativo a *marketing* e vendas, principalmente no caso da Fujitec, um novo empreendimento de alta tecnologia dirigido por engenheiros sem vivência empresarial.

Conclusões

Uma característica do método de estudo de casos é a impossibilidade de generalizar os resultados do estudo para a população pesquisada. Apesar disso, é possível contrastar os resultados obtidos com alguns estudos de casos internacionais que vêm sendo realizados e com as indicações existentes na literatura.

Inicialmente, pode-se afirmar que, embora as empresas estudadas possam ser caracterizadas como *born globals*, pelas características de envolvimento inicial com a internacionalização, o seu desenvolvimento não contraria totalmente a teoria comportamental de internacionalização de Uppsala (Johanson e Vahlne, 1977, 1990). Muito ao contrário, pode-se claramente verificar a existência de um processo gradual de internacionalização, em que o maior conhecimento do processo de internacionalização e o maior conhecimento de mercados geram maior envolvimento, configurando-se a cadeia de estabelecimento prevista pelos teóricos de Uppsala. Mais ainda, evidencia-se o entendimento, entre os empreendedores, de que o aprofundamento do processo de internacionalização deverá passar, necessariamente, por maior comprometimento de recursos. Ambas as empresas parecem preparadas para esse maior comprometimento, admitindo que deverá ocorrer à medida que a empresa se torne mais internacional.

Outros aspectos relacionados à ainda incipiente literatura sobre *born globals* não se mostraram tão claros. Por exemplo, o papel das *networks* na internacionalização não apresentou as características encontradas por outros autores (por exemplo, Oviatt e McDougall, 1994), em que *networks* pessoais ou profissionais favoreceriam a internacionalização. Nos dois casos estudados, o estabelecimento de redes de relacionamento foi um ganho no processo de internacionalização, sendo uma conseqüência do mesmo, e não antecedendo-o. No entanto, tais *networks* mostraram-se úteis e passaram a ser valorizadas, de tal modo que a sua importância estratégica foi claramente expressa pelos empreendedores.

Finalmente, cabe observar que a importância da internacionalização como motivo da criação da empresa ocorreu em um dos casos estudados, mas não em outro, o que não contraria alguns dos principais estudos internacionais, em particular o de Rasmussan, Madsen e Evangelista (2001). Em ambos os casos, as oportunidades internacionais como que se apresentaram às empresas, mais do que foram por elas procuradas. O comportamento dessas empresas tendeu a ser mais passivo, nessa primeira fase, mas a disponibilidade de um produto com vantagem competitiva atraiu parceiros internacionais, de forma semelhante aos pedidos casuais que dão origem a muita da atividade exportadora de empresas tradicionais.

De qualquer forma, o estudo desses dois casos sugere que o fenômeno das *born globals* está presente no Brasil, devendo ser objeto de novos estudos exploratórios, comparando-se os casos levantados no País com aqueles existentes na literatura internacional.

Referências bibliográficas

ANDERSEN, O. On the internationalization process of firms: a critical analysis. **Journal of International Business Studies**, Basingstoke, v. 24, n. 2, p. 209-231, 1993.

AUTIO, E.; SAPIENZA, H. J.; ALMEIDA, J. C. Effects of age at entry, knowledge intensity, and imitability on international growth. **Academy of Management Journal**, New York, v. 43, n. 5, p. 902-906, 2000.

BELL, J. The internationalization of small computer software firms: a further challenge to "stage" theories. **European Journal of Marketing**, West Yorkshire, v. 29, n. 8, p. 60-75, 1995.

BELL, J. M. R.; YOUNG, S. 'Born-again global' firms: an extension to the 'born global' phenomenon. **Journal of International Management**, New York, v. 7, n. 2, p. 173-189, 2001.

BLOODGOOD, J.; SAPIENZA, H. J.; ALMEIDA, J. G. The internationalization of new high-potential U.S. ventures: antecedents and outcomes. **Entrepreneurship Theory and Practice**, Waco, v. 20, n. 4, p. 61-76, 1996.

BONACCORSI, A. On the relationship between firm size and export intensity. **Journal of International Business Studies**, Basingstoke, v. 23, n. 4, p. 605-635, 1992.

CHETTY, S.; CAMPBELL-HUNT, C. A strategic approach to internationalization: a traditional versus a "born-global" approach. **Journal of International Marketing**, Chicago, v. 12, n. 1, p. 57-81, 2004.

COVIELLO, N.; MUNRO, H. Network relationships and the internationalization process of small software firms. **International Business Review**, Amsterdam, v. 6, n. 4, p. 361-386, 1997.

GANITSKY, J. Strategies for innate and adoptive exporters: lessons from Israel's case. **International Marketing Review**, London, v. 6, n. 5, p. 50-65, 1989.

HARVESTON, P. D.; KEDIA, B. L.; DAVIS, P. S. Internationalization of born global and gradual globalizing firms: the impact of the manager. **Advances in Competitiveness Research**, Pittsburgh, v. 8, n. 1, p. 92-99, 2000.

JOHANSON, J.; VAHLNE, J. E. The internationalization process of the firm: a model of knowledge development and increasing foreign market commitments. **Journal of International Business Studies**, Basingstoke, v. 8, n. 1, p. 23-32, 1977.

JOHANSON, J.;VAHLNE, J. E. The mechanism of internationalization. **International Marketing Review**, London, v. 7, n. 4, p. 11-24, 1990.

JOHANSON, J.; WIEDERSHEIM-PAUL, F. The internationalization of the firm: four Swedish cases. **Journal of Management Studies**, Oxford, v. 12, n. 3, p. 305-322, 1975.

JOLLY, V.; ALAHUTA, M.; Jeannet, J-P. Challenging the incumbents: how high-technology firms start-ups compete globally. **Journal of Strategic Change**, London, v. 1, n. 1, p. 71-82, 1992.

JONES, M. V. The internationalization of small high-technology firms. **Journal of International Marketing**, Chicago, v. 7, n. 4, p. 15-41, 1999.

KNIGHT, G. A.; CAVUSGIL, S.T. The born global firm: a challenge to traditional internationalization theory, 1995, Odense, Denmark. In: **Proceedings of the third CIMaR Symposium**, Odense, Denmark: Odense University, 1995.

_______. Innovation, organizational capabilities, and the born-global firm. **Journal of International Business Studies**, Washington, v. 35, n. 2, p. 124-141, 2004.

KOTHA, S.; RINDOVA, V. P.; ROTHAERMEL, F. T. Assets and actions: firm-specific factors in the internationalization of US Internet firms. **Journal of International Business Studies**, Washington, v. 32, n. 4, p. 769-791, 2001.

MADSEN, T. K.; SERVAIS, P. The internationalization of born globals: an evolutionary process? **International Business Review**, Amsterdam, v. 6, n. 6, p. 561-583, 1997.

MCDOUGALL, P. P. International versus domestic entrepreneurship: new venture strategic behavior and industry structure. **Journal of Business Venturing**, New York, v. 4, n. 6, p. 387-400, 1989.

_______; SHANE, S.; OVIATT, B.M. Explaining the formation of international new ventures: the limits of theories from international business research. **Journal of Business Venturing**, New York, v. 9, n. 6, p. 469-487, 1994.

MINISTÉRIO DO DESENVOLVIMENTO, INDÚSTRIA E COMÉRCIO EXTERIOR. Secretaria de Desenvolvimento da Produção. **Análise do setor de *software* brasileiro**. Brasília, DF, 2002.

MOEN, O. The born globals: a new generation of small European exporters. **International Marketing Review**, London, v. 19, n. 2, p. 156-175, 2002.

MOEN, O.; SERVAIS, P. Born global or gradual global? Examining the export behavior of small and medium-sized enterprises. **Journal of International Marketing**, Chicago, v. 10, n. 3, p. 49-72, 2002.

OVIATT, B. M.; MCDOUGALL, P. P. Toward a theory of international new ventures. **Journal of International Business Studies**, Washington, v. 25, n. 1, p. 45-64, 1994.

_____. Global start-ups: entrepreneurs on a worldwide stage. **Academy of Management Executive**, Briarcliff Manor, v. 9, n. 2, p. 30-43, 1995.

_____. Challenges for internationalization process theory: the case of international new ventures. **Management International Review**, Wiesbaden, v. 37, n. 2, p. 85-99, 1997.

RUGMAN, A. M.; WRIGHT, R. M. A framework for understanding accelerated international entrepreneurship. In: RUGMAN, A. M.; WRIGHT, R. W. (Eds.) **Research in global strategic management**: international entrepreneurship. Stamford: CT: JAI Press, p. 23-40, 1999.

PADUAN, R.Tesouro escondido. **Exame**, São Paulo, p. 36-42., junho 2003.

_____. Formiguinhas high-tech. **Exame**, São Paulo, p. 88-91, junho 2002.

PORTER, M. **The competitive advantage of nations**. New York: Free Press, 1990.

PREECE, S.; MILES, G.; BAETZ, M. Explaining the international intensity and global diversity of early-stage technology-based firms. **Journal of Business Venturing**, New York, v. 14, n. 3, p. 259-291, 1999.

RÄISÄNEN, J. Born global mode of internationalization: a review of relevant research. **Seminar in Business Strategy and International Business**. Otanieme: Helsinki University of Technology, 2003.

RASMUSSAN, E. S.; MADSEN, T. K; EVANGELISTA, F. The founding of the born global company in Denmark and Australia:

sensemaking and networking. **Asia Pacific Journal of Marketing and Logistics**, Pratington, v. 13, n. 3, p. 75-107, 2001.

RENNIE, M. Global competitiveness: born global. **McKinsey Quarterly**, New York, v. 4, n. 4, p. 45-52, 1993.

RIALP-CRIADO, A.; RIALP-CRIADO, J.; KNIGHT, G. The phenomenon of international new ventures, global start-ups, and born-globals: what do we know after a decade (1993-2002) of exhaustive scientific inquiry? **Special Session of 28th ELBA Conference**. Athens: European International Business Academy, 2002.

ROBERTS, J. M. **O livro de ouro da história do mundo**: da pré-história à idade contemporânea. Rio de Janeiro: Ediouro, 2002.

ROCHA, A. **A internacionalização das empresas brasileiras**: estudos de gestão internacional. Rio de Janeiro, Mauad, 2002.

SHARMA, D.; BLOMSTERMO, A. The internationalization process of born globals: a network view. **International Business Review**, Amsterdam, v. 12, n. 6, p. 739-753, 2003.

ZAHRA, S. A.; GEORGE, G. International entrepreneurship: the current status of the field and future research agenda. In: HITT, M.; IRELAND, R. et al. (Ed.) **Strategic leadership**: creating a new mindset. London, UK: Blackwell, 2002, p.255-288.

ZUCCHELLA, A. Born global versus gradually internationalizing firms: an analysis based on the Italian case, 2002, Athens, European International Business Academy. In: **Proceedings of the 28th EIBA Conference**. Athens: European International Business Academy, 2002.

Capítulo 8

A GLOBALIZAÇÃO DO VAREJO NA AMÉRICA LATINA: A ENTRADA DE UM GRANDE VAREJISTA NO BRASIL

Ana Karina de la Peña

Victor Almeida

Angela da Rocha

Introdução

Embora não se possa dizer que a internacionalização do varejo seja um processo novo, considerando-se os movimentos competitivos anteriores à década de 1980 de empresas como a Sears, dos EUA, Carrefour, da França, e Makro, da Holanda, não há dúvidas de que o processo de globalização do varejo toma forma definitiva a partir do final dos anos 80, na esteira da globalização da indústria. Pode-se argumentar, de fato, que o varejo só poderia globalizar-se quando parte substancial de suas indústrias fornecedoras o tivesse feito, o que poderia explicar sua internacionalização tardia.

O mercado brasileiro, por seu tamanho e pelo baixo grau de desenvolvimento e profissionalização da maior parte de suas instituições varejistas, representava um atrativo para o capital estrangeiro. No entanto, as dificuldades de operar em um ambiente turbulento, caracterizado por altas taxas de inflação, forte interferência governamental e uma sucessão de planos econômicos, que levavam a variações bruscas das condições econômicas, afugentavam os investidores internacionais. Operar no varejo brasileiro, em particular, exigia maiores talentos financeiros do que de marketing, uma vez que os ganhos financeiros das empresas varejistas brasileiras, no período de alta inflação, superavam em muito seus ganhos operacionais.

As mudanças ocorridas a partir de 1994, com a estabilização da moeda e um novo surto de expansão, eliminaram algumas das barreiras que se apresentavam a novos entrantes potenciais. O Plano Real, além disso, expandiu o mercado brasileiro, incorporando parcelas das classes menos favorecidas, através do acesso ao crédito e aumento de renda disponível. Tais condições convidaram ao ingresso de varejistas internacionais, entre os quais a Wal-Mart, maior varejista do mundo, e a JCPenney, uma das maiores cadeias de lojas de departamento dos EUA. Este trabalho examina o ingresso da JCPenney no mercado brasileiro através de aquisição de uma rede local, a Lojas Renner S.A, analisando suas motivações e suas estratégias de entrada e operação.

As seguintes questões de pesquisa nortearam este estudo: como se deu o processo de entrada de um grande varejista internacional no mercado brasileiro? Quais os fatores que motivaram estes movimentos? Quais as estratégias e modo de entrada no mercado brasileiro utilizados por esta empresa?

A Internacionalização do varejo

Diversos autores têm discutido os motivos que levam uma empresa varejista a internacionalizar-se. O Anexo 1 apresenta os principais motivos identificados na literatura sobre o tema. Os motivos apresentados podem ser agrupados em cinco grandes categorias:

Atratividade relativa dos mercados doméstico e internacional

Em geral, um dos motivos que levam as empresas ao mercado internacional é a percepção de que é menor a atratividade do mercado doméstico comparativamente a mercados externos. Entre os fatores indicados pelos autores, incluem-se, nesta categoria, saturação do mercado interno, aumento do custo ou restrições legais para expansão no mercado interno, homogeneização dos mercados, tamanho e prosperidade do novo mercado e excesso de recursos disponíveis.

Timing para exploração e oportunidades

Trata-se de janelas de oportunidades que devem ser exploradas em determinado momento ou não estarão futuramente disponíveis. Dentro desta categoria encontram-se os seguintes motivos: abertura de fronteiras e formação de blocos, oportunidades de nichos em novos mercados, baixo valor de ações no mercado a ser explorado, câmbio favorável, capitalização de vantagens de ser *first-mover* e oferta de franquia ou outra forma de associação por parte de terceiros.

Redução de risco

As empresas varejistas podem mover-se para mercados internacionais para reduzir os riscos de operação em um único país ou para acompanhar movimentos competitivos que as deixariam vulneráveis se permanecessem operando apenas no mercado doméstico. Nesta categoria encontram-se os motivos de diversificação de investimentos e internacionalização dos competidores.

Exploração de vantagens competitivas

Outro fator pode derivar da existência de vantagens competitivas da empresa varejista que lhe permitem explorar outros mercados. Nesta categoria encontram-se os fatores: posse de uma vantagem competitiva, atratividade internacional da fórmula de varejo e possibilidade de transferência de *know-how*.

Objetivos organizacionais

Finalmente, algumas empresas varejistas escolhem internacionalizar-se para cumprir objetivos estratégicos estabelecidos internamente, tais como: busca por crescimento, busca por economias de escala, reforço de imagem, acúmulo de *expertise* ou mesmo preferências e comprometimento gerencial.

Whitehead (1992) realçou que a literatura de internacionalização do varejo focalizava a expansão geográfica dos principais varejistas e suas decisões a respeito da escolha do modo de entrada. Argumentou, ainda, que a maior parte dos estudos oferecia apenas uma explicação parcial para o processo de internacionalização, uma vez que tais estudos encontravam-se mais orientados para resultados, em termos estratégicos, na maioria das vezes desprezando as dimensões organizacionais do processo. Questões como a natureza do processo decisório de empresas operando em mercados estrangeiros, a estrutura organizacional de operadores internacionais e as mudanças exigidas na estrutura organizacional da firma para dar suporte à expansão internacional não estariam adequadamente cobertas na literatura. Descrevendo-se os movimentos estratégicos dos varejistas poder-se-ia entender melhor como decidem sua expansão internacional, ou seja, como escolhem os modos de entrada e a lógica por detrás dessas escolhas.

Quando uma empresa fabricante decide se internacionalizar, sua escolha do modo de entrada irá determinar o nível de exposição ao risco, envolvimento e comprometimento financeiro. O nível de comprometimento e risco pode ser visualizado como um *continuum*, apresentando níveis crescentes de comprometimento, tendo no extremo inferior o modo de exportação, passando por licenciamento, *joint venture* e finalmente, no outro extremo, o modo de subsidiária. Comparativamente com as empresas fabricantes, os varejistas, entretanto, dispõem de um conjunto distinto de alternativas de expansão internacional, uma vez que o modo de exportação não seria aplicável. O menor nível de comprometimento para um varejista seria alcançado através do modo de licenciamento ou *franchising*.

Quadro 1

Alternativas de modos de entrada na internacionalização do varejo

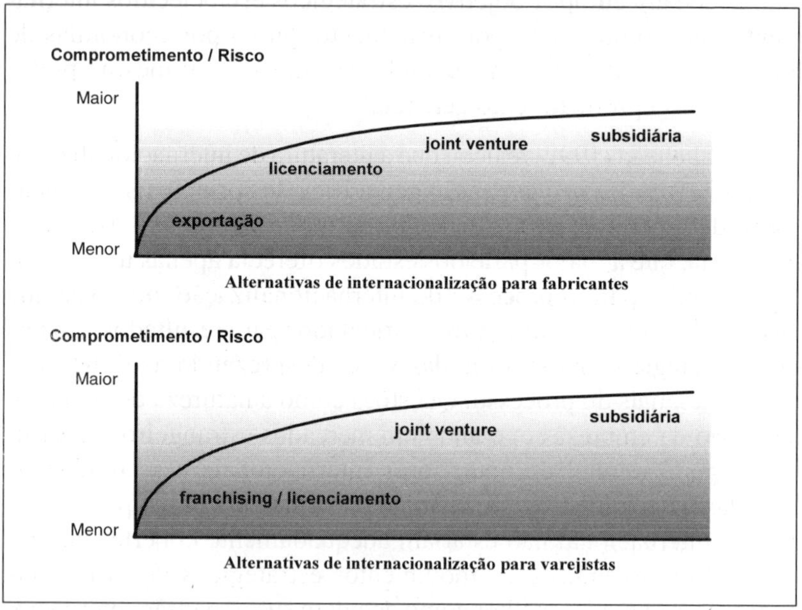

Fonte: Adaptado de Sternquist (1998, p. 9).

As opções para o varejista, em sua expansão internacional, podem então ser caracterizadas da seguinte forma (Sternquist, 1998):

Licenciamento e franchising

Em um contrato de licenciamento, o varejista autoriza a utilização do nome da rede por uma organização estrangeira. O controle, neste tipo de acordo, é sacrificado, tornando esta opção pouco atrativa e não usual no setor. Geralmente, os varejistas optam pelo *franchising*. Através de um contrato de franquia, o franqueador cede o direito de uso de sua marca para o franqueado e oferece todo o suporte de formatação do negócio. Um contrato de franquia envolve a transferência para o franqueado de certas especificidades do formato varejista do franqueador e, portanto, a transferência de "segredos" comerciais. Embora o *franchising*, em uma perspectiva de curto prazo, seja muito atrativo, em longo prazo pode bloquear ou dificultar futuras oportunidades de expansão utilizando a modalidade de subsidiárias próprias.

Joint venture

O segundo nível de envolvimento internacional para um varejista é a realização de uma *joint venture* com uma empresa estrangeira. Similarmente ao que acontece no *franchising*, um acordo de *joint venture* implica compartilhar "segredos" da companhia. Se o parceiro local é um conhecedor do mercado de destino, então a *joint venture* pode ser mutuamente benéfica. Varejistas que podem modificar seu formato de varejo de país para país podem considerar uma *joint venture* ainda mais atrativa.

Subsidiária

O terceiro nível de envolvimento internacional para um varejista é o estabelecimento de uma subsidiária no mercado estrangeiro. Este é o único modo de entrada que não implica compartilhar os "segredos" da empresa. Quanto mais padronizada for a estratégia de expansão em termos de produtos e formato varejista, mais interessante se torna a opção pela subsidiária. Há dois tipos de subsidiária: por crescimento orgânico (também conhecida como investimento tipo *greenfield*) e por aquisição (geralmente, subsidiária de controle integral).

Sternquist (1997), buscando explicar os padrões de expansão internacional do varejo, propôs um modelo normativo, que é apresentado no Quadro 2. Este modelo busca uma integração de quatro perspectivas teóricas presentes na literatura sobre internacionalização da firma: o paradigma eclético da produção internacional de Dunning (1980, 1988), o modelo de expansão global e multinacional do varejo de Salmon e Tjordman (1989), a teoria de internacionalização gradual da firma de Uppsala (Johanson e Vahlne, 1977, 1990) e a teoria dos riscos e benefícios percebidos como determinantes da intenção de internacionalização (Eroglu, 1992).

As vantagens de propriedade, no varejo, advêm da posse de uma reputação superior, da possibilidade de comercializar produtos exclusivos, ou de ganhos de escala por volume de compras ou economias geradas pela centralização da gestão. As vantagens de localização podem derivar de proximidade geográfica e cultural, do tamanho do mercado de origem da firma, de ter à disposição pontos estratégicos nos mercados de destino (vantagens de ser *first-mover*) ou, ainda, de custos baixos de terreno e mão-de-obra no novo mercado. As vantagens de internalização derivam da necessidade de proteger ativos intangíveis, como *know-how* de operação e de marketing, através de abertura de subsidiárias próprias, não compartilhando esses conhecimentos com parceiros (como ocorreria nos casos de franquia e licenciamento, em maior escala, e *joint venture*, em escala menor).

Os varejistas podem utilizar duas estratégias de expansão para o seu desenvolvimento internacional. De um lado, a estratégia multinacional, que envolve a implantação de unidades autônomas operando de forma comparável à matriz, porém adaptadas ao mercado local; e, de outro, a estratégia global, que corresponde à reprodução, no mercado estrangeiro, da fórmula bem-sucedida no mercado de origem.

Quadro 2

Expansão estratégica internacional do varejo

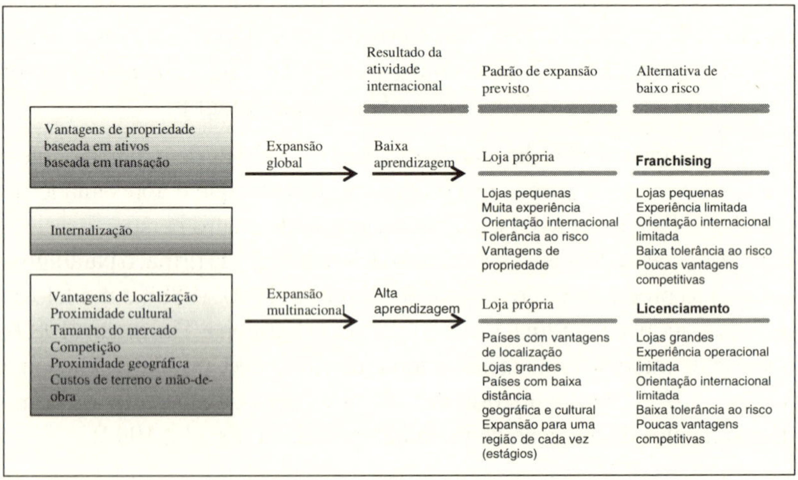

Fonte: Adaptado de Sternqtst (1997, p. 263; 1998, p. 543).

De acordo com o modelo proposto pela autora, companhias com vantagens proprietárias fortes escolheriam um modelo de expansão global, mantendo uma gerência centralizada e reproduzindo fielmente, em cada mercado novo, seus formatos padronizados de varejo. Buscariam um segmento específico de consumidores presentes em todos os mercados. Neste caso, a empresa poderia se expandir rapidamente, mas aprenderia pouco com o processo de internacionalização. Outro grupo de varejistas, os multinacionais, com vantagens de localização, preferiria utilizar um formato descentralizado, modificando seus formatos varejistas para se adaptar às diferenças culturais de cada mercado. Estes varejistas optariam por uma expansão em estágios, uma vez que a entrada em um novo mercado exigiria aprendizagem cultural e conseqüente adaptação do formato varejista.

A intenção da alta gerência de internacionalizar uma operação dependeria fundamentalmente de duas forças simultâneas: benefícios e riscos percebidos. Essas percepções de benefícios e riscos seriam influenciadas por uma série de variáveis organizacionais e ambientais. As variáveis organizacionais incluiriam o tamanho da empresa, experiência, orientação internacional da alta gerência, percepção pela alta gerência das vantagens competitivas da firma. As variáveis ambientais incluiriam as pressões competitivas do mercado doméstico, influência dos agentes externos de mudanças, atratividade percebida em relação ao ambiente externo. Na medida em que os benefícios percebidos para a expansão internacional superassem os riscos percebidos, a alta gerência estaria mais predisposta a internacionalizar a firma.

Metodologia

O trabalho utilizou o método de estudo de caso. Os dados apresentados nos estudos de caso são oriundos de fontes secundárias e de entrevistas pessoais. As fontes secundárias utilizadas foram:

- Notícias publicadas em jornais e revistas de negócios, brasileiros e internacionais;
- Relatórios anuais da empresa;

- Relatórios de bancos de investimento;
- Informações colhidas no *website* das empresas;
- Informações constantes nos arquivos da instituição de pesquisa.

Além disto, foram realizadas entrevistas com dois diretores das Lojas Renner. Com base nas informações coletadas através das diversas fontes, primárias e secundárias, foi elaborada inicialmente uma descrição dos casos, em que os eventos e interpretações sobre os mesmos foram apresentados em ordem temporal. Utilizaram-se técnicas de análise de discurso e análise documental, a partir de um protocolo de análise previamente elaborado.

A entrada no mercado brasileiro da JCPenney

Em 22 de dezembro de 1998, a grande organização varejista norte-americana JCPenney adquiriu o controle da Lojas Renner, uma cadeia de lojas de departamento brasileira, cuja matriz encontrava-se sediada no Estado do Rio Grande do Sul. Descrevem-se, a seguir, características gerais da empresa adquirente (JCPenney), da empresa adquirida (Lojas Renner), assim como a forma pela qual se deu o processo de ingresso da empresa norte-americana no Brasil.

Adquirente: JCPenney

Em janeiro de 1913 uma cadeia de 36 lojas, pertencente a James Cash Penney, foi incorporada sob o nome de J.C. Penney Company Inc. No início da década de 1950, a empresa já havia conquistado forte posição no varejo norte-americano de roupas, móveis e utensílios de casa, com faturamento de um bilhão de dólares. Nas décadas de 1950, 1960 e 1970, ampliou suas linhas de produto, desenvolveu as vendas por catálogo e iniciou um processo de diversificação, adquirindo uma rede de drogarias. Já nos anos 1980, passou por uma reestruturação, modernizando as lojas e dando mais ênfase a produtos de moda, lazer e decoração. Ao final da década de 1980, iniciou um canal de compras por televisão.

Na primeira metade da década de 1990, em meio à crise que atingiu duramente as grandes redes de lojas de departamento em todo o mundo, a JCPenney obteve bons resultados, tornando-se ainda a maior empresa varejista por catálogo dos Estados Unidos. No entanto, ao longo da segunda metade da década, embora as vendas continuassem em crescimento, a JCPenney enfrentou dificuldades e o lucro líquido apresentou constantes variações. Neste período, a empresa ampliou sua participação no mercado de drogarias, tornando-se a quarta maior cadeia de drogarias dos EUA e criou a JCPenney.com, uma organização dedicada exclusivamente às vendas por internet. Em 1998, ano da aquisição da Lojas Renner, com 1.200 lojas de departamento e 2.900 drogarias, obteve um faturamento de 30,4 bilhões de dólares e lucro líquido de 594 milhões de dólares.

As intenções de internacionalização da JCPenney começaram a ser anunciadas em 1993, mas foi em 1995 que esse processo de fato se iniciou. O grupo abriu lojas JCPenney em Santiago, no Chile, e Leon e Monterrey, no México. No mercado chileno, abriu uma filial tipo *greenfield* em Santiago, que seguia os mesmos padrões da matriz (produtos, forma de atendimento e controles). Entretanto, a filial não foi bem-sucedida, sendo posteriormente fechada. Também a experiência no México foi descontinuada.

Em 1998, a JCPenney entrou no mercado brasileiro ao adquirir o controle do capital da Lojas Renner S.A., que operava 21 lojas de departamento em 15 cidades. Em 2004, a JCPenney operava 60 lojas de departamento Renner no Brasil.

Adquirida: Lojas Renner

Em 1922, foi aberta a primeira A.J. Renner, uma espécie de loja de fábrica, na cidade de Porto Alegre, Rio Grande do Sul. A partir de 1940, com a comercialização de um *mix* mais amplo de produtos, tornou-se uma loja de departamentos. Em 1965, adotou a razão social de Lojas Renner S.A, abrindo o capital dois anos depois.

Na década de 1980, a Organização Renner era um grupo diversificado, constituído por empresas industriais nos setores têxtil, de artefatos para construção, de confecções e de artefatos de porcelana; por empresas comerciais (Lojas Renner, Lojas Zum-Zum, especializadas em jeans e produtos esportivos, e Simabra, esta última dedicada ao comércio de feltros), empresas financeiras e ligadas ao setor imobiliário, prestadoras de serviços e negócios agropecuários. Alguns desses negócios eram em parceria com outras empresas, como a Vicunha, uma das maiores empresas brasileiras do setor têxtil, e a Lee, empresa americana detentora da conhecida marca de *jeans*. Devido às grandes oscilações na economia brasileira nos anos 1980, a empresa apresentou fortes variações em seu desempenho, adotando uma postura conservadora.

Em 1990, iniciou sua expansão nacional, inaugurando unidades em outros estados da Região Sul do país. Pretendia-se que a expansão nacional se desse fundamentalmente através de lojas-âncora em *shopping centers*. A Organização Renner inaugurou lojas de *outlet*, sob a marca Armazém de Confecções, voltadas para as classes C e D. Com o ambiente econômico recessivo, a empresa continuou a enfrentar dificuldades nos primeiros anos da década de 1990, período em que o varejo brasileiro sofreu forte crise.

Em um esforço para se ajustar à crise e às mudanças aceleradas no varejo brasileiro em geral e no varejo de lojas de departamento em particular, a Renner empreendeu uma série de modificações em seu *mix*. Ao final de 1991, havia passado por completa reestruturação, substituindo o modelo de loja de departamento de linha completa pelo conceito de loja de departamentos com especialização em moda. Além disto, acompanhando o empobrecimento da classe média brasileira na primeira metade da década de 1990, a empresa reduziu a presença de *griffes* internacionais e ampliou suas atividades de promoção dentro da loja.

A partir de 1994, com a estabilização da economia brasileira e a queda da inflação, a empresa apresentou crescimento, chegando, em 1998, ano da aquisição pela JCPenney, a dispor de 21 lojas nos Estados do Sul do Brasil. Naquele ano, a empresa faturou R$ 306 milhões, com lucro líquido de R$ 15 milhões.

Aquisição da Renner pela JCPenney

Na primeira metade da década de 1990, o varejo no Brasil, em particular o setor de supermercados, passava por um processo de aquisição de empresas nacionais por operadores internacionais. Para a diretoria da Renner, era evidente que o mesmo viria a ocorrer com o varejo de lojas de departamentos. Questionamentos de acionistas e pressões internas no sentido de uma associação com empresa internacional já se faziam ouvir dentro da estrutura da empresa. A diretoria acreditava que qualquer associação deveria passar por um parceiro estratégico: os acionistas controladores veriam com bons olhos, por exemplo, a associação com um grande varejista internacional, que pudesse agregar tecnologia, mas não teriam interesse em associação com um banco, já que a empresa não enfrentava dificuldades financeiras.

A falência das duas principais cadeias de departamento brasileiras, Mappin e Mesbla, aumentava as oportunidades para a aceleração da expansão nacional da Renner, dado que, em muitos mercados, fizeram-se disponíveis espaços nobres em *shopping centers* para lojas-âncora. Abria-se, também, espaço para a entrada de concorrentes estrangeiros. Era claro para os dirigentes da Renner que havia um vácuo no setor de lojas de departamento, que poderia vir a ser preenchido pela Renner, transformando-se a empresa de uma cadeia de lojas regional em uma cadeia nacional. Foi nesse contexto que, no início de 1996, a JCPenney e a Renner estabeleceram os primeiros contatos com vistas a uma possível associação.

A JCPenney começava a estudar o mercado brasileiro e, paralelamente a contatos com a Renner, também examinava a possibilidade de adquirir as duas grandes cadeias de lojas de departamento brasileiras em dificuldades, Mesbla e Mappin. Após três anos de estudos do mercado brasileiro e negociações, foi desenhada a operação e, em 22 de dezembro de 1998, a JCPenney Brazil, Inc., através de sua subsidiária JCPenney Brazil Investimentos Ltda, adquiriu o controle da Lojas Renner, transferindo 63% das ações que pertenciam à família Renner.

Entre os motivos de escolha da Lojas Renner para aquisição, conforme declarado à imprensa, encontravam-se o valor da marca, a qualidade da equipe administrativa e a afinidade entre os negócios da adquirida e da adquirente. Os planos anunciados eram de que não havia a intenção de transformar a Lojas Renner em lojas JCPenney. Pretendia-se apenas transferir conhecimento, tecnologia, serviços e algumas marcas próprias. A marca Renner seria mantida e, no futuro, poder-se-ia expandir a marca para outros países, como a Argentina. Também não foram feitas mudanças no posicionamento da Renner, que já era compatível com aquele adotado pela JCPenney nos Estados Unidos.

A expansão das marcas próprias foi outro aspecto em comum entre as empresas. Na JCPenney, 45% das vendas eram de produtos de marca próprias e na Renner, que seguia a mesma política, 40% das vendas já eram de marcas próprias. Mesmo assim, a JCPenney introduziu uma de suas marcas próprias, mas não aboliu aquelas da Renner preexistentes à aquisição.

Os executivos da JCPenney mantiveram intocada a gestão da Renner. A JCPenney manteve na direção o sr. José Galló, que ocupava anteriormente o cargo de superintendente, passando a diretor-presidente da empresa e do Conselho de Administração. Segundo George Kapplinger, presidente das Operações Internacionais da JCPenney, "foi uma decisão estratégica não mexer numa companhia que está ganhando... Ficamos impressionados com o que essa rede alcançou em pouco tempo e com a qualidade da equipe gerencial" (Naiditch, 2000, p.99).

O impacto da aquisição da Renner pela nova controladora se fez sentir no acesso a recursos financeiros e a *know-how*. Em primeiro lugar, a aquisição trouxe à empresa os recursos necessários ao avanço, de uma operação regional, a uma operação nacional. De fato, o encerramento das atividades das concorrentes Mesbla e Mappin, somado à injeção de capital do novo sócio internacional, fizeram com que a Renner pudesse implementar seus planos de expansão. No período de 1999 a 2004, a empresa expandiu sua presença no mercado de São Paulo e entrou nos Estados do Rio de Janeiro, Minas Gerais, Goiás, Espírito Santo e na capital do país, Brasília. Em 2004, dispunha de um total de 60 lojas, sendo 23 em São Paulo, 11 no Rio Grande do Sul, oito no Rio de Janeiro, cinco em Minas Gerais, quatro no Paraná, quatro em Santa Catarina, três em Brasília, uma em Goiás e uma no Espírito Santo.

Outro benefício da aquisição, para a Renner, referiu-se à disponibilidade de novos recursos tecnológicos e serviços. Estes recursos eram disponibilizados, mantendo-se porém a política de, sempre que necessário, realizar adaptações para a realidade brasileira. Uma das transferências de *know-how* referiu-se a um *software* para localização de novas lojas, que avaliava o potencial de mercado por renda disponível na região desejada, e que foi adaptado. Com esse *software*, tornou-se possível avaliar o risco de canibalização de vendas em um processo de expansão acelerada. Métodos de numeração de calças compridas utilizados nos EUA, técnicas de exposição de mercadorias nas lojas e de gerência de produtos são outros exemplos de modificações feitas a partir da experiência da nova controladora.

Para a JCPenney também se contabilizaram diversos benefícios com a aquisição. Em primeiro lugar, a empresa ampliou sua presença internacional, ainda tímida. Analistas do setor avaliavam que a experiência multicultural da Renner seria uma ótima oportunidade de aprendizado para os executivos da JCPenney e poderia ser o embrião de uma cultura corporativa cosmopolita. Por outro lado, a aquisição também permitiu à JCPenney rever seus conceitos de gestão, pretendendo investir mais em moda para aumentar o giro dos estoques, que era três vezes por ano, dentro da média americana, porém bem abaixo das seis ou sete vezes da Renner. A produtividade operacional da Renner também era superior, 550 dólares por metro quadrado, contra 180 dólares da JCPenney.

Motivações para o movimento de internacionalização

Para analisar as motivações dos dois grandes varejistas nos casos estudados, utilizou-se a categorização proposta no referencial teórico deste trabalho.

Atratividade relativa dos mercados doméstico e internacionais

Estudando-se o movimento de internacionalização da JCPenney, observa-se que o mercado americano já era um mercado maduro, com forte concorrência e que estava próximo da saturação. A JCPenney tinha 1.200 lojas à época da aquisição, mas já chegara a ter mais de 2.000 na década de 1970. Dessa forma, oportunidades de crescimento limitadas no mercado doméstico em conjunto com a busca por crescimento foram, provavelmente, os motivos mais fortes que impulsionaram a JCPenney à internacionalização. Em relação à atratividade do novo mercado, a JCPenney deve ter visto no Brasil boas oportunidades, uma vez que o mercado varejista brasileiro era ainda pouco maduro, bem menos competitivo que o norte-americano, ou seja, com espaço para mais uma competidora. Além disso, o tamanho do mercado potencial no Brasil e a prosperidade econômica, que era esperada com a estabilização da moeda e o controle da inflação, foram fatores que, certamente, motivaram a JCPenney a buscar uma parceria no Brasil.

Timing para exploração de oportunidades

No caso da JCPenney, o *timing* para ingresso no mercado brasileiro coincidiu com uma oportunidade singular: o vácuo criado pelo fracasso das duas principais redes de lojas de departamento brasileiras à época da aquisição: Mesbla e Mappin. O fracasso e desaparecimento das duas redes significarem, primeiro, o aparecimento de espaços vazios, adequados à instalação de lojas de departamento. Os espaços existentes para localização de lojas de departamento permitiam a rápida expansão da rede e a conquista célere de participação no mercado. Tratava-se de espaços nobres em grandes *shoppings* ou em lojas de rua, e a JCPenney, através de sua nova subsidiária, teve acesso imediato a estes locais. Assim sendo, o *timing* da entrada no Brasil permitiu à empresa a obtenção de vantagens de localização. Além disto, os eventos criaram, para o novo entrante, a oportunidade de atender a um segmento de mercado que preferia realizar suas compras neste tipo de loja e para o qual não havia alternativas, ou as alternativas estavam posicionadas para atender a outros segmentos.

Redução de risco

A redução de risco não parece ter sido um fator relevante na entrada da JCPenney no mercado brasileiro. A entrada no mercado brasileiro não implicava menor risco. Em primeiro lugar, a participação da Renner no faturamento do grupo era muito pequena, não trazendo, portanto, vantagens, em termos de diluição de risco de mercado. Em segundo lugar, o mercado brasileiro era também relativamente pequeno, não sendo muito significativo no conjunto de mercados de atuação da empresa.

Exploração de vantagens competitivas

Um fator considerado pela JCPenney foi a possibilidade de transferência de *know-how*, vislumbrada com a compra do controle da Lojas Renner. De um lado, a transferência de *know-how* da JCPenney para a Renner permitiria alavancar aquele negócio. De outro, a JCPenney poderia se beneficiar da experiência da Renner, uma vez que ela própria não dominava as características do varejo local. Essa forma de internacionalização, por investimento em uma rede local, poderia permitir um crescimento mais rápido do que se a empresa entrasse no Brasil montando sua própria rede (crescimento orgânico). Por fim, a rede americana possuía a vantagem competitiva de atuar em um mercado em estágio de desenvolvimento mais avançado do que o brasileiro, ou seja, ela já teria passado pelo momento em que se encontrava o Brasil, podendo assim agregar alguma experiência no gerenciamento estratégico da companhia local.

Objetivos organizacionais

A internacionalização parece ter sido, no período estudado, um movimento estratégico cuidadoso da JCPenney. Apresenta-se mais como experiência e aprendizado do que como uma sinalização de intenções de se tornar um competidor global.

Estratégias de expansão internacional adotadas e modos de entrada

Confrontando-se os estudos de casos com o modelo proposto por Sternquist (1997) para explicar a expansão internacional do varejo, este último parece ser útil para esclarecer parcialmente os movimentos da empresa analisada.

Vantagens de propriedade parecem antepor-se a vantagens de localização e de internalização, no processo de expansão estudado.

A JCPenney privilegiou o modo de entrada de subsidiária através de aquisição. Sua estratégia de internacionalização pode ser descrita como de "expansão multinacional", utilizando-se a classificação proposta por Salmon e Tjordman (1989), adotada por Sternquist (1997). Neste caso, a expansão de maior risco se daria através de lojas próprias e por estágios. De fato, a escolha da empresa foi a de lojas próprias, e seu processo de internacionalização encontra-se provavelmente em um estágio inicial, mas não há indicações de que deva prosseguir, particularmente considerando-se a saída da empresa de seus dois outros mercados de atuação.

Por outro lado, não é incomum destacar-se, na literatura, a ocorrência de idas e vindas no processo de internacionalização. Em alguns casos, os movimentos podem ocorrer aos saltos, quando a empresa já adquiriu suficiente experiência em um ou poucos mercados e parte para a expansão. É possível, portanto, que a experiência brasileira seja um dos primeiros e tímidos passos em um processo de internacionalização projetado para o longo prazo. Esta hipótese é compatível com o previsto no modelo de Sternquist (1997) para a expansão internacional do varejo.

Uma questão interessante e que tem sido objeto de estudos é o problema do aprendizado na internacionalização. Para a JCPenney, a experiência no mercado brasileiro será dificilmente reproduzível, ou transferida para outros mercados. Isto se deve a que a empresa ingressou no Brasil através de aquisição, tendo mantido a gerência local e feito modificações pequenas na estratégia de atuação da rede adquirida. Assim sendo, pouco aprendizado deverá ser naturalmente transferido à matriz. Além disto, a transferência de *know-how*, embora desejada por ambos os lados, parece ser modesta, comparativamente a outras experiências.

Por exemplo, a entrada da Wal-Mart no Brasil se deu fundamentalmente pela abertura de lojas próprias, inicialmente com um sócio minoritário local e posteriormente através de subsidiária integral, com a saída do sócio (Rocha e Dib, 2002). A gestão da Wal-Mart Brasil foi, desde o início, totalmente dominada pela matriz americana, de tal modo que a ingerência do sócio local era mínima. Apesar dos inúmeros erros relatados no início do processo, a Wal-Mart teve um processo intensivo de aprendizagem no Brasil, testando diferentes abordagens de marketing e vendas. Este aprendizado é mais facilmente transferível à matriz do que no caso da JCPenney.

Considerações finais

Em função das limitações do método de pesquisa adotado, o estudo de caso, não é possível chegar a generalizações sobre a natureza dos movimentos internacionais de grandes varejistas ou mesmo seus impactos no Brasil. No entanto, dada a crescente globalização do varejo, a observação dos movimentos realizados pela JCPenney ajuda a entender melhor e a predizer futuros passos desta empresa.

No caso brasileiro, assiste-se a um processo de concentração do varejo, que tem como importante componente sua globalização. Até 1996, uma única empresa varejista de alimentos era um *player* importante no Brasil, o Carrefour. Em 2003, dos três principais varejistas de alimentos brasileiros, dois tinham capital estrangeiro e um tinha uma parcela minoritária, porém significativa, de capital estrangeiro.

O mercado brasileiro apresenta alta atratividade para os grandes varejistas internacionais, dada sua dimensão, particularmente aqueles que buscam competir à base de preços. As aquisições são uma forma rápida de ingresso no mercado, embora tragam consigo algumas dificuldades de ajuste de culturas organizacionais e nacionais. Uma aquisição bem planejada e executada, como a da Lojas Renner pela JCPenney, pode significar alto potencial de lucros e vantagens mútuas para adquirente e adquirido.

Referências bibliográficas

ALEXANDER, N. Retailers and international markets: motives for expansion. **International Marketing Review**, London, v. 7, n. 4, p. 75-85, 1990.

______. **International retailing**, Oxford: Blackwell, 1997.

DUNNING, J. H. The eclectic paradigm of international production: a restatement and some possible extensions. **Journal of International Business Studies**, Washington, v. 19, n. 1, p. 461-492, 1988.

DUNNING, J. H. Toward an eclectic theory of international production: some empirical tests. **Journal of International Business Studies**, Washington, v. 11, n. 1, p. 9-31, 1980.

DUPUIS, M.; PRIME, N. Business distance and global retailing: a model for analysis of key success/failure factos. **International Journal of Retail and Distribution Management**, Yorkshire, v. 24, n. 11, p. 30-38, 1996.

EROGLU, S. The internationalization process of franchise systems: a conceptual model. **International Marketing Review**, London, v. 9, n. 5, p. 11-39, 1992.

JOHANSON, J.; VAHLNE, J. E. The internationalization process of the firm: a model of knowledge development and increasing foreign market commitments. **Journal of International Business Studies**, Washington, v. 8, n. 1, p. 23-32, 1977.

______. The mechanism of internationalisation. **International Marketing Review**, London, v. 7, n. 4, p. 11-24, 1990.

NAIDITCH, S. Jeitinho brasileiro. **Exame**, São Paulo, p. 98-100, abr. 2000.

QUELCH, J. A.; BUZZELL, R. D.; SALAMA, E. R. **The marketing challenge of Europe 1992**. New York: Addison-Wesley, 1991.

QUINN, B. The temporal context of UK retailers' motives for international expansion. **The Service Industries Journal**, London, v. 19, n. 2, p. 101-116, 1999.

ROCHA, A.; DIB, L. A. The entry of Wal-Mart in Brazil and the competitive responses of multinational and domestic firms. **International Journal of Retail and Distribution Management**, Yorkshire, v. 30, n. 1, p. 61-73, 2002.

SALMON, W. J.; TORDJMAN, A. The internationalisation of retailing. **International Journal of Retail and Distribution Management**, Bradford, v. 4, n. 2, p. 3-16, 1989.

SOMOGYI, J. Retail planning for the next tem years. **International Journal of Retail and Distribution Management,** Bradford, v. 14, n. 5, p. 9-13, 1986.

STERNQUIST, B. International expansion of US retailers. **International Journal of Retail and Distribution Management**, Bradford, v. 25, n. 8, p. 262-268, 1997.

_______. **International retailing**. New York: Fairchild Publications, 1998.

SWINYARD, W. R. Retailing trends in the USA: competition, consumers, technology and the economy. **International Journal of Retail and Distribution Management**, Bradford, v. 25, n. 8, p. 244-255, 1997.

WALKER, C. Can TV save the planet? **American Demographics**, Kansas, v. 18, n. 5, p. 42-48, 1996.

WHITE, R. Multinational retailing: a slow advance? **International Journal of Retail and Distribution Management**, Bradford, v. 12, n. 2, p. 8-13, 1984.

WHITEHEAD, M. B. Internationalization of retailing: developing new perspectives. **European Journal of Marketing**, Bradford, v. 26, n. 8/9, p. 74-79, 1992.

WILLIAMS, D. E. Retailer internationalization: an empirical inquiry. **European Journal of Marketing**, Bradford, v. 26, n. 8/9, p. 8-34, 1992.

Anexo 1
Motivos para a internacionalização do varejo

Motivos	Autores
Saturação do mercado interno	White (1984); Somogyi (1986); Williams (1992); Whitehead (1992); Alexander (1990, 1997); Sternquist (1998); Quinn (1999)
Aumento do custo ou restrições legais para expansão no mercado interno	Alexander (1990); Sternquist (1998); Quinn (1999)
Homogeneização dos mercados	Salmon e Tordjman (1989); Walker (1996)
Tamanho/prosperidade do novo mercado	Alexander (1990); Quinn (1999)
Excesso de recursos disponíveis	Williams (1992)
Abertura de fronteiras nacionais e formação de blocos	Salmon e Tordjman (1989); Quelch *et. al.* (1991); Dupuis and Prime (1996); Swinyard (1997)
Oportunidade de nichos em novos mercados	White (1984); Somogyi (1986); Alexander (1990); Williams (1992); Whitehead (1992); Quinn (1999)
Baixo valor de ações no mercado a ser explorado	Williams (1992)
Câmbio favorável	Alexander (1990); Quinn (1999)
Atratividade internacional da fórmula do varejo	Alexander (1990); Williams (1992); Sternquist (1998); Quinn (1999)
Capitalização de vantagens de ser *first-mover*	Sternquist (1998)
Oferta de franquia por parte de terceiros	Quinn (1999)
Diversificação de investimentos	Sternquist (1998)
Internacionalização dos competidores	Alexander (1990); Quinn (1999)
Posse de uma vantagem competitiva	Alexander (1990); Quinn (1999)
Possibilidade de transferência de know-how	Williams (1992)
Acúmulo de *expertise* pela empresa	Alexander (1990); Quinn (1999)
Busca por crescimento	Williams (1992); Quinn (1999)
Busca de economias de escala	Alexander (1990); Williams (1992); Quinn (1999)
Reforço da imagem da empresa	Alexander (1990); Quinn (1999)
Preferências e comprometimento gerencial	Alexander (1990); Williams (1992); Quinn (1999)

Capítulo 9

PATH DEPENDENCE E INTERNACIONALIZAÇÃO: O CASO DE UMA EMPRESA BRITÂNICA NO BRASIL

Sérgio F. L. Rezende

Introdução

Recentemente, processos de internacionalização têm sido associados à idéia de *path dependence*. Por exemplo, ao analisar modos seqüenciais de entrada em mercados internacionais, Chang & Rosenweig (2001) concluíram que essas decisões são dependentes do conhecimento adquirido em decisões anteriores de natureza similar. Quando se trata de área de negócios, os autores mostraram que um modo de entrada testado no passado é utilizado posteriormente. Por exemplo, é comum a entrada em um determinado mercado internacional por meio de aquisição que deve ser seguida por subseqüentes aquisições nesse mesmo mercado.

Eriksson *et al.* (2000) e Forsgren (2002) sugerem que processos de internacionalização, analisados a partir do modelo de Uppsala, são também dependentes da trajetória percorrida. O modelo de Uppsala apontou para a existência de dois aspectos da internacionalização de empresas, os quais apresentam reforços recíprocos: conhecimento de mercado e comprometimento de mercado interagem com decisões de investimento de recursos e operações atuais em um determinado mercado estrangeiro. A idéia principal é a de que decisões de comprometimento e operações atuais não somente resultam de conhecimento acumulado e decisões passadas de investimento de recursos, como também determinam o nível de conhecimento e o grau de investimento de recursos a serem feitos no futuro (Johanson & Vahlne, 1977). Em outras palavras, parece existir um mecanismo de auto-reforço de desenvolvimento de conhecimento do mercado local por meio do qual a aquisição futura de conhecimento é delimitada pelas operações atuais da empresa em um determinado mercado estrangeiro, as quais, por sua vez, são influenciadas pela experiência anterior naquele mercado. Esse mecanismo faz com que a empresa invista recursos em um determinado mercado estrangeiro de maneira gradual.

Embora a ligação entre *path dependence* e processos de internacionalização possa efetivamente contribuir para aumentar o conhecimento acerca da internacionalização de empresas, as pesquisas sobre esse tópico ainda estão em fase inicial (Eriksson *et al.*, 2000). Como resultado, algumas questões ainda não foram respondidas. O conceito de *path dependence* só pode ser utilizado para explicar processos de internacionalização de natureza gradual? Ou, de maneira alternativa, o conceito de *path dependence* pode ser útil para se analisarem processos descontínuos de internacionalização? Se positivo, quais são as razões ou fontes dessa descontinuidade?

Este artigo pretende contribuir para responder a tais questões, propondo que o conceito de *path dependence* seja útil para se analisarem não somente processos graduais de internacionalização, mas também processos caracterizados por descontinuidades. O argumento principal é que um processo de internacionalização está relacionado a outros processos de internacionalização em contextos espaciais e temporais que são interdependentes. Como conseqüência, podem ocorrer eventos que redirecionam esse processo de internacionalização para caminhos completamente distintos da trajetória inicialmente percorrida (Abbott, 1997). Nesse caso, pode-se afirmar que a internacionalização da empresa é caracterizada por descontinuidades.

Este artigo é dividido da seguinte maneira: na primeira seção, procura-se sucintamente discorrer sobre o conceito de *path dependence*; na segunda, propõe-se um esquema conceitual para analisar processos de internacionalização dependentes da trajetória percorrida. Esse esquema conceitual está teoricamente embasado em modelos comportamentais de internacionalização, notadamente o modelo de Uppsala (Johanson & Vahlne, 1977; 1990) e é baseado em dois pressupostos: a) processos de internacionalização são dinâmicos (Hagen, 1996); e b) processos de internacionalização podem ser explicados em nível de relacionamentos (Blomstermo *et al.*, 2002; Andersen & Buvik, 2002). A terceira seção apresenta um estudo de caso de uma empresa industrial britânica que entrou e tem-se desenvolvido no mercado brasileiro; na quarta seção, esse caso é discutido a partir do esquema conceitual proposto anteriormente; finalmente, a última seção contém as conclusões e implicações para futuras pesquisas.

Breves considerações sobre *path dependence*

O conceito de *path dependence* origina-se de estudos relacionados à adoção e ao desenvolvimento de novas tecnologias. O caso do teclado QWERTY é clássico na literatura sobre o tema (David, 1985). O argumento principal é de que pequenos ganhos no início da trajetória de uma determinada tecnologia pode-se ampliar ao longo do tempo por meio de mecanismos de auto-reforço, inibindo, assim, o surgimento de tecnologias alternativas (Arthur, 1994). É interessante notar que contingências históricas, algumas vezes, favorecem tecnologias inferiores, ou seja, soluções que não representam o mais eficiente uso e alocação de recursos.

A partir desses estudos, concorda-se que o conceito de *path dependence* ilustra seqüências de eventos caracterizadas por duas propriedades distintas. Primeiro, diferentemente da visão dos economistas neoclássicos, eventos dependentes da trajetória percorrida não são capazes de escapar da influência da história. O passado restringe as opções disponíveis no presente e torna difícil a identificação precisa das causas e das características atuais de determinado fenômeno (George & Jones, 2002). Nesse contexto, uma determinada seqüência de eventos não é somente influenciada por forças sistemáticas, mas também por forças randômicas (Barney, 1986; Arthur, 1994). Segundo, eventos de seqüências caracterizadas por *path dependence* não são serialmente independentes. Uma pequena mudança na ordem dos eventos pode implicar um resultado completamente diferente (Haydu,

1998). Por exemplo, uma determinada seqüência de eventos é caracterizada por eventos A-B-C, sendo D o resultado. Se a ordem dos eventos alterar para B-A-C, o resultado pode ser diferente de D.

Recentemente, Mahoney (2000) ampliou o conceito de *path dependence*, propondo a existência de dois tipos de seqüências: auto-reforço e reativa. A primeira é caracterizada por eventos iniciais contingentes que se reproduzem e se reforçam por meio de mecanismos de auto-reforço, tais como custos iniciais de investimento e curva de aprendizagem (Aminzade, 1992). De maneira oposta, o segundo tipo de seqüência envolve a transformação dos eventos iniciais. Em seqüências reativas, os eventos iniciais não necessariamente geram reforços positivos, mas forças que têm o poder causal de redirecionar a seqüência de eventos para um caminho distinto da trajetória inicialmente percorrida.

Mais importante, Mahoney (2000) argumenta que seqüências dependentes da trajetória percorrida são relacionadas entre si em contextos espaciais e temporais interdependentes. Seqüências de eventos confrontam-se e combinam-se em certos pontos, gerando, assim, inúmeros resultados. Por exemplo, se as seqüências originais colidem nesses pontos, mas retornam ao caminho originalmente percorrido, não haverá qualquer conseqüência duradoura para ambas as seqüências. Por sua vez, a combinação de seqüências nesses pontos de colisão pode originar eventos radicais e, por conseguinte, as seqüências de eventos irão percorrer caminhos alternativos, ou seja, caminhos que se tornam substancialmente diferentes dos caminhos que as seqüências iriam seguir, caso não tivessem colidido (Hakansson & Waluswski, 2002).

De outra maneira, o fato de seqüências de eventos serem relacionadas entre si significa que elas podem evoluir de maneira mista. Dependendo dos pontos onde as seqüências colidirem, também denominados intercessões críticas (Mahoney, 2000), elas podem alternar os padrões de evolução, como, por exemplo, transformar seqüência de auto-reforço em seqüência reativa e vice-versa. Essas intercessões críticas estão sujeitas ao espaço e ao tempo. Isso significa que onde e quando as seqüências de evento colidem é de importância fundamental (Hakansson & Lundgren, 1997). Esse é o assunto da próxima seção, em que se propõe entender processos de internacionalização como seqüências de modos de operação que são dependentes da trajetória percorrida. Acredita-se que esses processos sofram influências de três tipos de relacionamentos inseridos em distintos contextos espaciais e temporais (Yeung, 1998; Abbott, 2001).

Espaço e tempo em processos de internacionalização dependentes da trajetória percorrida

A partir de Welch & Luostarinen (1988), internacionalização é definida como a extensão das operações da empresa em mercados estrangeiros. Embora a internacionalização, entendida como processos inseridos em contextos espaciais e temporais interdependentes, possa ser manifestada a partir de diferentes eventos, escolheu-se o modo de operação para ilustrá-la. Desse maneira, acredita-se que processos de internacionalização são seqüências de modos de operação dependentes da trajetória percorrida. Suas dimensões espacial e temporal são de fundamental importância (Hakansson & Lundgren, 1997).

Modo de operação e relacionamentos

De acordo com Jarillo & Martinez (1991), modo de operação pode ser caracterizado a partir de três dimensões: a) o grau de externalização de atividades em cada mercado estrangeiro; b) o grau de localização de atividades em cada mercado estrangeiro; e c) o grau de integração de atividades em diferentes mercados estrangeiros.

O grau de externalização de atividades em cada mercado estrangeiro refere-se ao grau em que uma empresa executa as atividades da cadeia de valor interna ou externamente. Por exemplo, atividades de manufatura totalmente executadas pela empresa significam um baixo grau de externalização de atividades. O grau de localização das atividades em cada mercado estrangeiro, por sua vez, refere-se ao grau em que a empresa transfere as atividades da cadeia de valor para um determinado mercado estrangeiro. Por exemplo, quanto maior o valor agregado das atividades executadas por uma determinada subsidiária, como manufatura ou P&D, maior o grau de localização dessas atividades. A terceira e última dimensão, o grau de integração das atividades em diferentes mercados estrangeiros, está relacionada ao grau que as atividades internacionais estão inter-relacionadas (Porter, 1986).

O esquema conceitual proposto neste artigo sugere que o modo de operação é influenciado por três tipos de relacionamentos que uma determinada subsidiária, aqui denominada subsidiária focal, articula em diferentes contextos: a) matriz; b) atores externos; e c) outras subsidiárias. O relacionamento com a matriz é normalmente caracterizado por controle por meio do qual a matriz é comumente responsável por coordenar o desenvolvimento das subsidiárias. Porém, o grau de controle da matriz em relação às diversas unidades do grupo varia substancialmente, dependendo do seu grau de conhecimento do contexto no qual a subsidiária opera (Holm *et al.*, 1995).

O segundo tipo de relacionamento refere-se a atores externos, definido como aqueles atores que não são diretamente controlados pela empresa, tais como fornecedores e compradores. Embora esse tipo de relacionamento não tenha sido considerado de maneira explícita no modelo de Uppsala (Johanson & Vahlne, 1990), estudos mais recentes sobre processos de internacionalização têm buscado explicitar o papel de atores externos na internacionalização da empresa (Hadjikhani & Johanson, 2002). Por exemplo, no seu estudo sobre relacionamentos entre fornecedores e compradores, Chetty & Eriksson (2002:319) concluem que "a dinâmica da geração de conhecimento baseado na experiência parece ocorrer nos relacionamentos das empresas envolvidas, e não internamente às empresas participantes desses relacionamentos". Lamb & Liesch (2002: 9) também propõem que processos de internacionalização resultam de conhecimento desenvolvido entre empresas. Eles afirmam que "o conhecimento de mercado disponível para uma empresa reflete aspectos coletivos e compartilhados de todas as empresas que interagem, possivelmente, em redes e não somente o conhecimento de mercado acumulado por uma empresa solitária".

O terceiro e último tipo de relacionamento diz respeito às outras subsidiárias do grupo com as quais a subsidiária focal está conectada. Outras subsidiárias não necessariamente se referem a unidades estrangeiras, pois essas podem operar no mesmo mercado estrangeiro onde a subsidiária focal foi implantada. Por exemplo, duas ou mais unidades podem ser estabelecidas no mesmo mercado estrangeiro, cada uma a cargo de uma divisão de negócios da empresa (Clark *et al.*, 1997).

O relacionamento do tipo 'outras subsidiárias' ainda não foi reconhecido de maneira explícita pelos estudos na área de internacionalização, embora estudos relacionados ao desenvolvimento de subsidiárias tenham mostrado que a subsidiária focal pode influenciar outras subsidiárias pertencentes ao mesmo grupo e também pode ser por elas influenciada. Birkinshaw (1996; 1998) argumenta que subsidiárias podem ter responsabilidades que extrapolam o mercado estrangeiro onde foram originalmente implantadas. Isso pode ocorrer por meio de atividades de exportação, coordenação administrativa e de vendas de outras subsidiárias do grupo ou, então, por qualquer outra atividade que transcenda o mercado de origem da subsidiária focal.

Dimensões espacial e temporal

Entender processos de internacionalização como seqüências de modos de operação que são dependentes da trajetória percorrida e são influenciados por três tipos de relacionamentos significa explicitar suas dimensões espacial e temporal (Hakansson & Lundgren, 1997). Inicialmente, a dimensão espacial refere-se ao contexto geográfico no qual o modo de operação está inserido. De acordo com Yeung (1998), o modo de operação não é independente da geografia porque não opera em um vácuo espacial. Pelo contrário, o modo de operação manifesta-se em um contexto geográfico específico, que é freqüentemente associado ao estado nação ou país (Pitelis, 2000). Os graus de localização e externalização das atividades do modo de operação discutidas anteriormente são consistentes com essa dimensão espacial (Yeung, 1998).[3]

[3] A única perspectiva teórica que considera de maneira explícita o papel da geografia em internacionalização é o Paradigma Eclético (Dunning, 1980; 1988). De maneira geral, sugere-se que vantagens de propriedade são dependentes de vantagens geográficas de um determinado país.

De maneira mais específica, o esquema conceitual deste artigo propõe que o modo de operação resulta dos relacionamentos diretos e indiretos da matriz, atores externos e outras subsidiárias com a subsidiária focal que estão sujeitos às especificidades do território onde estão inseridos. Esse modo de operação, por sua vez, estabelece as regras para a reprodução e articulação desses relacionamentos.

Esses três relacionamentos são, de fato, parte de redes que podem abranger vários contextos geográficos. Redes não são independentes entre si porque um determinado ator pode pertencer simultaneamente a diferentes redes. Por exemplo, o fornecedor de primeira linha da subsidiária A pode ser também o fornecedor de segunda linha da subsidiária B, localizada em um terceiro país. Mattsson (1998) introduziu os termos "sobreposição" e "processo de sobreposição" para ilustrar a interdependência de redes. Assim, "sobreposição" é uma medida estática que indica que as redes são interdependentes espacialmente. Essa interdependência de redes se altera ao longo do tempo por meio do processo de sobreposição.

A idéia de que o modo de operação resulta de relacionamentos inseridos em redes que são, ao mesmo tempo, distintas e sobrepostas significa que seqüências de modos de operação coevoluem em contextos espaciais interdependentes (Mahoney, 2000). Uma determinada seqüência de modos de operação é parte de outras seqüências que evoluem em territórios diferentes e, portanto, são sujeitas às mudanças originadas de vários países. Por exemplo, aquisições ocorridas na Europa podem afetar seqüências de modos de operação que estão geograficamente inseridas na América Latina.

Recentemente, Andersson (2002:366) analisou a interdependência espacial de processos de internacionalização ao estudar a internacionalização de empresas atacadistas. O autor sugere que os processos de internacionalização dessas empresas sejam interdependentes e ocorram de maneira concomitante. Ele afirma que "uma implicação dessa visão é que a idéia de processos graduais de internacionalização de uma firma em um mercado estrangeiro necessita ser revista. Regiões e regionalização de atividades tornaram-se importantes e, assim, processos de internacionalização podem ser entendidos como atividades globais".

Se o aspecto espacial de processos de internacionalização diz respeito ao modo de operação e aos relacionamentos que influenciam a escolha desse tipo de arranjo institucional, o aspecto temporal de processos de internacionalização refere-se à história do modo de operação e ao desenvolvimento de relacionamentos, ou seja, o passado do modo de operação parece ser crucial para se entenderem processos de internacionalização que são dependentes da trajetória percorrida.[4]

De maneira mais específica, nosso esquema conceitual sugere que os relacionamentos não sejam necessariamente feitos no momento da mudança do modo de operação, nem distribuídos homogeneamente ao longo da seqüência do modo de operação. Os relacionamentos podem ser concatenados em um período de tempo distante da mudança do modo de operação. Nesse caso, existirá um espaço de tempo significativo entre o desenvolvimento de relacionamentos e a escolha de um determinado modo de operação. Por exemplo, a matriz estabelece relacionamentos que não envolvem trocas econômicas com atores externos inseridos em um determinado contexto geográfico (Holmlund & Kock, 1998). Esses relacionamentos podem envolver, por exemplo, trocas de informação. Posteriormente, eles evoluem, criando condições para a ocorrência de trocas econômicas. Isso significa que condições foram criadas para o estabelecimento de um determinado modo de operação. Em outras palavras, o modo de operação resultou de relacionamentos que se desenvolveram gradualmente. Existe um espaço temporal entre o estabelecimento de relacionamentos entre a matriz e atores externos e a escolha do modo de operação (Pierson, 2000).

[4] De acordo com Kutschker & Baurler (1977), a dimensão temporal é negligenciada em processos de internacionalização. Blomstermo *et al.* (2002: 268) também sugerem que o papel do tempo não está claro na literatura sobre internacionalização. Esse autores pontuam que "tempo é operacionalizado de três maneiras: a) idade das operações internacionais; b) a existência prévia de operações internacionais em um determinado mercado estrangeiro; e c) número de entradas anteriores em um determinado mercado estrangeiro".

Como os relacionamentos se desenvolvem em horizontes temporais distintos, não são necessariamente distribuídos homogeneamente ao longo da seqüência do modo de operação. Um determinado relacionamento pode ser inicialmente ativado e subseqüentemente influenciar o desenvolvimento de outros relacionamentos (Hakansson & Waluszewski, 2002). Por exemplo, uma determinada subsidiária opera no Chile por meio de uma fábrica. A produção dessa fábrica é destinada inteiramente ao mercado chileno. Posteriormente, uma outra subsidiária – a unidade brasileira – assume controle sobre todas as subsidiárias da América Latina e dá início a um amplo programa de racionalização fabril. Isso envolve, entre outras coisas, o fechamento de algumas fábricas, já que o plano de racionalização prevê a concentração de produção em algumas poucas unidades. A subsidiária chilena é afetada por esse programa na medida em que reduz níveis de valor agregado para a multinacional da qual faz parte. Ao invés de produção, a unidade chilena somente venderá produtos produzidos por outras unidades. Nesse caso, os relacionamentos entre as subsidiárias chilena e brasileira só foram concatenados em um estágio avançado do processo de internacionalização da subsidiária chilena, ou seja, após essa unidade ter estabelecido uma unidade de produção local.

A dimensão temporal em processos de internacionalização também se refere às intercessões críticas de uma determinada seqüência de modos de operação (Mahoney, 2000). Se a dimensão espacial está associada à idéia de seqüências de modos de operação espacialmente relacionadas, a dimensão temporal corresponde ao momento que essas seqüências se encontram. Nas intercessões críticas, podem ocorrer mudanças na direção das seqüências de modos de operação. Nesse caso, as seqüências irão seguir um caminho que não reflete os seus eventos iniciais. Mahoney (2000) sugere que intercessões críticas estão sujeitas à dimensão temporal. Dependendo do momento de colisão das seqüências, resultados diversos podem ocorrer.

Finalmente, a dimensão temporal em processos de internacionalização aponta para a individualidade das seqüências de modos de operação (Hakansson & Lundgren, 1997). A história do modo de operação, com forças sistemáticas e randômicas influenciando a concatenação de relacionamentos inseridos em múltiplos contextos espaciais, dá origem a processos singulares de internacionalização. "Deve-se procurar entender os resultados desses processos dinâmicos. A maneira como uma trajetória evolui, com suas particularidades e dependência do acaso, fará toda a diferença" (Hakansson & Lundgren, 1997: 132).

A fim de ilustrar as dimensões espacial e temporal em processos de internacionalização que são dependentes da trajetória percorrida, na próxima seção será descrito o caso de uma empresa industrial britânica, doravante denominada GD, que entrou e tem-se desenvolvido no mercado brasileiro. Dados secundários de fontes diversas e entrevistas com executivos da GD, realizadas no Brasil e na Inglaterra em 1999, foram utilizados para a construção do estudo de caso. Esse caso é extraído de um amplo projeto de pesquisa que analisou 13 processos de internacionalização de empresas britânicas no Brasil. A partir do esquema conceitual proposto nesta seção, o caso de GD é descrito por meio do modo de operação, entendido como uma manifestação do processo de internacionalização de GD no Brasil. À medida que a narrativa avança, a ênfase é dada aos relacionamentos que foram concatenados 'entre' e 'em' cada mudança do modo de operação.

Internacionalização de GD no Brasil

GD foi fundada no norte da Inglaterra, no ano de 1826, com o objetivo de fabricar vidros. Foi responsável por uma das maiores inovações ocorridas na indústria de vidro quando, em 1952, um dos seus diretores criou um novo processo de produção de vidro, denominado *float*.[5] Após o desenvolvimento inicial do *float*, GD resolveu licenciar essa tecnologia para seus principais concorrentes. Em função do alto volume de recursos financeiros, percebeu que não seria capaz de comercializar essa tecnologia com recursos próprios, nem promover desenvolvimentos subseqüentes do *float*. Em 1999, GD operava 23

[5] Um dos entrevistados afirmou que a tecnologia do tipo *float* possui inúmeras vantagens sobre o processo anterior, denominado *sheet*, como a exigência de uma menor área fabril em função da eliminação das fases de trituração e polimento do vidro.

plantas *float* em 11 países e tinha participação acionária em mais dez plantas. Também era responsável por várias plantas de processamento de vidro para as indústrias automotiva e de construção. Seu faturamento naquele ano foi de 2,752 bilhões de libras esterlinas.

O processo de internacionalização de GD no Brasil consiste de seis eventos em termos de modo de operação (figura 1): a entrada no mercado foi feita por meio de exportação; b) a primeira mudança do modo de operação representou a implantação de um depósito no Rio de Janeiro; c) a segunda alteração do modo de operação ocorreu quando GD adquiriu uma empresa inglesa que possuía uma fábrica de processamento de vidros no Brasil; d) a terceira mudança do modo de operação refere-se à saída de GD do mercado brasileiro; e) GD entrou novamente no Brasil por meio da combinação de aquisição, *joint venture* e licenciamento; f) o estabelecimento de um escritório regional para a América do Sul representa a última mudança no modo de operação no mercado brasileiro.

Figura 1

O Processo de Internacionalização de GD no Brasil

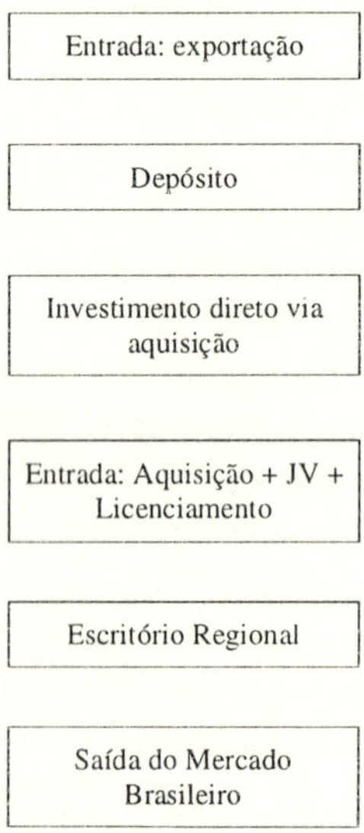

O primeiro envolvimento de GD na América do Sul é datado de 1888, quando a empresa recebeu um pedido de 2.900 m^2 de vidros do tipo *sheet* e 70.000 m^2 do tipo *rolled*. É difícil precisar a origem desse pedido. Parece que o pedido originou-se na Argentina que, naquela época, era um mercado muito mais promissor do que o brasileiro. Por exemplo, entre 1917 e 1945, as vendas de vidros do tipo *sheet*, *plate*, *rolled*, *wired* e *cathedral* para o mercado argentino eram o dobro das vendas no mercado brasileiro. Assim, o primeiro envolvimento com a América do Sul, incluindo o Brasil, foi por meio de exportação de vários tipos de vidro. Nesse processo, a matriz e atores externos representados por compradores e agentes de exportação foram os atores decisivos (Figura 2).

Figura 2

GD: Entrada – exportação

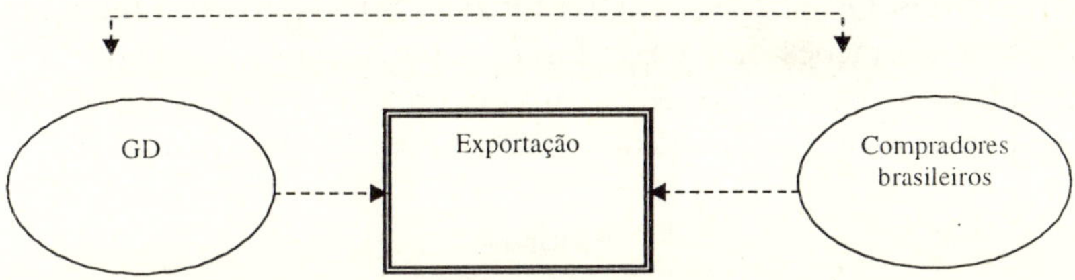

Exportação permaneceu como o modo de operação no mercado brasileiro durante aproximadamente 30 anos. Por volta de 1923, as exportações para o Brasil aumentaram substancialmente, estimulando, assim, a implantação de um depósito no Rio de Janeiro com o objetivo de coordenar as importações de vidro e, ao mesmo tempo, atuar como canal de distribuição para o mercado local. Nesse sentido, GD transferiu para o mercado brasileiro algumas atividades da cadeia de valor que eram, até então, executadas na Inglaterra, bem como internalizou atividades que eram de responsabilidade de atores locais. A matriz se encarregou da mudança do modo de operação: de exportação para o depósito (Figura 3).

Figura 3

GD: Primeira alteração no modo de operação - depósito

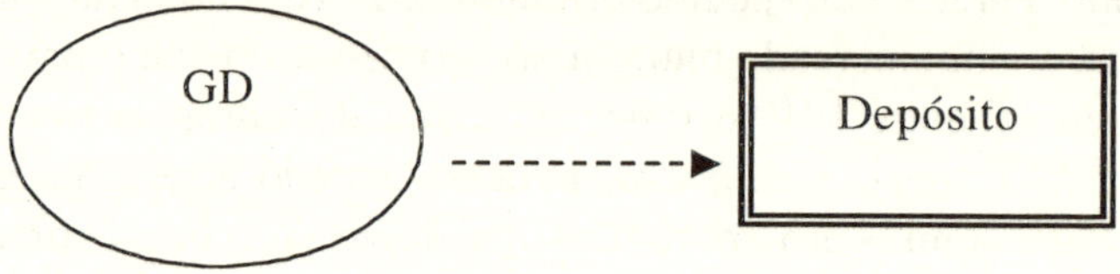

Em 1965, GD adquiriu uma empresa inglesa que processava vidros para a indústria automotiva. A aquisição foi feita no mercado inglês e, incidentalmente, representou um maior comprometimento de recursos para com o mercado brasileiro. Uma das subsidiárias da empresa adquirida estava localizada no Brasil e era responsável por produzir e fornecer vidros de segurança para as fábricas locais de automóveis. Quando essa empresa inglesa foi adquirida na Inglaterra, suas operações brasileiras foram automaticamente transferidas para GD. Nesse sentido, GD alterou o modo de operação no Brasil em função de um evento ocorrido no mercado inglês (Figura 4).

Figura 4

GD: Segunda alteração no modo de operação – investimento direto por meio de aquisição

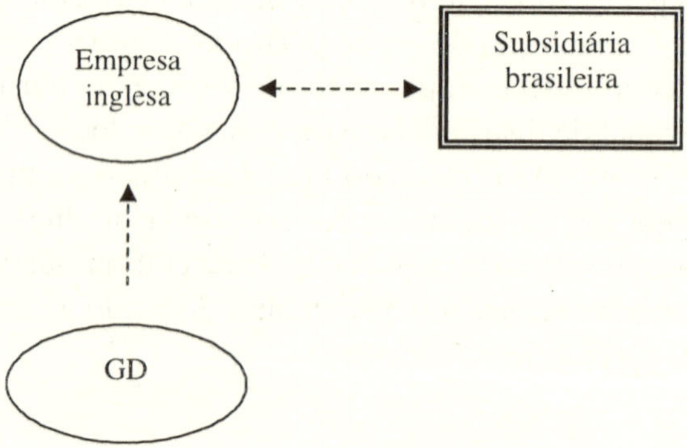

Um ano mais tarde, GD resolveu sair do mercado brasileiro. A empresa fechou o depósito e vendeu sua fábrica de vidros de segurança localizada no Brasil para um de seus concorrentes europeus, doravante denominado Empresa A. Em relação à venda do depósito, GD decidiu fechar todos os seus depósitos internacionais. Ao invés de operar via depósitos, a empresa implantou subsidiárias de vendas em diversos mercados estrangeiros com o objetivo de fornecer um melhor serviço para seus compradores. No caso do Brasil, essa estratégia não foi adotada, pois o depósito brasileiro operava de maneira deficitária há um tempo considerável. Sobre a venda da fábrica de vidros de segurança, um dos entrevistados acredita que ela não era competitiva o suficiente em relação aos seus concorrentes domésticos. Esse entrevistado também considerou a possibilidade de GD ter permutado ações com a Empresa A, que era sua parceira no mercado argentino. Como a Empresa A coincidentemente vendeu suas ações na fábrica argentina para GD naquela mesma época, a idéia de permuta acionária parece altamente plausível. Portanto, a saída do Brasil foi decidida pela matriz da empresa. Atores externos representados por um dos concorrentes europeus de GD devem ser levados em conta se considerarmos que GD permutou ações com a Empresa A (Figura 5).

Figura 5

GD: Terceira alteração no modo de operação – saída do mercado brasileiro

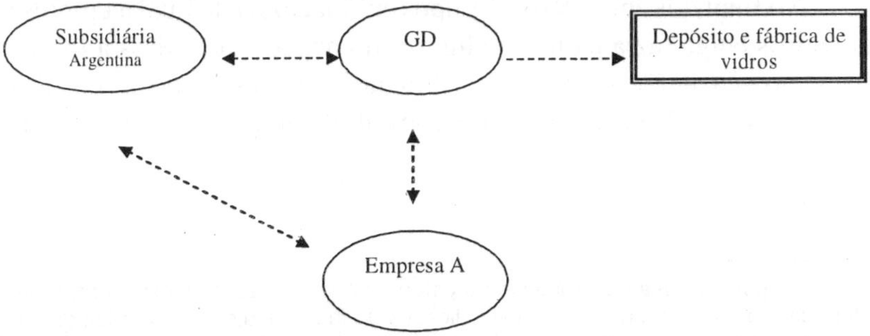

Tendo saído do mercado brasileiro em 1966, GD somente retornou a esse mercado no final dos anos 1970. Naquela época, o Brasil era um país bastante diferente daquele onde GD havia atuado por mais de 60 anos. O mercado de automóveis tinha se consolidado, ultrapassando o mercado argentino em volume de vendas. Esse mesmo fenômeno aconteceu com a indústria de construção civil.

Ao buscar oportunidades de investimento em mercados estrangeiros, GD percebeu que o mercado brasileiro tinha se tornado um mercado crítico.[6] A fim de entrar novamente no Brasil, GD se envolveu em um intricado processo por meio do qual a empresa adquiriu simultaneamente duas empresas brasileiras que processavam vidros, fez uma *joint venture* com a Empresa A para fabricar vidros e licenciou os direitos de exploração da tecnologia *float* no mercado brasileiro para essa *joint venture*.

Uma das empresas brasileiras, doravante denominada Empresa B, era uma fábrica de processamento de vidros. Pertencia a três empresas: a) uma empresa de vidros belga que detinha 40% do seu capital; b) uma empresa francesa cujo negócio principal estava relacionado à agricultura, mas que tinha se diversificado, produzindo vidros. Essa empresa possuía 30% do capital da empresa brasileira; e c) uma empresa brasileira de distribuição de gasolina que também tinha 30% da Empresa B, porém não participava diretamente das suas decisões operacionais. A empresa de vidros belga não somente detinha o controle acionário da Empresa B, como também era responsável pelo fornecimento de tecnologia e suporte técnico.

No final dos anos 1970, o grupo multinacional do qual a empresa de vidros belga fazia parte decidiu sair do negócio de vidros a fim de focar no seu negócio principal: alimentos. Naquela época, um dos diretores de GD era membro do conselho acionário da empresa de

[6] Nessa época, a data de expiração da patente da tecnologia *float* estava próxima. Além de representar uma redução significativa do faturamento de GD, o fim da patente poderia permitir a algumas empresas exportarem e fabricarem vidros do tipo *float* em países onde não tinham permissão legal.

vidros belga e, portanto, encontrava-se em uma posição interessante no que se refere à compra da Empresa B e de outras empresas de vidros que o grupo multinacional pretendia vender. Após várias rodadas de negociação, GD, juntamente com uma empresa de vidros alemã,[7] adquiriu a Empresa B, tendo cada um a participação de 50% do capital daquela empresa. Logo após, GD adquiriu a empresa alemã em nível mundial, tornando-se, assim, o único proprietário da Empresa B.

Ao vender sua participação acionária na Empresa B para GD, a empresa de alimentos francesa não hesitou em vender uma outra empresa que possuía no Brasil, a qual processava vidros. Assim, a aquisição das duas empresas brasileiras foi feita em três fases: a) GD juntamente com a empresa de vidros alemã adquiriu a Empresa B; b) GD adquiriu a empresa alemã em nível mundial e tornou-se a única proprietária da Empresa B; e c) GD adquiriu uma empresa brasileira de propriedade de uma empresa francesa.

Em 1979, quando GD adquiriu as duas empresas brasileiras, estava claro que o mercado brasileiro necessitava de uma fábrica de vidros do tipo *float* a fim de produzir vidros para subseqüente processamento. O mercado tinha se expandido de tal forma que as empresas de vidros só poderiam obter economias de escala nas atividades de fabricação de vidro por meio da tecnologia *float*. Porém, uma fábrica de vidros do tipo *float* envolvia altos riscos em função dos seus custos de implantação: algo em torno de 170 milhões de dólares. Assim, nenhuma empresa de vidros estava disposta a assumir esses riscos sozinha devido ao receio de que algum concorrente pudesse também implantar uma fábrica de vidros do tipo *float*. Uma solução conjunta parecia ser, naquela época, a melhor alternativa de entrada no mercado brasileiro.

A Empresa A, um dos maiores concorrentes mundiais de GD, operava no Brasil no segmento de processamento de vidros. Essa empresa tinha feito um acordo com a Empresa B, que posteriormente foi adquirida por GD, para a constituição de uma *joint venture*. O

[7] Essa empresa alemã também pertencia ao grupo multinacional belga.

objetivo da *joint venture* era implantar uma fábrica de vidros do tipo *float* a fim de atender ao mercado brasileiro. Apesar de legalmente terem firmado o acordo, ambas as empresas ainda não tinham comprometido recursos financeiros no novo empreendimento.

Assim, quando GD adquiriu a Empresa B, automaticamente ela adquiriu 50% das cotas dessa *joint venture*. Nesse sentido, GD competiria no segmento de processamento de vidros ao mesmo tempo que cooperaria no segmento de fabricação de vidros com a Empresa A, ou seja, GD e a Empresa A dividiriam os riscos da fábrica de vidros do tipo *float* e, conseqüentemente, garantiriam matéria-prima de qualidade confiável e baixo custo para suas fábricas de processamento de vidros.

Logo após o acordo sobre a formação da *joint venture* para a fabricação de vidros do tipo *float*, GD outorgou à nova empresa os direitos legais de exploração da tecnologia *float* para o mercado brasileiro (Figura 6).

Figura 6

GD: Entrada no mercado brasileiro

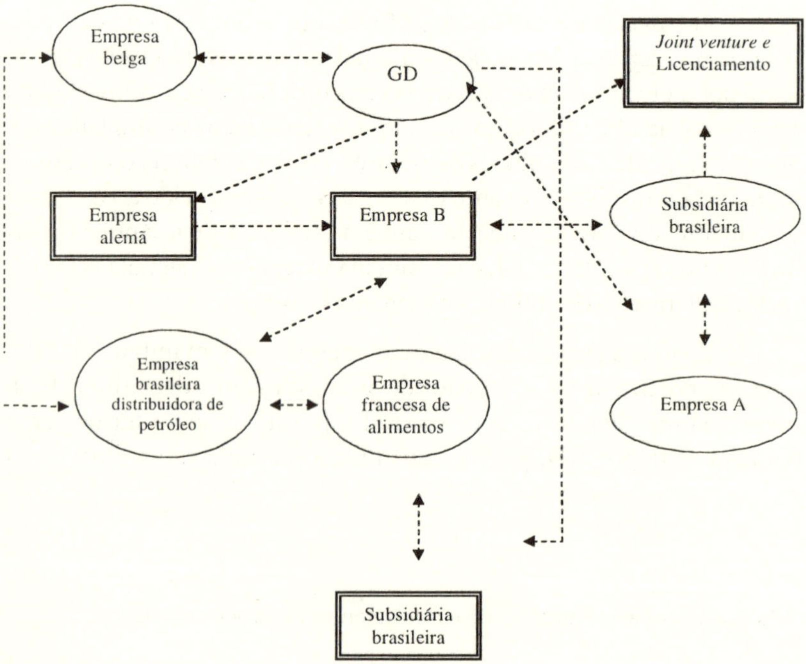

Tendo entrado no Brasil por meio de um complexo arranjo de modos de entrada, GD encontrou um mercado altamente promissor. A *joint venture* conseguiu implantar três fábricas de vidros do tipo *float* em 15 anos. A primeira fábrica começou a operar no Rio de Janeiro em 1982. A segunda entrou em operação em 1986, enquanto a última foi implantada em 1996.

Mais importante, GD deu início a um programa mundial de integração e reorganização de suas operações. Como conseqüência, decidiu criar um escritório regional na América do Sul, mais precisamente no Brasil. Esse escritório regional, de responsabilidade da subsidiária brasileira, tem como objetivo coordenar e controlar todas as subsidiárias instaladas neste continente. Essa estrutura intermediária significa que as subsidiárias de GD localizadas na América do Sul devem-se reportar à subsidiária brasileira que, por sua vez, reporta à matriz localizada na Inglaterra. Assim, pode-se dizer que a subsidiária brasileira está conectada com determinadas subsidiárias do grupo por meio de relações de controle. Em termos do esquema conceitual proposto anteriormente, a última mudança do modo de operação refere-se à alteração no grau de integração de atividades (Figura 7).

Figura 7

GD: Última mudança no modo de operação – escritório regional

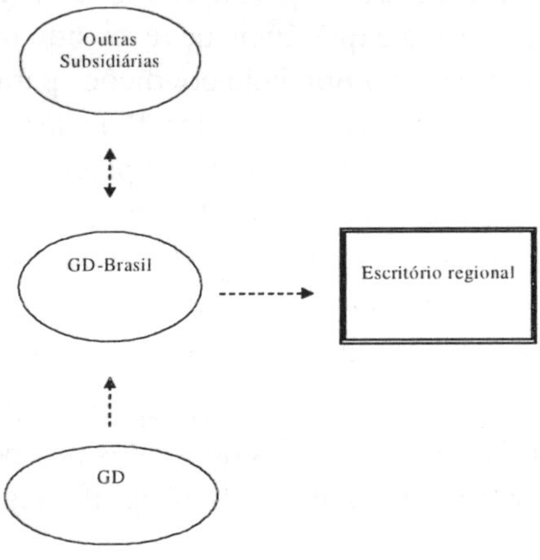

Análise do caso

Na última seção, descreveu-se o processo de internacionalização de GD no Brasil por meio da evolução dos modos de operação e dos relacionamentos que foram estabelecidos durante esse processo. A seqüência de modos de operação é representada por duas entradas e quatro alterações de modos de operação nas quais os relacionamentos com a matriz, atores externos e outras subsidiárias foram articulados em contextos espacial e temporal distintos. Nesta seção, o objetivo é mostrar como esse processo de internacionalização pode ser entendido como trajetórias que são dependentes do caminho percorrido quanto ao espaço e tempo.

Inicialmente, os eventos que caracterizam o processo de internacionalização de GD no mercado brasileiro – modos de operação – não são totalmente independentes entre si. Isso significa que alguns modos de operação estão interconectados em uma cadeia de eventos na qual o evento anterior é importante para a compreensão do seguinte. Por exemplo, a história de GD no Brasil se inicia quando a empresa recebeu um pedido fortuito de vidro. Esse primeiro pedido foi a base de pedidos subseqüentes que sucessivamente representaram um maior volume de vendas para a empresa e que culminaram com a implantação de um depósito no Brasil com o objetivo de melhorar a coordenação dos esforços de venda de GD. Em outras palavras, GD operou no Brasil por, aproximadamente, 30 anos por meio de exportação. Essa experiência deve ter sido importante para a empresa no sentido de ter propiciado condições para acumulação de conhecimento sobre o mercado brasileiro. Por sua vez, esse conhecimento foi reutilizado posteriormente na implantação do depósito no Rio de Janeiro. Nesse caso, pode-se afirmar que o modo de entrada (exportação) delimitou a seleção do modo de operação seguinte (depósito) por meio de um mecanismo de auto-reforço de desenvolvimento do conhecimento (Johanson & Vahlne, 1977).

Segundo, a seqüência de modos de operação no Brasil evoluiu em paralelo com outras seqüências de modos de operação inseridas em mercados estrangeiros diversos. Isso significa que o processo de internacionalização da subsidiária brasileira ocorreu simultaneamente aos processos de internacionalização de outras subsidiárias do grupo, como o da subsidiária argentina, e também à internacionalização de atores externos, tais como os concorrentes de GD. A intercessão desses diferentes processos de internacionalização foi influenciada pela dimensão temporal, ou seja, os relacionamentos que influenciaram as mudanças nos modos de operação foram conectados em diferentes períodos durante a seqüência. Por exemplo, a segunda alteração do modo de operação resultou de relacionamentos entre a matriz e atores externos que foram desenvolvidos em um contexto espacial distante do Brasil. O fato gerador ocorreu na Inglaterra, onde GD adquiriu uma empresa que atuava em vários países, incluindo o Brasil. Até aquela época, as atividades das operações brasileiras de GD tinham sido restritas à distribuição de vidro para o mercado local. Com a aquisição da empresa inglesa pela matriz, as operações brasileiras passaram a envolver atividades de fabricação de vidro. Isso significou que o grau de localização de atividades aumentou: de atividades de distribuição para atividades de fabricação.

Embora a segunda alteração do modo de operação ilustre claramente seqüências de modos de operação que interceptam outras seqüências de modos de operação em contextos espaciais e temporais distintos, o melhor exemplo desse processo de intercessão é a segunda entrada de GD no mercado brasileiro. Essa entrada resultou de morosas e complexas negociações, envolvendo diferentes atores que tinham estabelecido relacionamentos em vários países. Por exemplo, o relacionamento entre GD e a empresa belga permitiu a GD adquirir a Empresa B. A aquisição da Empresa B, por sua vez, influenciou a aquisição de outra empresa no Brasil. Um dos acionistas da Empresa B tinha uma fábrica de processamento de vidros no Brasil que dependia da tecnologia da empresa belga. Quando a empresa belga vendeu sua participação na Empresa B para GD, os outros proprietários imediatamente concordaram em vender suas participações.

Pode-se também afirmar que a aquisição da Empresa B foi condicionada ao desenvolvimento da tecnologia *float* por GD no mercado brasileiro. O desenvolvimento do *float*, por sua vez, dependia da

Empresa A, um dos concorrentes mundiais de GD, por duas razões. Primeiro, a Empresa B já tinha formado uma *joint venture* para fabricar vidros do tipo *float* com a subsidiária brasileira da Empresa A. Segundo, nem GD nem a Empresa A estavam dispostas a correr os riscos de desenvolvimento da tecnologia *float* no mercado brasileiro por conta própria em função dos altos custos. Dito de outra maneira, de um lado GD somente faria parte da *joint venture* entre Empresa A e Empresa B, se pudesse adquirir fábricas de processamento de vidros no Brasil. Por outro lado, GD somente compraria esse tipo de fábrica no mercado brasileiro se pudesse chegar a um acordo com a Empresa A para desenvolvimento da tecnologia *float* no Brasil.

Assim, a segunda entrada de GD no mercado brasileiro resultou de relacionamentos entre diversos atores com seus próprios processos de internacionalização inseridos em redes diferentes, porém interdependentes. Já que esses atores eram, de certo modo, dependentes uns dos outros, a internacionalização de GD no Brasil somente evoluiria se estivesse simultaneamente ligada aos processos de internacionalização desses atores. Quando todos esses eventos "colocaram a chave na fechadura" (Abbott, 1997: 100), quer dizer, uma vez que todos esses relacionamentos estavam alinhados em uma determinada dimensão temporal, ocorreu a segunda entrada de GD no Brasil.

Finalmente, em função da interdependência espacial e temporal de seqüências de modos de operação, uma determinada seqüência pode alternar períodos de gradualismo com períodos descontínuos. Em períodos graduais, mecanismos de auto-reforço, tais como a reutilização de conhecimento, determinam as regras para os modos de operação subseqüentes. Por sua vez, em períodos descontínuos, as seqüências são caracterizadas por eventos mais abruptos, os quais têm o poder causal de redirecioná-las para novos caminhos. Nesse caso, não existe uma conexão gradual entre modos de operação quanto aos graus de localização, externalização ou integração de atividades.

Analisando a seqüência de modos de operação de GD no Brasil, percebe-se claramente que a primeira alteração do modo de operação é gradual. Como o modo foi alterado incrementalmente, GD evoluiu no Brasil por meio de pequenos "passos". Porém, o período que compreende a segunda e a terceira alterações modais é caracterizado por uma série de eventos inesperados que redirecionaram GD para um novo caminho. Isso significa que a seqüência de modos de operação desviou-se para um caminho que era desconhecido no início da sua evolução. Já que a terceira alteração do modo de operação não mais reforça os modos de operação anteriores, a conexão entre eles não é do tipo incremental. Mais precisamente, a terceira alteração modal indica que GD deixou o mercado brasileiro por meio da venda de seus ativos para um dos seus concorrentes. Ao invés de uma evolução incremental, essa alteração do modo de internacionalização significa *de-internationalisation* (Benito & Welch, 1997).

É interessante observar que, posteriormente, a seqüência de modos de operação voltou a apresentar um padrão incremental de evolução. Por exemplo, a última alteração modal representada pela implantação do escritório regional foi, de certa maneira, o reconhecimento da matriz das capacidades distintas da subsidiária brasileira em relação às outras subsidiárias implantadas na América do Sul. Operando de maneira bem-sucedida na fabricação e processamento de vidros, a subsidiária brasileira superou outras unidades sul-americanas do grupo e, como resultado, conquistou um mandato regional para coordená-las. Quanto ao esquema conceitual desenvolvido anteriormente, isso significa que, tendo alcançado um modo de operação caracterizado por um alto grau de localização de atividades, a subsidiária brasileira gradualmente aumentou suas responsabilidades no grupo multinacional. Nesse caso, suas responsabilidades transcenderam o mercado brasileiro.

Considerações finais

De alguma maneira, este artigo é uma tentativa de seguir a recomendação de Eriksson *et al* (2000) por maiores investigações empíricas sobre processos de internacionalização e *path dependence*; um tópico que, na sua visão, tem recebido pouca atenção na literatura. Diferentemente da pesquisa de Chang & Rosenzweig (2001), optou-se por uma metodologia qualitativa, por meio da qual buscou-se reconstruir o processo de internacionalização de uma empresa inglesa no mercado brasileiro. O nosso argumento principal é que processos de internacionalização podem ser entendidos como seqüências de modo de operação que são dependentes da trajetória percorrida. Nesses casos, as dimensões espaciais e temporais tornam-se fundamentais. Como conseqüência, sugere-se que o conceito de *path dependence* possa ser útil para descrever não somente processos de internacionalização graduais, mas também processos descontínuos. Algumas implicações e sugestões para pesquisas futuras são discutidas nesta seção.

Primeiro, processos de internacionalização que são dependentes da trajetória percorrida parecem ser influenciados por forças sistemáticas, tais como o mecanismo de auto-reforço de desenvolvimento de conhecimento proposto pelo modelo de Uppsala (Johanson & Vahlne, 1977), bem como por forças menos sistemáticas, as quais, neste artigo, foram denominadas forças randômicas. Por exemplo, se um dos diretores de GD não fosse membro do conselho acionário da empresa belga no momento em que a empresa decidiu sair do negócio de vidros, a história de GD no mercado brasileiro poderia ter sido bem diferente.

Essas forças são consideradas menos sistemáticas ou randômicas porque fogem à compreensão *ex ante* do pesquisador, ou seja, elas só podem ser identificadas e entendidas após a ocorrência do fenômeno (Arthur, 1989). Ou, como afirma Becker (1994:189), "nós só podemos considerar o que foi importante para a ocorrência de um evento *ex post*. Nós não podemos especificar todas as condições *ex ante*". Se forças sistemáticas e randômicas podem ser igualmente importantes para a internacionalização de empresas (Agnal & Axelsson, 2002), parece razoável sugerir que pesquisas sobre internacionalização e *path dependence* levem em consideração ambas as forças, a fim de buscar uma maior compreensão e uma descrição mais realista de processos de internacionalização que são dependentes da trajetória percorrida.

Segundo, o esquema conceitual proposto neste artigo permite entender um determinado processo de internacionalização como dependente de outros processos de internacionalização que ocorrem simultaneamente em contextos espaciais e temporais distintos (Andersson,

2002). Numa época em que pesquisadores constantemente nos lembram que as operações de empresas têm-se tornado mais interconectadas mundialmente (Porter, 1986; Ghoshal & Bartlett, 1990), parece claro que distintos processos de internacionalização exercerão influências recíprocas. Por exemplo, o processo de internacionalização da subsidiária brasileira de GD foi, de certo modo, dependente dos processos de internacionalização da unidade argentina e de alguns de seus concorrentes. Assim, sugere-se que um determinado processo de internacionalização deve ser entendido como inserido em outros processos de internacionalização (Kogut, 1983). Esse processo resulta não somente de relacionamentos articulados entre a subsidiária focal, a matriz e atores externos locais (Johanson & Vahlne, 1990), mas também entre relacionamentos de diversas unidades do mesmo grupo multinacional e atores externos localizados em terceiros-países.

Terceiro, devido ao fato de processos de internacionalização serem interconectados e dependentes da trajetória percorrida, seqüências de modo de operação não são necessariamente graduais, mas parecem alternar períodos de gradualismo e descontinuidade. Normalmente, descontinuidades manifestam-se em intercessões críticas, ou seja, pontos em que diferentes seqüências se encontram (Mahoney, 2000). Os resultados contidos nesse artigo indicam que o número e a magnitude de intercessões críticas de uma determinada seqüência de modo de operação não podem ser previstos, pois são suscetíveis a relacionamentos articulados em distintos contextos espaciais e temporais. Em outras palavras, em função das dimensões espacial e temporal, torna-se difícil, senão impossível, antever onde e quando ocorrerão rupturas em seqüências de modos de operação.

Finalmente, processos de internacionalização que são dependentes da trajetória percorrida sinalizam para a individualidade desses processos (Hakansson & Lundgren, 1997). Como seqüências de modos de operação parecem seguir trajetórias singulares, como a trajetória de GD, as tentativas empíricas de buscar identificar e comparar trajetórias similares e distintas com o objetivo de estabelecer seqüências padrões de internacionalização tendem a ser equivocadas (Hadjikhani, 1997). Parece que uma alternativa de pesquisa mais interessante é tentar compreender os mecanismos que influenciam uma empresa a escolher e alterar trajetórias. Neste artigo, observou-se que mecanismos gerados por relacionamentos da matriz, atores externos e outras subsidiárias concatenados em contextos espaciais e temporais distintos abrem espaços para se entenderem as singularidades de processos de internacionalização. Pesquisas futuras que explorarem esse tópico certamente contribuirão para aumentar o nosso conhecimento sobre a internacionalização de empresas.

Referências bibliográficas

ABBOTT, A. On the concept of turning point. **Comparative Social Research**, v. 16, n. 1, p.85-105, 1997.

______. **Time matters:**on theory and method. Chicago: The University of Chicago Press, 2001.

AGNAL, H.; AXELSSON, B. Internationalisation of the firm: the influence of relationship sediments, 2002, Oxford, Pergamon. In: HAVILA, V.; FORSGREN, M.; HAKANSSON, H., (Eds.). **Critical perspectives on internationalisation.** Oxford: Pergamon, 2002. p. 437-456.

AMINZADE, R. Historical sociology and time, **Sociological Methods and Research**, Thosands Oaks, v. 20, n. 4, p. 456-480, 1992.

ANDERSEN, O.; BUVIK, A. Firms' internationalization and alternative approaches to the international customer/market selection. **International Business Review**, Amsterdam, v. 11, n. 3, p.347-363, 2002.

ANDERSSON. U. Connected internationalisation processes: the case of internationalising channel intermediaries. **International Business Review**, Amsterdam, v. 11, n. 3, p.365-383, 2002.

ARTHUR, W. B. Competing technologies, increasing returns and lock-in by historical events. **The Economic Journal**, London, v. 99, n. 394, p.116-131, 1989.

_______. **Increasing returns and path dependence in the economy.** Ann Arbor: University of Michigan Press, 1994.

BARNEY, J. Strategic factor markets: expectations, luck and business strategy. **Management Science**, Linthicum, v. 32, n. 10, p.1231-1241, 1986.

BECKER, H. "Foi por acaso": conceptualising coincidence. **Sociological Quarterly**, Greenwich, v. 35, n. 2, p.183-194, 1994.

BENITO, G.; WELCH, L. S. De-internationalization. **Management International Review,** Wiesbaden, v. 37, n. 2, p.7-25, 1997.

BIRKINSHAW, J. How multinational subsidiary mandates are gained and lost. **Journal of International Business Studies**, Basingstoke, v. 27, n. 3, p.467-495, 1996.

_______. Foreign-owned subsidiaries and regional development: the case of sweden. In: BIRKINSHAW, J.; HOOD, N. (Eds.). **Multinational Corporate Evolution and Subsidiary Development**. Basingstoke: MacMillan, 1998. p.268-298.

BLOMSTERMO, A.; ERIKSSON, K.; SHARMA, D. Knowledge and time: A forgotten factor in the internationalisation process of firms. In: HAVILA, V.; FORSGREN, M.; HAKANSSON, H. (Eds.). **Critical perspectives on internationalisation.** Oxford: Pergamon, 2002. p. 263-283.

CHANG, S. J.; ROSENZWEIG, P. M. The choice of entry mode in sequential foreign direct investment. **Strategic Management Journal**, Chichester, v. 22, n. 8, p.747-776, 2001.

CHETTY, S.; ERIKSSON, K. Mutual commitment and experiential knowledge in mature international business relationship. **International Business Review**, Amsterdam, v. 11, n. 3, p.305-324, 2002.

CLARK, T.; PUGH, D. S.; MALLORY, G. The process of internationalization in the operating firm. **International Business Review**, Amsterdam, v. 6, n. 6, p. 605-623, 1997.

DAVID, P. A. Clio and the economics of QWERTY. **American Economic Review**, Nashville, v. 75, n. 2, p.332-336, 1985.

ERIKSSON, K.; MAJKGARD, A.; SHARMA, D. Path dependence and knowledge development in the internationalisation process. **Management International Review**, Wiesbaden, v. 40, n. 4, p.307-328, 2000.

FORSGREN, M. The concept of learning in the uppsala internationalization process model: A critical review. **International Business Review**, Amsterdam, v. 11, n. 3, p.257-277, 2002.

GEORGE, J. The role of time in theory and theory building. **Journal of Management**, New York, v. 26, n. 4, p.657-684, 2000.

GHOSHAL, S.; BARTLETT, C. The multinational corporation as an interorganizational network. **Academy of Management Review**, Briarcliff Manor, v. 15, n. 4, p.603-625, 1990.

HADJIKHANI, A. A note on the criticisms against the Internationalization process model. **Management International Review**, Wiesbaden, v. 37, n. 2, p.43-66, 1997.

HADJIKHANI, A.; JOHANSON, J. Editorial special issue on the internationalization process of the firm. **International Business Review**, Amsterdam, v. 11, n. 3, p. 253-255, 2002.

HAGEN, A. Export versus direct investment in the german optical industry: Carl Zeiss, Jena and Glaswerk Schott; gen. in the UK from their beginnings to 1933. **Business History**, Liverpool, v. 38, n. 4, p. 1-20, 1996.

HAKANSSON, H.; LUNDGREN, A. Paths in time and space: path dependence in industrial networks. In: MAGNUSSON, L.; OTTOSSON, J. (Eds.). **Evolutionary economics and path dependence**. Cheltenham: Edward Elgar, 1997. p. 119-137.

HAKASSON, H.; WALUSWSKI, A. Path dependence: restricting or facilitating technical development. **Journal of Business Research**, New York, v. 55, n. 7, p. 561-570, 2002.

HAYDU, J. Making use of the past: time periods as cases to compare and as sequences of problem solving. **American Journal of Sociology**, Chicago, v. 104, n. 2, p. 339-371, 1998.

HOLM, U., JOHANSON, J.; THILENIUS, P. Headquarters' knowledge of subsidiary network context in the multinational corporation. **International Studies of Management and Organization**, New York, v. 25, n. 3, p. 97-119, 1995.

HOLMUND, M.; KOCK, S. Relationships and internationalisation. **International Small Business Journal**, London, v. 16, n. 1, p. 46-63, 1998.

KOGUT, B. Foreign direct investment as a sequential process. In: KINDLEBERGER, C. P.; AUDRETSCH, D., (Eds.). **Multinational Corporations in the 1980s**. Cambridge: Mass., Massachusetts Institute of Technology Press, 1983. p. 38-56.

KUTSCHKER, M.; BAURLE I. Three + one: multinational strategy of internationalization. **Management International Review**, Wiesbaden, v. 37, n.2, p.103-125, 1997.

JARILLO, J. C.; MARTINEZ, J. I. The international expansion of spanish firms: towards an integrative framework for international strategy. In: MATTSSON, L.G.; STYMNE, B. (Eds.). **Corporate and industry strategies for Europe**. Amsterdam: Elsevier, 1991. p. 283-302.

JOHANSON, J.; VAHLNE, J. E. The internationalization process of the firm: a model of knowledge development and increasing foreign market commitment. **Journal of International Business Studies**, Washington, v. 8, n. 1, p.23-32, 1977.

_______. The mechanism of internationalisation. **International Marketing Review**, London, v. 7, n. 4, p.11-24, 1990.

LAMB, P.; LIESCH, P. The internationalization process of the smaller firm: re-framing the relationships between market commitment, knowledge and involvement. **Management International Review**, Wiesbaden, v. 42, n. 1, p.7-26, 2002.

MAHONEY, J. Path dependence in historical sociology. **Theory and Society**, v. 29, n. 4, p.507-548, 2000.

MATTSSON, L. G. Dynamics of overlapping networks and strategic actions by the international firm. In: CHANDLER, A. D.;

HAGSTROM, P.; SOLVELL, O. (Eds.). **The dynamic firm: the role of technology, strategy, organization, and regions**. Oxford: Oxford University Press, 1998. p. 242-259.

PIERSON, P. Big, slow-moving and....invisible: macro-social processes in the study of comparative politics. In: **Comparative Historical Analysis Workshop.** Cambridge: MA, 2000. p.1-42

PITELIS, C. A Theory of the (growth of the) transnational firm: a penrosean perspective. **Contributions to Political Economy**, Oxford, v. 19, n. 1, p.71-89, 2000.

PORTER, M. Competition in global industries: a conceptual framework. In: (Ed.). **Competition in Global Industries**. Boston: Mass. Harvard Business School Press, p. 15-60, 1986.

WELCH, L. S.; LUOSTARINEN, R. Internationalization: evolution of a concept. **Journal of General Management**, Henley-on-Thames, v. 14, n. 2, p. 34-55, 1988.

YEUNG, Y. The social-spatial constitution of business organizations: a geographical perspective. **Organization**, London, v. 5, n. 2, p. 101-12, 1998.

Leia também da Coleção Estudos COPPEAD:

CONSUMIDORES INSATISFEITOS
Uma oportunidade para as empresas
de *Marie Agnes Chauvel*

HISTÓRIAS DE RECOMEÇO
Privatização e *downsizing*
de *Ursula Wetzel*

ESTUDOS EM NEGÓCIOS
de *Walter Ness* e *Roger Volkema (orgs.)*

ESTUDOS EM NEGÓCIOS II
de *Ursula Wetzel* e *Patrícia Amélia Tomei (orgs.)*

ESTUDOS EM NEGÓCIOS III
de *Adriana V. Garibaldi de Hilal* e
T. Diana L. v. A. de Macedo-Soares (orgs.)

À MESA COM A FAMÍLIA
Um estudo do comportamento
do consumidor de alimentos
de *Leticia Casotti*

A INTERNACIONALIZAÇÃO
DAS EMPRESAS BRASILEIRAS
Estudos de gestão internacional
de *Angela da Rocha (org.)*

AS NOVAS FRONTEIRAS
A multinacionalização das empresas brasileiras
de *Angela da Rocha (org.)*

DIMENSÕES E *CLUSTERS* DE CULTURA ORGANIZACIONAL
De uma empresa brasileira com atuação internacional
de *Adriana Victoria Garibaldi de Hilal*

RELAÇÕES COM OS CONSUMIDORES:
Experiências brasileiras
de *Leticia Casotti* e *Maribel Suarez (orgs.)*

O DESAFIO DAS MICROFINANÇAS:
de *Angela da Rocha e Renato Cotta de Mello (orgs.)*

Para saber mais sobre nossos títulos e autores,
visite nosso site:
www.mauad.com.br

Este livro, da MAUAD Editora,
foi impresso em papel pólen soft 70g,
na gráfica Sermograf.